古代の謎を解く

「縄文の言葉」

地名・山名が描く日本の原風景

大木紀通

花伝社

まえがき

数千年の時空を越えて、彼らからメッセージが届きました。メッセージは当時を描写した自然の風景、日々の生活、神への畏敬の気持ちなどを伝え、そこから彼らの鋭い観察眼、豊かでおおらかな発想、巧みな表現力を感じ取れます。古代史の謎とされる1～4世紀頃の日本の姿も垣間見ることができます。メッセージは地名山名に託され、日本の未知を語ってくれます。まさに言葉のタイムカプセルです。彼らとは縄文の時代を活きた人たちです。

きっかけは〈私のルーツは？〉と思ったところにあります。先祖をたどり、その限界を知ったとき、〈私のルーツは？〉は〈私たちのルーツは？〉に代わり、時代はいっきに縄文へと遡りました。

縄文時代は今から約２８００年以上も昔であり、遺跡からは土器や石器の他、住居跡・生活廃棄物・人骨などがたくさん発掘され、人が何を食べ、どのような生活をしていたか、などはかなり詳しく解き明かされ、著作物などで私たちは容易に当時の様子を知ることができます。復元模型には精巧な人形が模擬生活空間の中に配置され、視覚的にも当時の状況をわかりやすく説明しています。それでも縄文は、時間軸で考える以上に隔絶した世界のように思え、それほどの興味を持てませんでした。

〈私たちのルーツは？〉と縄文の世界に関心が向いたとき、縄文を身近に感じられないのは、そこに暮らした人たちの声が聞こえないからではないか、と思ったのです。遺跡や遺物あるいは復元模型からは人のぬくもりや息づかいの伝わりが充分ではありません。

なぜ声が聞こえないのか、縄文の言葉がわかっていないからです。片言でも今の私たちの周辺に残っていて、それが理解出来れば、縄文の時代を、縄文の人たちを、もっと身近に感じ、結果として〔私たちのルーツ〕に近づけるのではなかろうか、これが「縄文の言葉」に挑戦しようとした直接の動機です。

挑戦に用いた道具はアイヌ語です。アイヌは縄文人の末裔であることを意味します。かつて金田一京助が、アイヌ語はこのような道具にはなり得ない、と否定した言語です。この影響もあって、今も多くの人や研究者が同様な意見を持ち、縄文の言葉に近づこうとする人が少ないのが現状です。そのような中で、日本語とアイヌ語の語形や意味の類似性共通性を、音韻対応などの比較言語学の手法によって検討し、「日本語とアイヌ語は起源を同じにする」との結論を導き出そうとする著書があります。

私は、比較言語学の手法には限界があると考え、【アイヌ語は縄文の言葉を受け継いだ言葉である】を作業仮説とし、この仮説を検証するという論法で書き進めます。主として関東甲信越以西にある地名山名をアイヌ語に置き換えて解釈し、地形・地象事象・古書や関連資料に書かれた記事・自ら実施した現地調査・縄文遺跡などと対応することによって解釈の裏付けや補強を行い、置き換えたアイヌ語に間違いはなかった、との筋書きになります。裏付け作業によって得られた知見の総まとめが冒頭の文章です。

作業仮説は検証でき、仮説は真実であったと確信します。そして今も、私たちの周りにはたくさんの縄文の言葉が生きていると実感します。

古代の謎を解く「縄文の言葉」——地名・山名が描く日本の原風景◆目　次

1章　はじめに

かつて日本列島には縄文の人たちが生活していました。彼らは言葉を持ち、会話をして互いに意思を通じ合っていたことは確かです。私たちは縄文の血を受け継いだ人間であり、いま私たちが話している言葉には彼らの話した言葉が何らかの形で生きている、と考えて間違いありません。

8世紀の初めに書かれた古事記や日本書紀、その後の万葉集以降の日本語については詳しく研究されていますが、それ以前の日本語に遡ろうとすると、日本語はウラル・アルタイ語、ツングース語、タミール語などを祖語とするという類の、日本列島に人類が現れる以前の言葉すなわち日本語の系統を論ずることが多く、具体的に縄文の人たちがどのような言葉を話したかについての研究や著作は非常に数が限られます。

そのような中でも、縄文語とアイヌ語との関係を検討する著作が比較的に多く、まずこれらのいくつかを紹介します。

鈴木健は、「縄文人の言葉はアイヌ語によって引き継がれた。日本中に縄文人がいた。よって、日本中にアイヌ語系の言葉がある。」との自説を組み立てます。自身の出身地である茨城県の地名や方言をはじめ各地の地名やその構成語あるいは古書などから言葉を選び、語彙と発音が似たアイヌ語を対応させ、そのアイヌ語が一定の音韻変化の法則に従って転訛して現在の言葉になっていることを解説します。（『縄文語の発掘』資料1-1）

小泉保は地方に残された古い方言を音韻変化の法則性に従って時代を遡り、縄文語を復元しようとします。ただし、著述の範囲内では、まだ復元の途中段階にあります。（『縄文語の発見』資料1―2）

安本美典は、日本語・朝鮮語・アイヌ語などの二十言語から意味が共通する基礎語を選び出し、音韻や語順などを確率論に基づいて比較分析し、アイヌ語が日本語に最も近いと結論付けました。（『日本語の起源を探る』資料1―3）

片山龍峯は安本美典説を前向きに捉え、日本語とアイヌ語の両語から意味と発音が似た数百の共通語を選び、そこから普遍的な音韻変化の法則性を見出すことによって、もともとは両語が同じ言語であることを証明しようとします。（『日本語とアイヌ語』資料1―4）

その他に縄文の言葉とは対をなすと考えられる渡来系の民族によってもたらされた言葉についての著書があります。金容雲は、古代日本語は古代百済語にごく近い言葉であった、と解説します。（『日本語の正体』資料1―5）

縄文の言葉についての現状の知見とともに先ず知りたいことは、日本人の起源、成り立ちです。

このことについて、私にとって理解しやすいのは文化人類学者である埴原和郎の説です。梅原猛が埴原との対談を著書にした『アイヌは原日本人か』（資料1―6）で埴原が日本人の起源を簡潔に語っているので、内容の一部を要約します。

人類は大まかにコーカソイド（白色人種系統）、ニグロイド（黒色人種系統）、モンゴロイド（黄色人種系統）に分けられる。モンゴロイドも南方系と北方系に分けられ、南方系が古い形態をとどめた人たちで古モンゴロイドと呼ばれ、北方系が寒冷地適応を遂げた人たちで新モンゴロイドと呼ばれる。新モンゴロイドの身体的な特徴は、体温の発散を防ぐ目的で体重に比して体表面積が小さくなり、結果として手足が短く、胴は太く長く、すなわち短足胴長の体形ができあがる。直接外気に触れる顔は寒冷に耐えるために凸部が少なく扁平な作りになり、瞼は眼球を寒さから守るため皮下脂肪がついて一重瞼に、そして目は細くなる。一方、古モンゴロイドは南方的であって、顔は凹凸に富み、手足は細く長い、という特徴がある。2万年前、ウルム氷河期の最盛期であった地球の平均気温は現在より6～9℃も低く、東京が稚内に引っ越したと想定されるくらいの温度であって、新モンゴロイド的な身体の特徴は大陸においてこの頃に獲得したと考えられる。縄文人の顔は凹凸に富み古モンゴロイドすなわち南方系の特徴を有した人たちであるが、彼らが日本列島に到着したルートはいくつか考えられるものの明確には辿れていない。

古モンゴロイドの特徴を有した人たちが先住している日本列島に新モンゴロイドの特徴を有する人たちが渡来し、両者が混血して今日の日本人が形成された。大雑把にはそのように考えられる。列島内の地域的な分布では新モンゴロイド的な特徴を有した人は近畿を中心として西日本に拡がり、古モンゴロイド的な特徴を有した人は東北・関東、山陰、九州の一部、四国の一部など日本の周辺に拡がっている。そして、アイヌと琉球人は似ていて、両者とも古モンゴロイドの特徴をはっきり示している。日本には少しずつ新モンゴロイドすなわち北方系の人が入ってきたが、その傾向がはっきりするのは弥生時代から古墳時代にかけてである。

埴原はこれらの研究成果などをもとに、「日本人二重構造モデル説」を提唱し、この説が現在の日本人につながる有力な説とされます。今は遺伝子情報技術が格段に進歩したので、そのデータに基づいた説が提唱されているかもしれませんが、本質的には埴原説とそれほど大きくは変わっていないと思っています。

梅原は、日本文化の本質を知るには縄文にまで遡らなければならないとし、その考えを著書『日本の深層――縄文・蝦夷文化を探る』（資料1-7）にまとめています。

渡来人たちによる日本征服の結果、北海道の一角に追いやられた縄文以来の日本土着の民がアイヌになったのではないかとして、アイヌの風習や思想などの中に日本文化の本質があるとの考えを示しました。そして、アイヌ語は縄文語を受け継いだ言葉である、と考えることが合理的であるとしました。

私が本書を書き進めるに際し、支えになり、励みにさせていただいた著書です。私は梅原、埴原両先生の説に共感し、「縄文の言葉としてのアイヌ語の痕跡」を日本列島の中に探したいとの思いに至ったのです。

江戸時代、幕府は当時蝦夷（えぞ）と呼んだ北海道に役人を派遣し、いろいろと調査します。役人はアイヌ語地名を耳に響いた音として捉え、それを漢字あるいはカナで表記して中央に報告しました。明治時代になってからもアイヌ語地名の漢字カナ表記化が進められる一方、政府によってアイヌ同化政策が図られたためアイヌ語を話す人も減り続けます。そうする中で金田一京助は滅びゆくアイヌ語について研究し、多くの成果を残しました。その金田一が「アイヌ語と日本語は別な言語である」と言いました。

このことについて、梅原は『アイヌは原日本人か』の中で次のように書いています。

　それから言語学においても、最初は日本の先住民はだいたいアイヌで、原日本語はアイヌ語ではないかという考え方が強かった。だから柳田国男の民俗学のそもそもの発想は、先住民問題だった。先住民が山人というかたちで残っている。そしてそれはだいたいアイヌではないかという発想さらにその言葉もアイヌ語ではないか。ところがだんだんアイヌの問題がうすれてきて、金田一京助さんにいたっては、アイヌ語と日本語は全く関係のない言語だとしてしまった。そしてその後の学者はその説に従っている。人類学においても考古学においても、言語学においても、アイヌの問題が無視されてきた。（資料1-6 p.105-106）

さらに次のようにも書きます。

日本では学会の権威がなかなか強くて、一度偉い人がある説を唱えるとそれをひっくり返すことがなかなかできない。金田一さんがアイヌ語は日本語とはまったく異言語だといったので、その後のアイヌ研究者の知里真志保さん、久保寺逸彦さんも結局、師匠の金田一さんの説にそのまま従った。三巨頭が同じようにアイヌ語と日本語は関係ない言葉であると主張したので、その後日本語の起源を研究する学者が、全部アイヌ語を省いた。（資料1-6 p.175）

金田一がアイヌ語は日本語とはまったくの異言語だといった影響は大きく、今も「日本語とアイヌ語は起源を同じにする」との結論を得ようとする著述や研究に対しては、「慎重に扱わねばならない」といいながら、「否定的に扱う人たち、あるいは、深く関わろうとしない人たち」が多いように感じています。特に、言語学や考古学を専門とする人たちは、アイヌと縄文の関係に触れることを避けているようであり、このことに関して彼らが発表する研究論文や著述はきわめて限られます。

冒頭で紹介した鈴木健の『縄文語の発掘』や片山龍峯の『日本語とアイヌ語』は、このような現状に挑戦するかのように著した著書であり、日本語とアイヌ語の語形や意味の類似性共通性を音韻対応などの比較言語学の手法よって検討して「日本語とアイヌ語は起源を同じにする」との結論を導こうとします。

ただ、このような比較言語学の用い方について、アイヌ語研究で著名な田村すゞ子は資料1–8で、次のように述べます。

> 服部が挙げたアイヌ語と日本語その他との語彙の一致の例を、「共通基語からの残存語である」と解し、「同系である蓋然性がある」という表現を「同系である」あるいは「同系であるであろう」と解して、これらの言語の語形と意味の少しでも似た語をたくさん集めてただちに音韻法則を立て共通言語を再構しようとすることなどは、意味のないことと言わなければならない。（資料1–8 p.225）

私は、比較言語学の手法を用いて同一性を論ずるには限界があると考え、【アイヌ語は縄文語を受け継いだ言葉である】を作業仮説とし、この仮説を検証する、との手法で書き進めることにしました。仮説が検証できれば、仮説は仮説ではなくなり真実であるとの論法です。そして、縄文から受け継いだ言葉が今に残っているとすれば、それは地名山名に色濃く反映されているに違いないと考え、対象とする言葉を地名山名としました。地名山名の語源をアイヌ語で探索するということです。

語源探索の手順は一様ではありませんが、ほぼ次のようになります。

主として関東甲信越以西にある地名山名を選びます。多くの場合、対象とする地名山名には語源についての研究や由来説があります。それらの研究や由来説は参考にはしますが、それに囚われることなく、地名山名をその音に近いアイヌ語に置き換えます。そして、地形・地象・古書や関連資料に書かれた記事・私自身で行った現地調査結果などと対応させることによって、置き換えたアイヌ語の意味が状況を説明できているかを確認します。確認が十分でないと判断した場合は、その音に近いアイヌ語に置き換えるところまで戻ってやり直しです。

最後はその地域で発掘された縄文遺跡との対応です。地名山名とはそこで人間が活動した証です。特に、限られた地域の中で複数の地名山名がアイヌ語で説明できるということは、その地域に縄文の人たちが生活した痕跡があることを暗示します。その痕跡が縄文遺跡です。地名山名の名付け親はその遺跡に住んだ人たちである可能性が高いのです。探索を行った地名山名の地域で発掘された縄文遺跡を文献資料の中から探し出して関連付けを行うことによって探索結果の信頼性が高められ、同時に地名山名が付けられた年代や遺跡に住んだ人たちの風習、思想、行動パターンなどが推測できます。

山田秀三は、北海道や東北地方に残されたアイヌ語地名について、地名の意味を現地踏査によって地形を観察したり、古老の話を聴いたりしながら確認するとともに、古文献やそれまでに出版された辞書類を調べ、知人の知里真志保や師と仰ぐ金田一京助等の意見を聴くなどして研究し、『アイヌ語地名の研究』(資料1-9)、『東北・アイヌ語地名の研究』(資料1-10)としてまとめています。この研究の中で、北海道や東北地方に「川」を意味するアイヌ語「pet ペッ」「nay ナィ」がつく地名や「…があるところ」を意味する「usi ウシ」がつく地名の多いことに着目し、その地域的な分布からアイヌ語地名がたくさん残る南限を秋田山形の県境辺りと仙台のすぐ北の平野の辺りを結ぶ線としました。

金田一京助は地名にも関心を示し、アイヌ語地名は北海道だけでなく東北地方にも多く残っていて、アイヌ語地名の南限を福島県と栃木県の県境にある白河関辺りとしました。

金田一京助や山田秀三が指摘するアイヌ語地名の南限を図1-1に示します。

山田秀三は、アイヌ語を話す民族は関東北辺から東北・北海道に住んだ人たちであって、日本全土にいた縄文人とは別な民族であると考えたようです。本書が目指す方向とは異なりますが、アイヌ語地名の研究においては資料1-9、1-10に優るものはなく、たびたび参照し、本文中では資料1-9を山田Ⅰ、資

図1-1　金田一京助と山田秀三が指摘するアイヌ語地名の南限　他

料1-10を山田Ⅱと表記して引用します。

語源探索の対象とする地名山名は図1-1に示す南限よりもさらに南であって、四国、九州まで含みます。そして、アイヌ語に置き換え易いあの地名この山名を拾い集めるのではなく「歴史的に古くから存在する」を条件とし、一定の地域の中にある複数の地名山名を、あるいは全国に散在する同一の地名山名を対象にしました。

私のアイヌ語に対する知識は「カムィ」「コタン」の意味をそれぞれ「神」「村」と知る程度でしたので、アイヌ語の基本を学習することから始まりました。教科書は知里真志保による『地名アイヌ語小辞典』(資料

1‐11）と『アイヌ語入門』（資料1‐12）です。私にとってはバイブル的な存在であって文庫本の大きさで携帯に便利なため、常にそばに置きいつでも検索できるようにしています。文中では資料1‐11を知里Ⅰ、資料1‐12を知里Ⅱと表記して引用します。現在使われているアイヌ語との対応を調べるためには萱野茂の資料1‐13を参考にしました。

文中ではアイヌ語と表記したり、縄文の言葉あるいは縄文語と表記したりしますが、語源探索に用いる言葉という意味を強調したいときにはアイヌ語と表記し、縄文時代から受け継がれた言葉という意味を強調したいときには縄文の言葉あるいは縄文語と表記します。縄文語の定義は明確でなく、ここでは縄文時代の人たちが話した言葉はもちろん、弥生時代から古墳時代に至るまでの縄文直系の子孫が話したであろう言葉も縄文の言葉あるいは縄文語と表記します。

一口に縄文時代といいますが、その期間は約1万5000年前から約2800年前までの1万年以上の長期間に及びます。土器の形式によって6期に区分され、放射性炭素年代測定法による年代区分は次のようになります。各年代区分の特徴は資料1‐14などを参考にしました。

草創期：約1万5000～1万2000年前
　日本列島の全域で土器の使用が始まり、竪穴式住居が出現し定住化が始まる。
早　期：約1万2000～7000年前
　縄文文化の成立期であって、各地に特徴的な土器様式が成立する。
前　期：約7000～5500年前

縄文海進によって海水面は現在より数ｍ高かった。縄文発展期で定住化が進み、大規模な集落が各地で形成され、多くの貝塚が作られた。

中　期：約５５００～４５００年前
　豊かな文化が発展した。有名な火焔型土器がつくられたのもこの時期である。

後　期：約４５００～３３００年前
　土偶など、直接の生活用具でない呪術的な土器が増える。

晩　期：約３３００～２８００年前
　赤採の土器、繊細な模様の土器が創られ、漆の技術も完成された。

語源とするアイヌ語はしばしば知里Ⅰ、Ⅱを引用し再掲しますので、代表的なものを例示し、凡例として説明します。

kotan,-i/-u コたン　部落、村。

①発音はローマ字とカナで表現し、ひらがなはアクセントのある部分です。ただし、引用再掲部分以外は全てカタカナで表記します。右記の例ですと、再掲は「コたン」ですが、文中では「コタン」と表記します。

②-i/-u は kotan を第三人称形するときの語尾です。kotan は普通名詞であって知里Ⅱはこれを概念形と表現します。「その村、彼の村」のように特定あるいは強調するときは kotan-i（コタニ）あるいは

kotan-u（コタヌ）とし、第三人称形として用います。知里Ⅱは地名には第三人称形が重要であるとして詳しく説明します。本書にも第三人称形の地名はたびたび登場します。

③原著には「と、ト」に丸点をつけた発音表記がありますが、本書では「とぅ、トゥ」と表記します。

④カナの後に【H】【テシオ】などが表記されることもあり、単語の採集地または使用地を示します。たくさんありますので、詳細は知里Ⅰの原著を参照してください。

2章　尾瀬ヶ原に縄文の声がこだまする

夏がくれば　思い出す
はるかな尾瀬　遠い空

ご存じ、「夏の思い出」です。昭和24年にラジオを通じて全国に流れ、今でも親しく歌われています。この曲に誘われて、尾瀬を訪れた方はたくさんいるのではないでしょうか。

尾瀬は図1-1（16ページ）に示すように福島、新潟、群馬の3県にまたがった山奥にあります。5、6月のミズバショウ、夏のニッコウキスゲなどを始めとする多くの草花、そして秋になると尾瀬ヶ原一面が黄金色に染まる草もみじ、喧騒な都会や煩わしい社会生活を離れ、自然に浸るのは憩いのひとときです。網目のように張り巡った小川や池塘（ちとう）と呼ばれる大小の水たまりからの流れを集めたヨッピ川が尾瀬ヶ原を縦断します。田代（たしろ）と呼ばれる湿原の中に設けられた木道歩きは快適です。至仏山（しぶつさん）や燧ケ岳（ひうち）の山登りも楽しみです。

尾瀬ヶ原は東西に長細い湿原で、長手方向約6㎞、短手方向は広い所で2～3㎞です。尾瀬ヶ原を中心に、南西に至仏山、北に景鶴山と八海山の別名を持つ背中アブリ山、東に尾瀬沼、北東に燧ケ岳があります。過去1万年以内に噴火があった火山を活火山と定義しますが、定義に従うと燧ヶ岳は活火山であり、景鶴山と

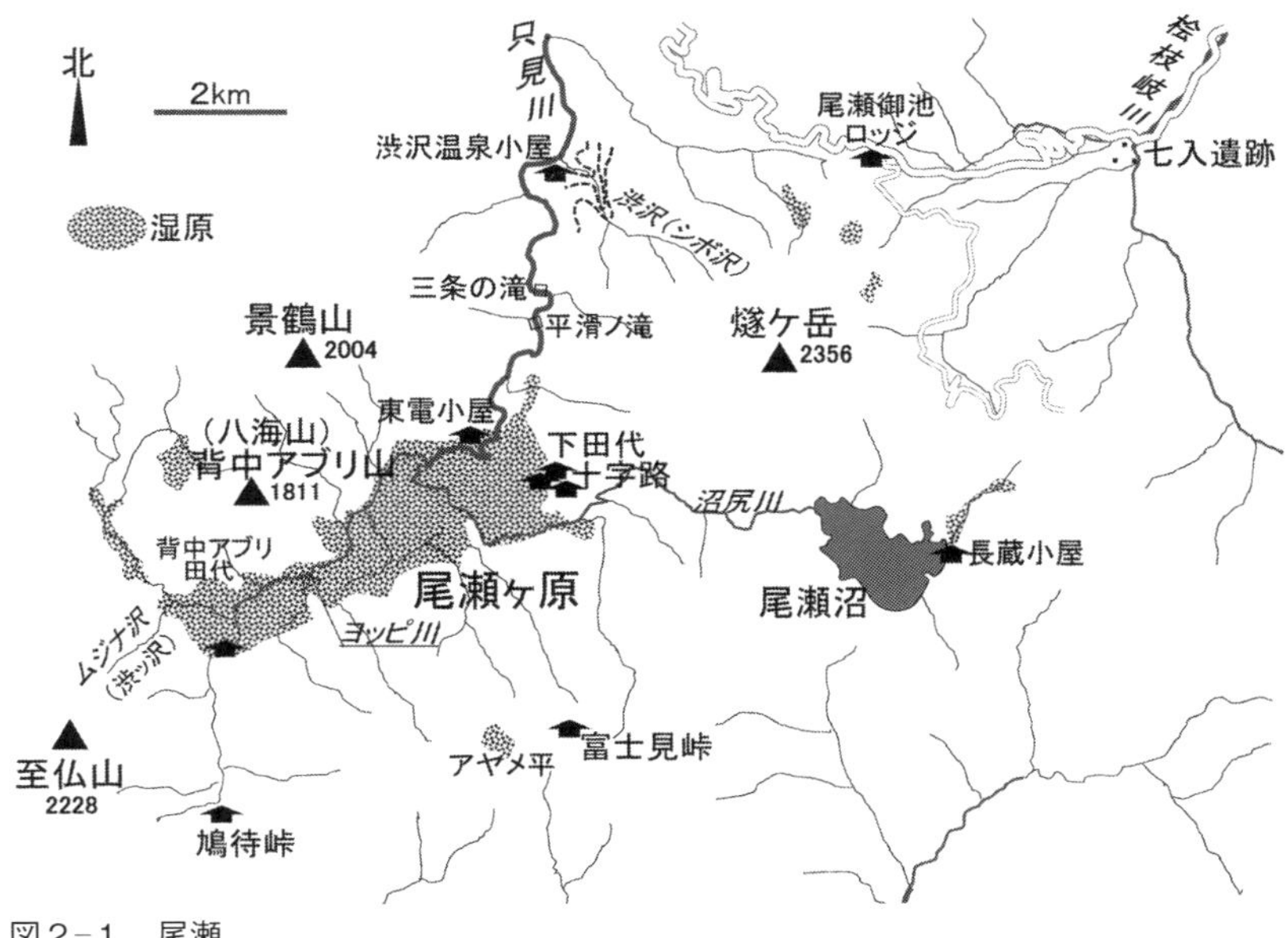

図２−１　尾瀬

背中アブリ山は死火山になります。

標高は尾瀬ヶ原が約１４００ｍ、尾瀬沼が約１６５０ｍですから両者の標高差は意外に大きく２５０ｍにもなります。周囲は２０００ｍ級の山々が多く、これらの山々を水源とする多くの川が約５００ｍの標高差を流れ下って尾瀬沼や尾瀬ヶ原に注ぎます。注がれた水は尾瀬ヶ原の北側にある景鶴山と燧ヶ岳の間を平滑（ひらなめ）ノ滝や三条ノ滝となって流れ、只見川となって日本海に至ります。

この尾瀬の地名山名に縄文の人たちのメッセージが込められているとは想像もしませんでした。メッセージからは名付けた人の素朴さが伺え、描写の巧みさ、表現力の豊かさを感じることができます。尾瀬ヶ原を散策していると彼らの声が聞こえて来るような気がします。

尾瀬への福島県側からの入口になる檜枝岐（ひのえまた）に七入遺跡・下ノ原遺跡・上ノ台遺跡という縄文後期（４５００～３３００年前）の遺跡があります。

七入遺跡は図2‐1の∴印の場所で、下ノ原遺跡・上ノ台遺跡はもう少し北になります。遺跡といっても縄文土器のかけらが出土した程度で、特別な保存施設はなく、地元の人達の関心もほとんどないような遺跡です。しかし、この遺跡の住人が尾瀬の地名山名の名付け親であり、メッセージの主と考えられるのです。

それでは、地名山名の語源を探索し、縄文の人たちの声を聴きに出かけましょう。対象とする地名山名は、ここまでの記述の中にすでに現れています。「おぜ」「ヨッピ」「たしろ」「しぶつ」「ひうち」、それに景鶴山の「けいづる」と背中アブリ山の「せなかあぶり」です。それぞれの地名山名にはいくつかの由来説があり、中に有力とされる説もあります。尾瀬ケ原が形成された歴史を概観し、地名山名に関する従来の由来説を紹介しながら語源探索を進めます。

資料2‐1は詳細な地盤調査や観察・計測に基づいて、尾瀬ヶ原湿原の成り立ちや現状についての研究報告です。ただし、縄文時代の状況までは説明していません。この資料の必要な部分を以下に要約します。

約8000年前、尾瀬ヶ原一帯は多くの川が流入し、緩い傾斜を有する扇状地のような平地であった。この平地は、更に古い時代において燧ヶ岳の噴火に伴う噴出物で川が堰き止められ、大きな湖が形成され、この湖が周辺の川から運ばれる大小の土砂で埋め尽くされた結果かもしれない。しかし、約100mの深さまで行った地質調査結果からは湖であった証拠を見出すことが出来なかった。

扇状地の中には河川跡である三日月湖や湖沼等の後背湿地が多数散在した。この後背湿地の水際に育ったミズゴケを主体とする湿性植物の枯死体が尾瀬ヶ原を構成する泥炭のはじまりとなる。水際の湿性植物は保水性が高く、その影響もあって周囲に成長範囲を広げ、隣接する湖沼等と領域を共有するようになり、やがて尾瀬ヶ原全域にまで拡大する。

現在の泥炭層の厚さは尾瀬ヶ原の中央付近で約5～6ｍになる。肉眼では水平に見える尾瀬ヶ原も、中央付近直線距離約７００ｍの間で大きく波打つような４ｍ程度の高低差を有するが、その波打つような凹凸は元々の河床の形状を反映している。尾瀬沼に近い側は10ｍ近い高低差を持って、尾瀬沼側から尾瀬ヶ原に向かって傾斜している。

凸部での泥炭地の表層は付近の水面より上にあって、少し乾いた状態になり、そこには灌木（かんぼく）も生育する。ただ、水面の高さは普通の平地と違い、１ｍの間で10㎝以上も変わる場所もあり、凸部であっても池状の水たまりがある。

一方、凹部は広く潭水（たんすい）し、泥炭地の表層は水面より下になる。植物の根などが泥炭状になって密に固まった谷地坊主（やちぼうず）や、湿地丘（しっちきゅう）と呼ばれる大きな塚状の高まりが水面上に現れる。また、泥炭層から切り離された状態の草の塊である浮島も多い。そして、凸部分には見られない比較的大きな水面が顔を現わすのもこの凹部分である。

尾瀬ヶ原の表層部にはヨッピ川や沼尻川のように、泥炭層を浸食して川が流れ、時々その流域を変えていた。元の流域には半月形や楕円形状の池のような水たまりが残る。この水たまりの存在は凸部でも例外ではない。水たまりは池塘（ちとう）と呼ばれ、尾瀬ヶ原の中にはたくさんにあり、湿原の特徴を示す一つとなっている。池塘は縁が垂直に近く切り立ったり、草の根などが棚状に水面に張り出したりしている。

凸部と凹部に生育する湿性植物は異なる種類になり、全ての植物が泥炭化するわけではない。ちなみに尾瀬で有名なミズバショウは枯れると直ぐに腐食し、水と炭酸ガスに分解されるため、泥炭層には含まれない。尾瀬ヶ原の始まりを約８０００年前としたのは、泥炭層の最下部から採取した試料を放射性炭素年代測定法によって分析した結果である。

この文から尾瀬ヶ原の始まりは約８０００年前とわかります。したがって、檜枝岐にいた縄文の人達はそれから３５００~４７００年ほど経過したころに住みついたことになります。

また、約８０００年前の出来事として尾瀬沼の誕生があります。資料2-2は次のように説明します。

燧ヶ岳の噴火の歴史は約35万年前に始まった。約８０００年前、既に現在と同じくらいに大きく成長していた燧ヶ岳は山頂付近から大崩落が生じ、大量な土塊が岩なだれとなって南斜面を滑り落ちた。この岩なだれが巨大な堤となって川を堰き止め、大きな水たまりを造り、これが現在の尾瀬沼になった。岩なだれは尾瀬ヶ原の東側方向にも押し出し、尾瀬ヶ原の河床となっている砂礫の上に泥流層を作った。地質調査によると尾瀬ヶ原東部の泥炭層はこの泥流層の直ぐ上から発達し、下には泥炭層が存在しない。このことから尾瀬沼の誕生と尾瀬ヶ原形成の始まりを同じ約８０００年前とした。

これらの資料が教えるところから、縄文後期の尾瀬ヶ原の状態を推定しました。

現時点における泥炭層の厚さを６ｍとして、８０００年間は泥炭が均等に堆積したと仮定すれば年間０・75㎜の堆積速度になるので、縄文後期（４５００~３３００年前）の泥炭層の厚さは2・６~３・５ｍと計算され、その分尾瀬ヶ原の面積は小さくなります。面積は縮小するものの、湿原の外観は昔も今も余り変わりなく、尾瀬沼も既に現在とほぼ同じ姿になっていた、と考えられます。

すなわち、檜枝岐に住んだ縄文の人達は、面積が縮小した現在と同じような景観を有する尾瀬ヶ原と尾瀬沼に接していたことになります。彼らはどんなメッセージを私たちに伝えてくれるのでしょう。ここからが具体的な語源探索です。

尾瀬（おぜ）

「おぜ」の言葉の由来については幾つかの説があります。

浅い水中に草木が生えた状態の湿原を「生瀬（おうせ）」といい、それが転じて「尾瀬」となった。テレビで放送される尾瀬特集などではこの説を紹介することが多いようですが、国語辞典にも古語辞典にも「生瀬（おうせ）」は掲載されていません。

また、前九年の役（1051年頃からの約10年間、奥州の豪族安倍氏が朝廷軍の源頼義に敗れた戦役）で滅んだ奥州安倍貞任の子が逃げ込み、付近の部落を襲って「悪勢（おぜ）」と呼ばれ、転じて尾瀬となった。その他に平家にまつわる尾瀬氏伝承が会津（福島県）、越後（新潟県）、上野（群馬県）それぞれにあり、尾瀬三郎藤原房利、尾瀬大納言藤原頼国、尾瀬中納言などの人物が登場します。新潟県側からの入口に当たる奥只見の銀山平では尾瀬三郎藤原房利像を建て、檜枝岐の中土合公園では尾瀬大納言藤原頼国像を建てるなど、それぞれの地元では地名由来を宣伝し、観光客誘致の材料としています。

地名由来が諸説あるのは、よくわかっていないことの裏返しです。

北海道や東北地方に「おぜ」または「おせ」に相当する地名はなく、独自の探索になります。アイヌ語に「o オ」があります。「川口、川尻」という意味です。また、「sep セプ」があり、「広がる、広げる」の意味です。したがって「o sep オセプ」と続けると「川尻　広がる」の意味となり、この「オセプ」が「おぜ」の語源と考えます。

尾瀬沼や尾瀬ヶ原には周囲の山々から多くの川が流れ込みます。檜枝岐の集落から漁や狩猟採集のために尾瀬ヶ原にやって来た縄文の人達は流れ込む多くの川とその川尻に大きく拡がる湿原を見て「オセプ」と、見えるままを素直に表現しただけの名称なのです。

私たちが尾瀬を訪れるとき、せせらぎの水音を聞き、木立の間を通り抜けて尾瀬ヶ原に至ります。尾瀬ヶ原を目にした瞬間、夏の初めにおいては緑の広がりに、秋においては一面の草もみじに感動を覚えます。縄文の人達も同じような感情を抱いたに相違ありません。ですから、「オセプ」は単なる空間的な広がりの表現ではなく、そのような感動のこもった「オセプ」ではないでしょうか。「オセプ」は「オセッ」と聞こえます。それが「おぜ」へと転訛したのです。

川に対する古いアイヌの考え方が知里Ⅱに記されているので紹介します。語源の探索で基本となる考え方の一つです。

古い時代のアイヌは、川を人間同様の生物と考えていた。生物だから、それは肉体を持ち、たとえば水源を「ペッ・キタイ」(pet-kitay 川の頭)とよび、川の中流を「ペッ・ラントム」(pet-rantom 川の胸)とよび、川の曲り角を「しットク」(sittok 肘)とよび、幾重にも屈曲して流れている所を「かンカン」(kankan 腸)、川口を「オ」(o 陰部)とよぶのである。(資料1-1 p.40,41)

古いアイヌの考え方として記されていますが、縄文時代より受け継がれた考え方であると思っています。

ヨッピ(川)

「ヨッピ」とはアイヌ語由来で「川が集積している所」との意味として既に認識されているようです。「ヨッピ」をアイヌ語由来と認識するのであれば、なぜ他の名称もアイヌ語で解釈しようとしないのか、と疑問を抱きながらこの項を書いています。

知里Ｉに「yopi-nay」があり、次のように説明します。

yopi-nay, -e よピナィ【H北】枝川。[i（それを）opi（捨て去る）nay（川）、—そこから別れて行った川]

「ヨピナィ」が「ヨッピ」の語源です。縄文の人達は尾瀬ヶ原を網目のように流れる川を「ヨピナィ」と呼んだのです。意味は「枝川」ですので、認識されている「川が集積している所」と少し異なります。「yopi よピ」はアイヌ語の特徴的な表現ですので、少し詳しく説明しましょう。

「yopi」は「i-opi」に分解され、意味は「i（それを）opi（捨て去る）」です。

「i」は名詞や動詞の語頭や語尾について意味をなす語であって、アイヌ語地名を解釈する上で、重要な単語です。ここでは「i-」として語頭に付いた場合について、知里Ｉを引用し三つの意味について説明します。

① 第一人称単数および複数の目的格を表し、「我を（に）」、「我々を（に）」の意味となる。

例 e- i-omap エ・い・オマプ 汝・我（ら）を・可愛がる

② 第三人称主格を表し、「彼（彼女）が、それが」の意味となる。

例 i-tanehe イたネへ それ・の種子、

i-an イあン それが・ある、彼（彼女）が・いる

③ 第三人称目的格を表し、「それを」の意味となる。

例　i-ruska イるシカ　それを・怒る（立腹する）

「i-opi」の「i-」は③に相当します。そして「opi オピ」とは「捨て去る」の意味です。これに「nay」が繋がるとなぜ「枝川」の意味になるのでしょう。

私たちは「川は山に発して海に注ぐ」と考えますが、アイヌでは「川は海から発して山に向かう」と考えます。狩猟採集に出かける場合、川や沢を遡って猟場などに向かうことから、このような概念が生まれたのではないかといわれています。アイヌは川を人間同様の生物と考えていたことを説明しましたが、川は海から山に向かうとの概念も川に対する古い時代のアイヌ特有な考え方です。したがって、「おぜ」の語源探索では「オ」を「川口、川尻」と説明しましたが、これは川の出口ではなく入口の意味になります。

私たちは支流と支流、あるいは支流と本流が合わさることを「合流する」と表現しますが、アイヌ語は上流に向かって「分岐する」との表現になります。川は上流に向かって分岐し、次第に細くなり、最後は消えてしまう。その状態を「opi（捨て去る）」と表現し、訳として「枝」としたのです。これもアイヌ特有ではなく縄文以来の考え方と思っています。

「ヨピナィ」から「ナィ」が脱落して「ヨピ」となり、「ヨッピ」となって今に至っているのです。

語頭に付いたアイヌ語「i-」について三つの意味を説明しました。これに酷似した用法が奈良時代のころに使われた日本語の中にあり、縄文語の特徴的な用法がそのまま日本語の中に受け継がれている様子を伺い知ることができます。

古語「い」についての使用例を資料2-3は次のように書きます。

例①《我が背子が跡踏み求め追い行かば紀伊の関守**い**留めむかも》（万葉・四・五四五）
訳（もし私が）夫の行った跡を捜し求めて追って行ったら、紀伊の関守が**きっと**引き留めてしまうだろうか。

例②《青柳の糸の細（くは）しさ春風に乱れぬ**い**間に見せむ子もがも》（万葉・十・一八五一）
訳 青柳の糸のように細い枝の美しさを、春風に乱れてしまわない**その**間に、見せてやるような恋人がいたらなあ。

例③ 動詞について意味を強める。「**い**隠る」「**い**渡る」など。

これらの「**い**」は単に主語や動詞を強調するための副詞あるいは接頭語であって、それ自身は意味を持たない、と資料2-3は説明します。

しかし、例①には「i:」の①一人称目的格を適用すれば「…紀伊の関守が**私を**引き留め…」となり、「**い**」が意味を有する文として成り立ちます。同様に、例②例③には②三人称主格あるいは③三人称目的格を適用すればそれぞれ「…**その**間に…」「**そこに**隠れる」「**そこを**渡る」となり、「**い**」は単に主語や動詞を強調するための副詞あるいは接頭語ではなくなります。

縄文時代に使用された「i:」が、奈良時代になっても「**い**」としてまだ生き残っていたのです。

田代（たしろ）

「田代」は尾瀬では普通名詞として「湿原」の意味に使用されています。○○田代、△△田代などたくさんの田代があります。○○や△△は上、中、下、ヒョウタン、タソガレなど現在の日本語が多く使われ、近年になって付けられたのでしょう。

「田代」は姓や町や湖など固有名詞としては頻繁に耳に、目にします。しかし、「田代」を国語辞典で引くと、普通名詞「田代」についての記載はありません。類似の名詞である「苗代（なえしろ、なわしろ）」は、「稲の種をまいて苗を育てる田」とあります。また、「代（しろ）」を調べると、「田、田地」とあります。そうだとすれば、「田代」とは「田」を二つ重ねた意味となります。漢字辞典で「代」を調べると「同じポストに入るべき者が互い違いに入れかわること」とあり、「交代」「代理」などの使用例を掲げます。「代」の漢字としての本来の意味は「入れ替わること」です。なぜ「代」が「田」を意味するようになったのでしょう。「田代」とは不思議な漢字だな、と改めて思います。

日光の戦場ケ原にも「小田代ケ原」があります。戦場ケ原と尾瀬ヶ原は地理的に近く、昔は人の行き来があったのかも知れません。上高地には「田代池」があり、やはり湿原に近い意味として解釈されているようです。知里Iを検索すると合成語「tosir」として、次の説明があります。

tosir,-i とシㇽ　川岸の下の穴、川岸の下の土が流れて草や木の根などが庇のようにかぶさっている所―そういう所に昼間は魚が隠れているので漁の上では注意すべき地形だった。

アイヌ語「to ト」は「沼、湖」の意味で、「sir シㇽ」は「地、大地、山、島」の意味ですので、「to sir」の逐語訳は「沼・大地」となり、沼がたくさんある原野との風景が想像でき、そのまま「湿原」の意味にも通じそうですが、合成語になると違う意味になるようです。

尾瀬ヶ原の成立ちで説明したように、湿原にある池塘(ちとう)の縁は草の根などが庇(ひさし)のように水面に張り出ています。まさに前記の「トシル」の説明にぴったり符合します。この状況は池塘だけではありません。ヨッピ川をはじめ尾瀬に流れ込む全ての川の川岸は「トシル」の状況にあります。写真2‐1が尾瀬ヶ原の何処にでも見られる「トシル」です。そこには魚が泳いでいます。

3000～4000年前の尾瀬ヶ原は現在よりも小さな湿原地帯で、景観はほとんど同じであったことを説明しました。尾瀬ヶ原は今も昔もこのような「トシル」が沢山集まった場所なのです。イワナ、ヤマメ、ニジマス、ドジョウなどが生息します。檜枝岐にいた縄文の人達は尾瀬ヶ原の「トシル」で漁をしたのです。

写真２‐１　尾瀬ヶ原の「トシル」(2010.7.19　筆者撮影)

写真２‐２　稲田に似た景観（2010.7.19　筆者撮影）

縄文語地名が日本語地名に変わった頃、「トシル」は「たしろ」と転訛し、本来の意味を離れ湿原そのものを指す言葉になります。尾瀬ヶ原の湿原といっても植生は一様ではなく、場所により、時期により、いろいろな顔を有します。6、7月頃は、写真2‐2のように稲田に似た景観が多く見られます。そこで、「田に代わる」という意味で、「たしろ」に「田代」の漢字を当てたのではないでしょうか。

その後、「代（しろ）」は一人歩きをするようになり、「苗代」のような使い方がされるようになった、と理解すれば「田代」の漢字の不思議は解決します。もしこのとき、「田に似た」との意味で「たしろ」に「田似」の漢字を当てていたら、今ころは「似」が「しろ」と読まれていたかも知れません。

至仏（しぶつ）

「しぶつ」の有力な由来説はなく、一部に、大正時代、登山道がなく人は渋ッ沢（至仏山の北東を流れ下っている現在のムジナ沢、図2-1参照）を登ったことからこの沢の名前が山の名になった、との説がある程度です。（因果関係は逆だろう）とつぶやきながらの語源探索です。

「しぶつ」を素直にアイヌ語に置き換えると「si put シプッ」になります。「シ」は「大きな、本当の」との意味であり、「プッ」は「口」です。「シプッ」とは「大きな口」との意味になります。

これが語源であるとしたら、「大きな口」とは何を表現しているのだろうか。とりあえず、「大きな口」の根拠となる風景を見出すため、尾瀬を訪れた際に写した至仏山や燧ケ岳の写真を持ち出し、眺めました。しかし、写した写真は数が限られており、「大きな口」の根拠となりそうな景色にはめぐり会えません。

尾瀬ならばネット上に沢山の写真があるのではないかと思い、パソコンの画面を眺めます。さすがに尾瀬です。四季折々のすばらしい風景写真がたくさん掲載されています。その中で、燧ケ岳が尾瀬沼の水面に逆さになった姿を映している美しい写真が目に止まりました。燧ケ岳を至仏山に置き換えたらどのように見えるだろうか。

至仏山は燧ケ岳に比較すると、高さは若干低く、裾は長く、左右対称で、全体的になだらかな印象を与える山です。地上部分を上唇、水面に映った部分を下唇、と見れば「大きな口」になりそうです。

　写真2–3は尾瀬ヶ原の池塘に映った燧ヶ岳で、写真2–4は中田代三叉路付近から撮影した至仏山です。写真2–3の燧ヶ岳を至仏山に置き換え、水面に至仏山を逆さに映せば「大きな口」ができ上がりそうです。

　資料2–1には背中アブリ田代より見た至仏山の写真が掲載されています。谷地坊主や浮島で山裾の一部分は隠れますが至仏山全体を映し込むに十分な広さのある水面に逆さになった至仏山が映っています。写真2–4には三つ見える至仏山の頂が二つになり、より唇の形に近づきます。

写真2–3　池塘に映った燧ヶ岳（2010.7.19 筆者撮影）

写真2–4　中田代三叉路付近から見た至仏山（2010.7.19 筆者撮影）

　今、私たちは背中アブリ田代には近付けません。至仏山の全景が綺麗に映る別な水面を求めて尾瀬ヶ原を再訪したのですが、行動できる範囲ではそのような水面に遭遇できませんでした。縄文の人達が「シプッ」と呼んだのは、背中アブリ田代の辺りから見た至仏山のように思います。彼らの自然に対するスケールの大きな観察眼、それを言葉で表現する巧さに感心します。絵画を描くような感覚だったのでしょう。

　知里Ⅰは「put」を次のように書きます。

put.-i/-u ぷッ（川・沼などの）口。

現在の「プッ」に人の口との意味はありません。前に「古い時代のアイヌは、川を人間同様の生物と考えていた。」との考え方を紹介しました。この考え方に従えば、古い時代のアイヌよりもさらに古い縄文の時代においては、「プッ」は人の口を意味していたのではないでしょうか。

「しぶつ」の語源は「シプッ」、意味は「大きな口」です。「シプッ」の名は3千年以上の昔に生まれ、受け継がれ、ほとんど変化することなく「しぶつ（至仏）」となって今に生きているのです。

景鶴（けいづる）

景鶴山は中腹が広々とした草原状となっていて、この辺りを横切ることを「へえずる」と土地の言葉で言っており、陸軍測量部の役人に山名を聞かれた土地の人が「へえずる」と答えてしまったので、「景鶴山」と記入されてしまった、との説と、頂上の急な崖を登るのに「はいずって」登ったので、それが転訛して「ケイヅル」になった、との説があります。紹介するほど説得性のある説かな、と思いつつ先に進みます。

尾瀬ヶ原周辺の山々は火山であり、中でも景鶴山がもっとも古く、噴火が始まったのは200～500万年前で、人類がまだ猿人であった時代です。現在の景鶴山は峰続きの山で、山頂部が一段高くラクダのコブようになっています。昔噴火した際、山全体が溶岩に覆われました。その後、比較的に柔らかな周りの溶岩が長期に亘って浸食され、残った堅い部分がこのコブです。**写真2-5**は東電小屋から尾瀬ヶ原に出た付近で見た景鶴山であり、コブの様子がよく視認できます。

アイヌ語に「tu トゥ」があります。「二つの」「峰、岬」「古い、元の、旧」と全く異なった幾つかの意味を有しますが、ここでは「峰」の意味を採用します。また「ru ル」があり、「道」の意味です。「turu トゥル」と合成すると「峰の道」すなわち「尾根」の意味になります。ただ、知里Ⅰは合成語「トゥル」を直接には掲載せずに次のように書きます。

aka-turu アカトゥル【K（ウショロ）】山稜、尾根。［aka（尾根、山稜）tu（峰）ru（路）］

写真２－５　コブを持った景鶴山（2010.7.19 筆者撮影）

景鶴山は独立峰ではなく、峰続きの山です。「けいづる」の「づる」はこの「トゥル」が転訛した言葉と考えました。「けい」は知里Ⅰを検索し、「key ケィ　頭」を相当させました。「ケィトゥル」で「頭・尾根」との訳になります。その表現するところの意味を探らねばなりません。

新潟県側から連続した峰々が尾瀬ヶ原に近づき、その峰々の先頭付近が景鶴山です。すなわち、「ケィトゥル」とは「連なる尾根の先頭」と解釈できます。とここまで書いたとき、現在は「先端」との抽象概念を「頭」と表現しますが、縄文時代も同じように表現したのだろうか、との疑問がにわかに大きくなり、「ケィ」に別な解釈を試みることにしました。

山頂部が一段高くなったラクダのこぶのような岩峰が景鶴山です。

この岩峰を人の頭に見立て、連続する峰の中に人の頭の形をした岩峰が乗っている、その景観を縄文の人たちは「ケィトゥル　頭（の形の）尾根」と表現したのであろう、と解釈を変えてみました。「オセㇷ゚」や「シプッ」と同様に見えるままを、素直に、単純明快に表現しています。こちらの意味の「ケィトゥル」が「けいづる」に転訛したに違いありません。「へえずる山」とか「はいずる山」では可哀そうです。

燧（ひうち）

「ひうち」の語源由来には火打ち石がたくさん採れたという説や、村人に火起しを教えた山神を燧（火打ち）大明神と呼んだという説があります。また、檜枝岐方面から眺めると、俎嵓（まないたぐら）の左斜面に鍛冶屋の使う「火打ち鋏」形の残雪が残るためこの名がついたとされる説もあります。最後の説が有力とされますが、複数の説があるということは、地名由来は良く分かっていない、というのが結論でしょう。

　私も、従来の由来説にあるように「ひうち」の「ひ」は、日本語の「火」に通じる言葉であろうとの先入観が抜けず、アイヌ語を用いた語源探索の出発に手間取りました。

「おぜ」「たしろ」「しぶつ」「けいづる」はそれぞれの音に近いアイヌ語を比較的容易に探し出せたので、結果的に余り試行錯誤、紆余曲折することなく語源に辿りつけました。しかし、「ひうち」の音に近いアイヌ語を容易には探し出せません。まず「ひ　う　ち」と言葉をバラバラにし、1語ずつ、あるいは2語の組合せにして、適切と思えるアイヌ語を探す作業から始めました。

　燧ケ岳を登った経験のある方はご存じと思いますが、登山道には大きな石がゴロゴロしていて、山登りに苦労します。私が登ったのは大雨の翌日でした。石の上に乗ると滑り、石のないところは水たまりやぬかるみで足を捕られ、地図に書かれたコースタイムよりかなり多くの時間を掛けた記憶があります。

写真2-6はその時のもので、人と比較して登山道にある石の大きさがよく分かります。燧ケ岳の登山用の地図にも「大きな岩がゴロゴロした急坂つづく」のような注意書きが数か所あります。このようなことを思い出しながら知里Iを検索しました。「pi ぴ」がありました。「石、小石」の意味です。日本語のp音、h音について資料2-4は次のように書きます。

ハヒフヘホは現在ではha hi hu he hoと発音されているが、このような音は古代の日本にはなく、江戸時代以降にはじめて生まれたもので、それ以前は、これらの仮名はfa fi fu fe foと発音されていた。

このf音はヨーロッパの諸言語や中国語におけるような唇歯音（しんしおん）［f］（上歯と下唇との間で発音する音）ではなく、今日のフの音に近い両唇音（りょうしんおん）［Φ］（上唇と下唇との間で発音する音）であって、それはさらに古い時代のp音から転化したものであり、そのpは奈良時代にはすでにf音になっていて、江戸時代初期にさらにh音に変化したものと考えられている。（資料2-4 p.128）

写真２－６　燧ヶ岳登山道にある大きな石（2009.8.3 筆者撮影）

「pi」が「fi（両唇音）」に変わり、「fi」が「hi」に変ったと考え、「ひうち」の「ひ」には「石、小石」の意味の「pi ぴ」を相当させます。次に「ひうち」の「うち」です。「ピ」と同様に「うち」を1音にしたり2音にしたりして、近い音を持つアイヌ語を知里ⅠⅡ、山田Iを参考にしながら試行錯誤して探しました。燧ケ岳の形、大きさ、位置、尾瀬の自然なども考慮します。

アイヌ語「etu エトゥ」に辿り着きました。鼻の意味です。鼻は顔の中心にあって突き出た部位です。その意味から陸地や海において突き出た部分を「etu エトゥ」といい、地名には頻繁に使われる言葉です。岬と訳します。顎を「not ノッ」といいますが、これも岬の意味に使われます。

檜枝岐に住む縄文の人達は、狩りや採集の目的で日常的に燧ケ岳を登ったでしょうし、集落から尾瀬に向かうとき、燧ケ岳は入口にある突き出た岬になります。山には石がゴロゴロしていることは当然知っています。ですから彼等は燧ケ岳を「pi etu ピエトゥ 石ころ岬」と呼んだのです。

もし燧ケ岳を尾瀬沼あるいは尾瀬ヶ原の方向から見て名付けたならば「エトゥ」は使わず、一般的に「山」を意味する「nupuri ヌプリ」あるいは「sir シル」を使用して「ピヌプリ」あるいは「ピシル」のように呼んだに違いありません。または、至仏山を「シプッ」と呼んだように絵画的な表現をしたかも知れません。

尾瀬ヶ原から見た燧ヶ岳は写真2-3です。

その後、知里Iに合成語としての「pi-etu」が記されていることに気づきました。

pi-etu ぴ エトゥ　石崎、岩崎。[→etu]

「ピエトゥ」は北海道のアイヌ語地名としても存在していたとわかります。「ピエトゥ」が「フィエトゥ」を経て、「ひうち」へと転訛したのです。

ここでは、檜枝岐の縄文集落の人達が尾瀬の地名山名の名付け親であるとして話を進めていますが、これは檜枝岐に縄文遺跡があるというだけでなく、「ピエトゥ」の名称が檜枝岐方向から見た山の景観を説明しているということが大きな根拠になっています。

背中アブリ（せなかあぶり）

現在の地図は八海山（背中アブリ山）となっていますが、もともとの名称が背中アブリ山であって八海山は後から付けられた名称です。この山は片品方面の人々の雨乞いの山で、新潟の八海山の分祠が祭られたことから八海山と呼ばれた、とのことです。ここではもともとの名称である背中アブリ山の「せなかあぶり」の語源を探ります。図2-1では一般の地図とは逆に、八海山をカッコ書きにしました。

写真2-7は尾瀬ヶ原のほぼ中央にある中田代付近から写したもので、奥が至仏山、手前にあるなだらかな長い直線的な斜面を有する山が背中アブリ山です。背中アブリ山は至仏山や燧ヶ岳と違って、目立った特徴はなく、また、冬季以外の登山は認められていないので、尾瀬を訪れる人たちも余り関心を示しません。しかし、この山は写真には見えない大きな特徴を有し、縄文以来の名前を残す山なのです。

背中アブリ山には似たような二つの由来説があります。一つは、背中アブリ山とは樹木が多く日だまりで日向ぼっこをするのに良いという説、もう一つは、背中アブリ田代が由来の元で、この湿原は南斜面に位置していることから、ここに来ると背中があぶられる程熱かったからだとの説です。いずれも、こじつけのように思えてなりません。

「せなかあぶり」は仮名6文字であり、複雑な言葉の組み合わせが予想され、容易でない語源探索になりそうです。知里Ⅰ、Ⅱにも山田Ⅰ、Ⅱにも、これに近い地名は見当たりません。はたしてゴールに辿りつけるか、暗中模索の出発です。

写真２−７　中田代付近から見た背中アブリ山（2010.7.19 筆者撮影）

先ず、「せ　な　か　あ　ぶ　り」と仮名6文字をバラバラにし、キーとなりそうな語を選び出す作業から始めます。「な」に注目です。アイヌ語「ナィ」を当てます。「川、沢」の意味です。

次にキーとなる語として先頭の「せ」を選びました。先頭の語は余り転訛せず、語源を探る際には重要な鍵となる事例が多いからです。「せ」に相当する二つのアイヌ語が思い浮かびます。一つは尾瀬（おせ）のところで説明した「セㇷ゚」で、「広がる、広げる」の意味です。「ナィ」と組み合わせると「セㇷ゚ナィ」「広がる・沢」の意味となり、地形を表現する言葉として平地であれば採用できそうですが、山の名称に対してはいささか無理があると判断しました。

もう一つのアイヌ語として「セ」があります。「背負う」との意味です。ただ、この「セ」は知里Ⅰに掲載されていません。資料1-13には「せ」「背負う」とあります。知里Ⅰは北海道の地名を根拠にして書かれた辞典であり、この辞典に乗っていないということは北海道のアイヌ語地名には「セ」を用いた山名表示はないと理解できます。「セ」が語源として正解ならば、縄文時代の特有な用法ということになります。「ナィ」と組み合わせると「セナィ」「背負う・沢（を）」の意味になり、山の景観を説明する言葉になりそうです。「せなかあぶり」の頭2文字「せな」には「セナィ」を仮に設定します。

下4文字の「かあぶり」に移ります。具体的な探策に入る前に、この4文字は「セナィ」の「ナィ」を受け、その状況を説明する修飾文であると考えました。そうであるとすれば、「かあぶり」の4文字ではなく「なかあぶり」の5文字の探索と考えた方が理解しやすくなります。要するに、「せなかあぶり」とは「せな」に相当する「セナィ」という文章と、これから探索する「なかあぶり」に相当する文章が合わさった名称であると判断したのです。

後半の文章「なかあぶり」の「な」は「ナィ」と設定済みですから、「ナィ」に繋がる「かあぶり」を探索することになります。前と同じように4文字の中からキーになる語を探します。「か」は語頭や語尾についた場合は重要な役割を果たしますが、中間にある場合は「e he ke ye」などから転訛して日本語地名の「か」「け」「こ」になる事例が多いと認識しているので、とりあえず重要度を下げキーの語から外しました。「あぶり」あるいは「ぶり」に焦点を絞って、地形、地象を考慮しながらアイヌの言葉を探します。力づくの作業です。

知里Ⅰに「pur-ke」がありました。

　pur-ke ぷㇽケ【ビホロ、クッシャロ、トコロ、シャリ】《完》大水（が出る）、出水（する）、洪水（が出る）、津波（が来る）。[pur（ゴボッという音）-ke（もとki「する」から出た）、「ゴボッとする」]

「プㇽ」とは「ゴボッ」と水が湧き出る音を表現する擬音語です。縄文の人達には「ゴボッ」ではなく「プㇽ」と聞こえたのでしょう。-ke は -ki から変化した語で、「〜する」と動詞化する言葉です。従って「プㇽケ」とは「ゴボッとする」が直訳ですが「ゴボッゴボッと音がするほど水が出る」との意味になります。「プㇽプㇽケ」ともいいます。

「ナィ」と「プㇽケ」を単純につなぎ、「ナィ・プㇽケ」の文章を作ってみました。「沢　多量の水が出る」になり、意味としては理解できますが、アイヌ語の文章としてこれで良いのか、自信がありません。このような場合のアイヌ語表現の仕方を、知里Ⅱは「アイヌ語本来の発想法(e-,o-,ko- について)」と題して次のように記します。

日本語では「神が・遊ぶ・広場」「鹿が・出てくる・沢」「丸山の・ある・沢」などという言い方は、ごくありふれた言い方で、ちっともおかしくない。ところがアイヌ語ではそういう言い方はしない。そういう言い方をしても意味が通らないのである。では、どういう言い方をするのか。「神が・そこで・遊ぶ・広場」「鹿が・そこへ・出てくる・沢」「丸山が・そこに・ある・沢」というような言い方をするのである。たとえば次のようになる。

kamuy o-sinot mintar「神（が）—そこで・遊ぶ—広場」

yuk o-san nay「鹿（が）—そこへ・出てくる—沢」

tapkop e-an nay「丸山（が）—そこに・ある—沢」

これらの o- や e- は、それらがなければ意味が通らないほど、上のアイヌ語の表現の中では重要な役割を演じているのである。（資料1-11 p.227）

「ナィ・プルケ」には、「そこで、そこに」に相当する言葉がありません。「e-,o-,ko-」の中から「o-」を採用して文章を作り直すと「nay o pur-ke ナィオプルケ」となります。「沢　そこに　多量な水が出る」の意味です。「プルケ」は「多量の水がでる」との意味の動詞ですので、このあとに場所を示す名詞が続かねばなりません。アイヌ語に「ところ」を意味する「-ke」があります。これを用いて文章を完成させると「nay o pur-ke ke」で「沢　そこは　多量な水が出る　ところ」の意味になり、文法的には正しくなります。ただ、最後に「ke ke」と「ke」が2回続くので、1回を省略し「nay o pur-ke」とし、これを「なかあぶり」に相当する後半の文章とします。

「せな」に相当する前半の文章「セナィ」と組合せると「se nay o pur-ke セナイオプルケ」となり、意味は「背負う　沢（を）そこは（ボコッボコッと音が出るほど）多量な水が出る　ところ」となります。言い換えれば「多量な水が出る沢を背負っている」となり、山の景観を表現する言葉としては充分に説得性があります。付け加えるならば、「セナイオプルケ」の文は主語が暗黙裡に省略されています。主語を入れた訳文は「その山は、多量な水が出る沢を背負っている」となります。

背中アブリ山周辺の沢で水が大量に出るか否かは現地で確認すれば簡単に済むことですが、木道から大きく外れていて私たちは容易には近づけない場所ですので、とりあえず地図上で検討します。

図2-1に示すように、ヨッピ川に繋がる沢が背中アブリ山の背後にまでぐるりと回っていますし、別な沢がさらに奥から流れ込んできます。背後には新潟県側から連なる標高の高い山々を抱えており、ここから滲み出す地下水は豊富であることが容易に推測できます。また、これらの沢の流域支配面積が大きく、降雨時に地表を流れる大量な雨水が沢に流入する地形です。山頂に近い場所や沢の流域にある湿原がそれを裏付けています。そのような沢が存在する山の様子を表現した言葉が「se nay o pur-ke セナィオプルケ」ではないでしょうか。最初に幾つかの言葉を仮に設定しましたが、仮を解除してもよさそうです。

「せなかあぶり」と「セナィオプルケ」の言葉を比較してみましょう。「せな」と「セナィ」とは対応します。しかし、「かあぶり」と「オプルケ」は対応しそうもありません。

北海道でアイヌ語地名が日本語地名に置き換わる過程において、まれに音の移動があったそうです。小樽の先に日本のウィスキーのメッカとして有名な余市（ヨイチ）があります。この「ヨイチ」、もともとは「iyochiイヨチ」［i（それ、＝蛇）＋ot（群棲する）＋ti（所）］でしたが、「イ」と「ヨ」が入れ替わって「ヨイチ」になった、とのことです（知里Ⅱより）。

同様な音の移動が、縄文語地名から日本語地名に置き換わる過程において、ここ尾瀬の地にも生じました。すなわち「se nay o pur-ke セナィオプルケ」の最後の「-ke」が「nay」の後に移動して「se nay-ke o purセナィケオプル」になったのです。そして再び「せなかあぶり」と比較してみましょう。「セナィケ」が「せなか」に、「オプル」が「あぶり」に対応することになります。

てこずりましたが、ゴールに到着です。「背中アブリ」の語源は「セナィオプルケ」から変化した「セナィケオプル」とあぶり出されました。「セナィケオプル」が転訛して「せなかあぶり」になり、その後に「背中あぶり」の字が当てられたのです。背中アブリ田代や背中アブリ沢は山名に因んで、さらに時代が下ってから付けられた名称でしょう。

冒頭で、「この山は片品方面の人々の雨乞いの山」と書きました。何故、片品方面の人達が背中アブリ山までわざわざ雨乞いに来るのか理解できませんでしたが、水量の多い山との認識が「雨乞い」につながっているのであろう、と語源探索結果によって気付かされました。

これで尾瀬にある七つの地名山名の語源探索は終了です。

何といってもこの探索で重要な役割を演じているのは、檜枝岐に住んだ縄文の人達です。彼等は自然を謙虚に眺め、受け入れ、それを素直に、かつ大胆に絵画を描くような感覚で地名山名として表現しています。表現の巧みさにも感心させられます。彼らは、自分たちが生きた証を、また使用した言葉を、現在に伝えるメッセージとして地名山名に託した、と私は受け止めます。

檜枝岐の集落を朝薄暗いうちに出発して漁や狩のために尾瀬ヶ原に向います。日が昇った頃に到着です。木々の間を通り抜け、目の前が大きく開けたその先に、広大な湿原や、たなびく朝靄の上に浮かぶ山々を望むのです。その自然の造形物を「オセㇷ゚」「シプッ」「トシㇽ」「ピエトゥ」などと仲間同士で呼び合い、会話していたのでしょう。そのような光景が目に浮かぶような語源探索でした。

3章　「毛野」は如何にして建国されたか

「けぬ」「くるま」「ぐんま」の歴史への登場

群馬県には縄文語由来と思われる地名山名がたくさんあり、これらを語源探索の対象にしますので、最初に全体の地形などを簡単に紹介します。

群馬県は本州の中心に近いところに位置し、図1－1（16ページ）に示したアイヌ語地名南限線よりもさらに南になります。関東地方の北部にあって、東は栃木県、西は長野県、北は新潟県・福島県に接し、海を有しない県です。利根川の水源地であり、その支流が県内を巡り、本流・支流の位置関係を把握すると全体の地形や市町村の配置が理解し易くなります。

図3－1に示すように県の中央を北から南に向かって利根川が流れ、その利根川に向かって西から吾妻（あがつま）川、烏（からす）川、碓氷（うすい）川、鏑（かぶら）川、神流（かんな）川などの支流が合流します。大河となった利根川は向きを東に変え、南側にある埼玉県との県境となり、栃木県との県境に近い場所では北から流下してきた渡良瀬川が合流し、その後太平洋へと向かいます。近年、ダム建設問題で話題になった八ッ場（やんば）ダムは吾妻川にあります。埼玉県との県境となる利根川の北側には関東平野の北端に相当する平野（図3－1の網掛け部分）が広がりますが、残りの多くは山麓あるいは山岳地域になります。

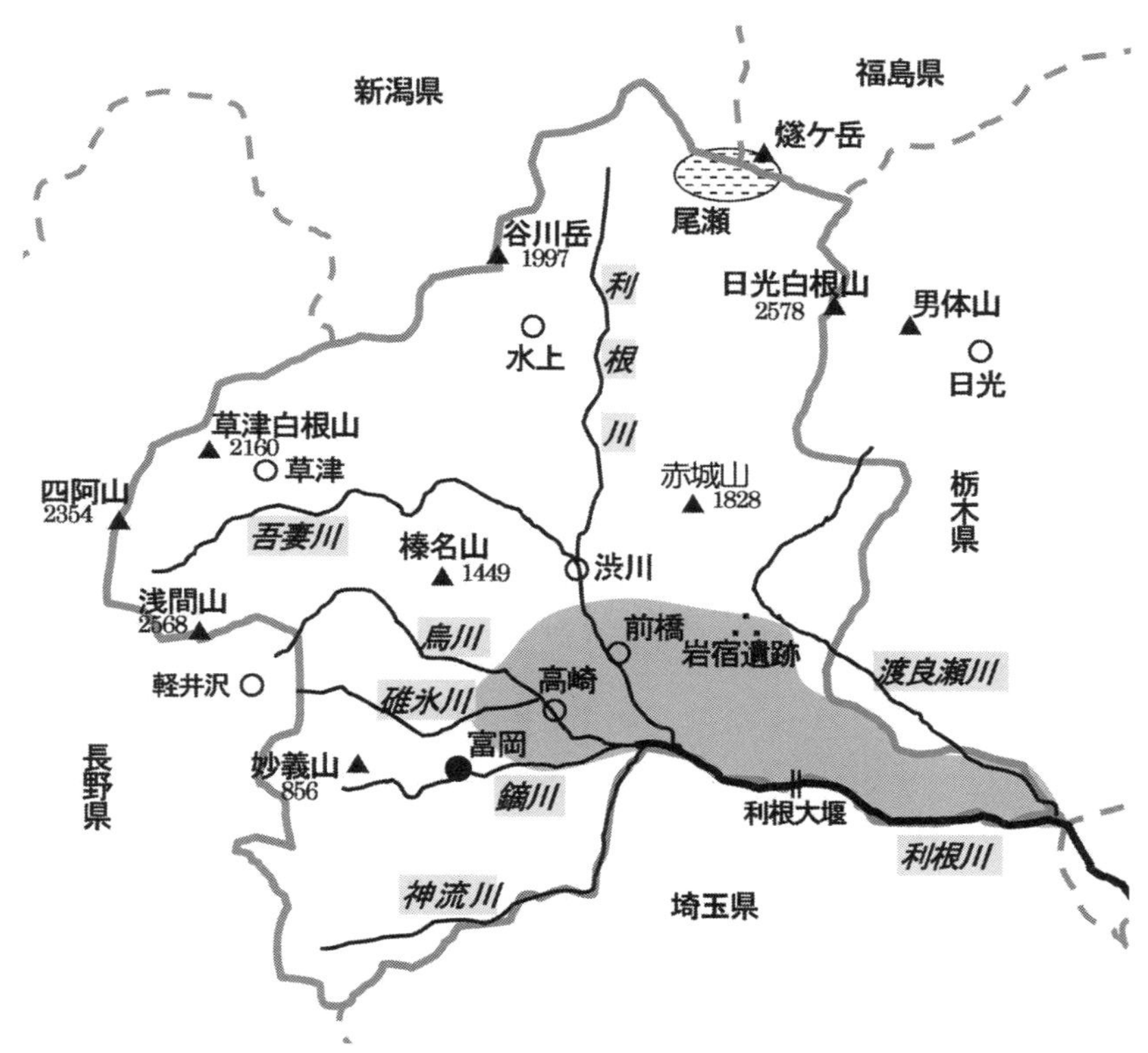

図3－1　群馬県の概略図

県内には、上毛三山と呼ばれる赤城山、榛名山、妙義山があり、周辺の県境には標高2568mの浅間山を筆頭に四阿山、草津白根山、谷川岳、日光白根山など全国的に名の知れた山々が軒を連ねます。これらの山々は火山であって過去1万年以内に噴火実績のある火山が活火山であるとの定義に従えば、今でもときどき噴火する浅間山や有毒ガスを噴出する草津白根山はもちろんですが、日光白根山、赤城山、榛名山も活火山であり、全国有数の火山保有県です。縄文・弥生の時代においては、浅間山はもちろん、赤城山、榛名山も活発に火山活動を行い、火山灰に埋もれた縄文・弥生の遺跡が多数発見されています。

火山のおかげで草津、水上など温泉もたくさんあり、県北には福島県、新潟県にまたがって尾瀬が、西の県境の長野県側には全国有数の避暑地・観光地として有名な軽井沢があります。県庁所在地の前橋市は県南部中央に、拠点都市の高崎市がその西側に位置し、この辺りまでが関東平野です。政治的には福田赳夫、中曽根康弘、小渕恵三、福田康夫と4人の首相を続けて輩出しました。

群馬県は、有数の古代遺跡の所在県であり、昭和21年（1946）には日本で初の旧石器時代に相当する岩宿遺跡が図3−1の∴で示す位置で発見されています。また、上信越高速道路などの工事に伴って縄文・弥生・古墳などの各時代の遺構や遺物が数多く発見され、特に古墳の数は多く、これまでに1万基近くが記録されています。

群馬県は栃木県と共にかつては「毛野」と呼ばれる国でした。その後、「毛野」は「上毛野」と「下毛野」の2つに分かれ、奈良時代の初めに「上毛野」は「上野」、「下毛野」は「下野」と改称し、明治以降、前者が群馬県に、後者が栃木県になりました。県名「群馬」は郡名「群馬」が昇格したもので、「群馬郡」は奈良時代になるまで「車評」と呼ばれていました。

このように「群馬」に関連する地名は「けぬ」「くるま」「ぐんま」と三つあり、ここではこの三つの地名の語源を探ります。結果として三つの名称はお互いに関係の深い語源に行き着き、それが「毛野」建国の謎にも迫ろうという思いもかけない展開になります。

アイヌ語による地名の勉強を始めてしばらくしたころ、資料1−1の文中にある「kun-ne kamuy クンネカムィ　雷神、黒神」との記述に目が止まりました。この時なぜか、「けぬ」の語源はここに書かれた「kun-ne クンネ」ではないか、と思ったのです。よくいえば〔ひらめき〕です。

ただ、単なる行きがかり的な〔ひらめき〕ではありません。アイヌ語で「クンネ」とは「暗い、黒い」を意味し「kur-ne クルネ」が訛った言葉であること、「kur クル」とは今は「人」の意味だが昔は「神」の意味を有していたこと、アイヌ語の「神」は「カムィ」だが日本語「かみ」からの借用語ではないかとの説が存在すること、地名「けぬ」の従来からの由来説に納得していなかったこと、群馬県は火山が多くまた雷の多発地域であること、などこれまでの学習成果や既存の認識と「クンネカムィ」の言葉とが交錯した、その瞬間の〔ひらめき〕です。しかし、それだけで「けぬ」の語源は「クンネ」である、とは書けません。説明に足る材料を揃える必要があります。

「けぬ」「くるま」「ぐんま」の三つの名称はそれぞれに古い歴史を有し、由来に関してもいくつかの説があります。既存の由来説とはいかなるものかを知り、それぞれの名称がどのような経緯で歴史に登場したか、現実的な年代を考慮して整理することから始めます。

まず「けぬ」です。

「毛野」の文字が最初に登場する文献は『日本書紀』（７２０年編纂）であり、崇神天皇の皇子である豊城命（とよきのみこと）が東国経営を天皇から直接に命じられ、上毛野君（かみつけぬのきみ）、下毛野君（しもつけぬのきみ）の始祖になったと記します。この記述は、崇神天皇の時代に「毛野」国は大和朝廷の支配下にあって、まだ二分されず一つの国であったと読み取れます。

古い天皇の治世は古事記、日本書紀に干支（えと）で記されており、それを西暦年に換算もされています。日本書紀では神代に続く神武天皇の即位年が紀元前６６０年になり、その後は在位期間だけで１００年を超える天皇がいるなど、現実的でない一面が伺えます。

崇神天皇は第10代の天皇であって実在した最初の天皇といわれ、崩年は古事記では３１８年、日本書紀では紀元前30年と大きく異なります。

　古事記と日本書紀で天皇の崩年が一致するのは27代安閑天皇の535年からであり、この年を基準にして、中国の歴史書に書かれた倭国の関連記事等の年代を参考にし、日本の天皇の現実的な崩年や在位年を推算した著作があります。資料3-1はそのうちのひとつであり、崇神天皇の崩年を290年と推算します。古事記に記された年代に近い数字です。崇神天皇の崩年にこの推算値を採用すれば、魏志倭人伝に書かれた卑弥呼の死が250年頃ですので、それから約40年後です。したがって、毛野の始祖になった豊城命の時代は西暦290年の少し以前となり、この頃「けぬ」は存在していたことになります。

　毛野国の存在を最初に明記した古書は『先代旧事本紀』（編纂800～900年）の「巻十国造本紀」であって、仁徳天皇の御世に毛野国を上下の二国に分けた、との記述があります。仁徳天皇は16代の天皇で、日本最大規模の前方後円墳（全長486m）の被葬者として知られ、崩年は古事記では西暦427年、日本書紀では399年であり、資料3-1は434年と推算していますので、崇神天皇の崩年と同様に古事記に近い年代です。仁徳天皇の崩年を430年頃と考えれば、豊城命の時代から約140年後になります。

　古事記や日本書紀や先代旧事本紀に記載された内容を全てそのまま歴史的な事実と認めるには問題がありますが、3世紀末に「けぬ」は存在し、5世紀前半に上下の二国に分かれたと考えてよさそうです。

日本書紀は豊城命が毛野一族の祖であると記しますが、「けぬ」の意味や語源については何も語っていません。「毛野」の名称の由来については幾つかの説があります。

①　毛人（蝦夷）の住んだ地である。
②　毛野は天皇家の直轄地である「御食野（みけぬ）」の地であり、食野が毛野になった。

③　毛は穀物や草木の意味であり、「毛野」は穀物や草木がよく育つ肥沃な土地を意味する。

これらのうち一般には③の説が多くの支持を得ているようです。しかし、これらの説は「けぬ」の名称が付けられた時点で、我が国に漢字「毛」が存在し、その意味が理解でき、しかも訓読みの「け」が確立していることが前提となっています。

「けぬ」の国は3世紀末にはすでに存在していた可能性が高いと知りました。この時代は漢字が使用され、訓読みが成立した時代よりもはるか以前になります。

北九州の志賀島で発見された「漢倭奴国王之印」の金印は、西暦57年に奴の国王が漢の国に朝貢した際に贈られたと『後漢書』に記されていますので、日本における漢字の存在は、1世紀までは遡ります。しかし、漢字・漢文が書籍として伝来するのは応神天皇が在位したとされる4世紀末から5世紀初頭であって、阿直岐（あちき）や和仁（わに）のような学者が百済（くだら）から招かれ、一部の上層階級の人たちだけが学習しました。

本格的な学習が始まるのは6世紀の仏教の伝来（538あるいは552年）以降であって、五経博士（易経、詩経、書経、春秋、礼記に通じている学者）が再び百済から招かれ、彼らを師として、やはり上層階級の人が中心となって書籍や経典を習得したのです。日本で漢字の訓読みが始まった時代は特定できませんが、ある程度固定化されるのは6世紀～7世紀です（資料2-4、資料3-2）。

万葉集が編纂されたのは8世紀後半とされ、漢字の音だけを利用した万葉仮名が使用されます。万葉仮名には音読み訓読みともにあり、漢字「毛」に対しては音読みの「も」、訓読みの「け」、漢字「野」に対しては音読みの「や」、訓読みの「の」いずれもあります。しかし、「野」に対し「ぬ」の読みはありません。万葉仮名の時代になっても「毛野」を「けぬ」とは読めないのです。

これらのことから、３世紀末にはすでに存在していたと考えられる「けぬ」の意味を従来の由来説で解釈するには時代が前後してしまうという矛盾が生じます。漢字を日本で充分に使いこなせ、訓読みがある程度確立するような時代になってから、既に存在している地名「けぬ」に「毛野」の漢字を当て、「野」を「ぬ」と読ませた、と理解すべきでしょう。とすれば「けぬ」の語源は別に存在することになります。

次は「くるま」です。

近年、平城京遷都１３００年祭が奈良市で行われました。奈良平城京に都が移されたのは７１０年ですので、それから１３００年以上の年月が経過しました。それまでの都は藤原京です。６９４～７１０年までの17年間という短い期間ですが、ＪＲ奈良駅の南十数㎞にあって、天香久山（あまのかぐやま）、畝傍山（うねびやま）、橿原神宮（かしはらじんぐう）、極彩色の壁画で有名な高松塚古墳などが所在する現在の橿原市です。藤原京の跡地から多くの木簡が発見され、その中の一枚に「上毛野国車評桃井里大贄鮎」の書付があります。貢物に対する帳票であり、６９０年頃、上毛野（かみつけぬ）国に「車評（くるまのこおり）」が実在した証です。

８１５年編纂の新撰姓氏録は、豊城入彦命の子孫である上毛野一族が雄略天皇に乗輿を共進し、その褒美として「車持公（くるまもちのきみ）」の姓を賜ったと記録します。この「車持公」が住んだ場所の地名が「くるま」となり、やがて「車評」になったとの説がほぼ定着しています。

雄略天皇は21代天皇であって、崩年は日本書紀では４７９年、古事記では４８９年です。資料３−１は４８２年と推算します。４８０～４９０年頃とすれば、毛野国が上下の二国に分かれたとする仁徳天皇の時代の約50年後に相当します。

群馬県高崎市十文字町に車持神社があります。この所在地はかつての久留馬村（明治22年に周辺の７村が合併してできた村）であり、その村誌には「神社の由緒はあきらかでないが、上野国神名帳（11世紀頃編）に記載された従五位上車持明神は当社のことで、車持公が住居した跡と伝えられる場所にあり、後人が祠を建て、車持公に榛名神社大神を合わせ祀った神社である」と記されています。この文章は「車持公が住居した跡と伝えられる」と不明瞭な表現をしており、「車持公が住居した」とは断定していません。また、付近には「車持（くるまもち）」の地名や人名はなく、車持氏が実在したという明確な痕跡は見出せません。「くるま」の地名が「車持」に由来するとの説もまた曖昧（あいまい）なのです。

次は「ぐんま」です。

大和朝廷は律令国家としての体裁を整え、和銅3年（７１３）に風土記編纂の詔を発します。その際、地名は好字2字の漢字で表記するようにとの命もあり、全国の国名、評名（こおり）、郷名は改められ、「上毛野（かみつけぬ）」が「上野（こうづけ）」に、「車評」が「群馬郡」になりました。「車」に代わって「群馬」の文字が採用された理由としては、「くるま」と「ぐんま」は音が近く、また、この辺りは天皇の勅命によって開発された馬の牧場としての勅旨牧が置かれていたから、との説が有力です。

「群馬」の文字の歴史への登場については、近藤義雄が資料3-3に詳しくまとめているので、以下に概要を記述します。

> 「群馬郡」が文字として登場するのは、高崎市にあって７２６年建碑とされる「金井沢碑」が最初であり、次は正倉院宝物の白布に記されたもので、天平18年（７４６）の年代も併記されている。いずれも「クルマノコオリ」と読んでいたと推定している。９２７年頃に編集された「延喜式」では「群馬」に「ク

区分	年代	歴史上の出来事	毛野に関する出来事	車、群馬に関する出来事	記載資料等
縄文					
弥生	前100	倭人が定期的に楽浪郡へ、倭国100余国に分立			漢書地理志
	57	漢委奴国王印（金印）			志賀島で出土、後漢書
	107	倭国王帥升らが後漢の安帝へ生口160人を献上			後漢書
	150頃	倭国乱れる			後漢書・魏志倭人伝他
古墳	239	邪馬台国女王の卑弥呼が魏に遣使			魏志倭人伝
	250頃	卑弥呼没			魏志倭人伝
	266	邪馬台国女王の臺與(とよ）が晋に遣使			魏志倭人伝
	290前		上毛野君・下毛野君の祖が豊城命(10代崇神天皇の時代)*		日本書紀
	320頃	日本武尊が活躍したとされる(12代景行天皇の時代)*			古事記、日本書紀
	400頃	阿直岐・王仁が漢籍と共に百済より招かれる(15代応神天皇の時代)*			古事記、日本書紀
飛鳥	430頃		毛野が上毛野と下毛野に分かれる(16代仁徳天皇の時代)*		先代旧事本紀（編纂9～10世紀）
	480頃			天皇に乗輿を供進し「車持公」の姓を賜わる(21代雄略天皇の時代)*	新撰姓氏録（編纂815）
	513～	五経博士を百済に招請、この頃仏教伝来			日本書紀
	645	大化の改新			
	690頃			「上毛野国車評桃井里大贄鮎」と書いた木簡	藤原京跡からの出土
奈良～中世	710	奈良平城京へ都を遷す（奈良時代の始まり）			
	713		「上毛野」→「上野」、「下毛野」→「下野」		地名を好字２字の勅命
	713			「車評」→「群馬郡」	地名を好字２字の勅命
	726			「群馬」の文字が史上初登場	高崎市にある金井沢碑
	794	京都平安京へ都を遷す（平安時代の始まり）			
	802	坂上田村麻呂が蝦夷のアテルイを討つ			
	927			群馬と書いて「クルマ」のルビ	延喜式（編纂927年頃）
	935			群馬と書いて「久留末」のルビ	倭名類聚抄（編纂935）
	↓			公式記録は「群馬」とかいて「くるま」と読ませた。中世以降「ぐんま」の呼称が増加	資料3-3
近世	明治			「上野国」を改め「群馬県」となる	

*天皇の時代は資料-3.1 による推算値を用いている

表３－１　「毛野」「車」「群馬」の歴史への登場

ルマ」と片仮名を付し、他の古書でも万葉仮名で「久留末」と付したもの、あるいは片仮名で「クルマ」と付したものがある。公式記録の中では「群馬」と書いても、「くるま」と読ませていた。「ぐんま」と呼称されるようになった時代は明確でなく、鎌倉、室町の頃に「ぐんま」のルビが見られるが、頻繁に使用されるようになったのは江戸時代以降のようだ。これらのことから、鎌倉、室町の頃に「くるま」が転訛して「ぐんま」になったと考えられる。江戸期に入って一般庶民の教養レベルが上がり、漢字を容易に読めるようになった結果、「群馬」の字を素直にそのまま「ぐんま」と読んだ、とも考えられる。

この記述が示すように、「ぐんま」もま

たその語源はよくわからないのです。

「毛野」「車」「群馬」の歴史への登場を見てきました。いろいろな年代の数字や天皇の名前が並び、煩雑で前後関係が理解しにくいため、関連する歴史的な出来事とともに表3-1の年表にまとめました。天皇の在位年代は資料3-1による推算値です。

このように表にすると、神話の世界に限りなく近い存在と思っていた崇神天皇や景行天皇が最大規模の前方後円墳で知られる仁徳天皇とそれほど年代差のないことがわかります。10代崇神天皇から16代仁徳天皇までの7代に亘る天皇の治世は約150年であって明治初年から現在までとほぼ同年数です。「毛野」「車」の歴史への登場は想像していたよりも現実的な年代と思えるようになりました。

「けぬ」「くるま」「ぐんま」の語源はひとつ

「けぬ」「くるま」「ぐんま」の名称が歴史の中に登場した経緯がわかったところで、それぞれの語源探索に移ります。

毛野（けぬ）

「けぬ」の語源は「kur-ne クルネ」が訛った「クンネ」ではないかとの〔ひらめき〕から始まりました。そこで先ず知里Ⅰで「kur クル」の意味を確認します。

-kur、クル　古くは〝魔〟〝神〟の意だったらしいが、今はもっぱら〝人〟の意を表わす。

知里Ｉが記す「古くは」が何時の頃かは明記されていません。遡ればそれは縄文にまで至るのではないかと考え、ここでは、縄文の「神」は「クル」であったと仮定します。現在のアイヌ語の「神」は「カムイ」であることはよく知られているので、かなり大胆な仮定ですが、ここは〔ひらめき〕を大事にして探索を進めることにします。

縄文の人たちは自然を素直に観察し、見たまま、感じたままを巧みに地名として表現することを前章で知りました。群馬の地を「クンネ」と呼んだと考えられる縄文の人たちはこの地に何を見、何を感じていたのでしょう。

群馬県は日本で有数の火山保有県であり、それに伴う温泉もたくさんあります。高崎、前橋の位置に立って北を向けば右前方に赤城山、左前方に榛名山、左奥に浅間山と三つの火山が見えます。現在噴煙を上げている山は浅間山だけですが、縄文時代は赤城山も榛名山も火山活動は活発でした。また、内陸的な気候のため、夏は高温になる地域として前橋市の名前がテレビなどに頻繁に登場します。激しい上昇気流が発生し、結果として日本でも有数の雷多発地帯となっています。

このように群馬県は火山と雷という特異な自然現象を二つ抱えています。「毛野」を構成したもう一方の県、栃木県も火山と雷が多い地域です。群馬や栃木の地に住んだ縄文の人々にとって、噴火・雷鳴・稲光の発生は強烈に印象的な事象であり、神の仕業として人々を畏怖したであろうことは容易に想像できます。この「畏れ多い神」「怖い神」の存在が、そのままこの地方の地名になったとしても不思議ではありません。それが「kur-ne クルネ」の訛った「kun-ne クンネ」だったのではないでしょうか。

知里Ｉは「kun-ne」を次のように記します。

kunne くンネ《完》黒くアル（ナル）、暗くアル（ナル）。（対➡peker,retar）［< kur-ne］

また、知里Ⅱでは「ne」を次のように説明します。

neは「（それ）である」「（それ）になる」「（それ）のようである」「（それ）のようになる」などの意の動詞。これが形容詞の語尾になる。tanne〈長い〉、takne〈短い〉、kunne〈暗い〉〈黒い〉。（資料1―12 p.153）

このように「クンネ」の現代語訳は「黒くアル（ナル）、暗くアル（ナル）」ですが、「クル」を「神」と訳せば「クンネ」は「神のようである」「神のようになる」の意味になります。ただ「クンネ」だけでは地名語としては不完全で、地域を限定する言葉をつなげる必要があります。その言葉を「kotan コタン」とし、「kunne kotan クンネコタン」が「けぬ」のもともとの語源であるとしました。

知里Ⅰは「kotan コタン」を次のように記します。

kotan,-i/-u コたン　部落：村。ただし、われわれが考える村と違って家一軒しかなくてもコタンであり、或る時期だけ仮住居するだけの場所でもコタンである。一時的にせよ永住的にせよ家のあるところを kotan と云うのである。mosir と同じく「国土」「世界」といったひろい意味に使われることもある。

したがって、「クンネコタン」は「神のような村」「神のような国」すなわち「神の村」「神の国」の意味であり、火山の神や雷の神を畏怖するこの地方の人々にとって相応しい呼称です。「クンネコタン」から「コタン」が省略されて「クンネ」となり、この地域で一般的に呼ばれる地名となったと思われます。

群馬（くるま）

「クンネ」のもともとの言葉は「kur-ne」であり、一音節ずつ発音すると「クルネ」になりますが、この種の言葉の発音について知里Ⅱは音韻転化の項で、「『音節の尾音の -r は、n や r の前に来れば -n になる』というキマリがある。」として、事例を掲げます。

ran-numa まいげ。<rar（眉）+numa（毛）。
an-nan 半顔、半面。<ar（一方の）+nan（顔）。（資料1–12 p.37,169）

キマリに従って、「kur-ne」を「クンネ」と発音し、「けぬ」へと至ったのですが、ここではキマリに逆らって「kur-ne」を一音節ずつ「クルネ」と声を出して繰り返し発音してみました。知里博士に叱られそうです。「クルネ、クルネ、……、クルマ」。縄文の頃、発音のキマリは北海道アイヌの時代より遥かに緩かったと思われます。「kur-ne」は「クンネ」とも「クルネ」とも呼ばれたのでしょう。そして、「クンネ」は「けぬ」に、「クルネ」が「くるま」になったのです。

群馬（ぐんま）

北関東には清音を濁音にして発音する習性があります。私も北関東の出身であり、子どもの頃、「いく（行く）」を「いぐ」と発音していました。このことを思い出し、「クンネ」「クルネ」の「ク」を濁音にしてみました。「グンネ」「グルネ」になります。「グンネ」と発音したとき、頭の中では「グンマ」がすぐ後に続いていました。〔グンネ→グンマ〕、容易に考えられる転訛です。「くるま」に続いて芋づる式に「ぐんま」が出てきました。「ぐんま」の語源もまた「kur-ne」だったのです。

「クル」を「神」の意味と仮定して「けぬ」「くるま」「ぐんま」の語源探索を行い、その結果がたったひとつの言葉「kur-ne」に行き着くことになりました。全く想定していなかっただけに、この結果に対して自信を持てるようになると同時に、「クル」を「神」とした仮定にも確信を深めることができました。

「クンネ」「クルネ」「グンネ」から「けぬ」「くるま」「ぐんま」への変身

「けぬ」「くるま」「ぐんま」の語源を知ったところから思わぬ疑問が生じます。

「けぬ」とは国に相当する広い地域の地名であり、「くるま」「ぐんま」は郡あるいは郷に相当する狭い地域の地名ですので、語源もそのような地域の名称であると考え、そのつもりで語源探索を行いました。しかし、結果として「けぬ」「くるま」「ぐんま」の語源は「kur-ne」という一つの言葉に行き着きました。ということは、一つの狭い地域すなわち一つの集落に「クンネ」「クルネ」「グンネ」の3つの呼称があったことになります。

縄文時代においては行政区画の領域という概念はなく、地名は生活に密着した狭い地域の地形地象などの表現であって、国に相当する広大な領域に付ける名称は必要ないはずです。古書に書かれた「毛野国」は群馬県・栃木県にまたがる広い領域であり、「けぬ」の語源もその広い地域の名称であろう、との先入観が頭から離れなかったのです。

「クンネ」「クルネ」「グンネ」が一つの集落に対する異なる呼称であるならば、「クンネ」から転じた「けぬ」は、どのようにして「毛野国」にまで大きくなったのか、これが新たに生じた疑問です。

ここからは「クンネ」「クルネ」「グンネ」が、如何にして「けぬ」「くるま」「ぐんま」の地名に変身していったか、そして「毛野国」の成立に至ったかを探ります。

先ず、「クンネ」「クルネ」「グンネ」が一つの集落においてどのように使い分けられていたかを考えます。縄文の時代、群馬県の一角に集落「kur-ne kotan」がありました。「kotan」は省略され、集落内の人も集落外の人も皆「クンネ」「クルネ」の二つの呼称で呼んだのです。現在の日本を「にほん」「にっぽん」と二つの呼称で呼ぶのと同じです。キマリはなく時に応じて使い分けたのでしょう。優先順位を付けるとすれば、「クルネ」が先で、それが訛った「クンネ」が後です。

一方、集落内にはスラング的な訛った呼称として「グンネ」も存在し、縄文から弥生の後半までの長い間、三つの呼称は共存したと考えられます。それに変化が生じるようになるのは近畿圏における王権の成立、その王権の東方への進出です。

それでは、「クンネ」「クルネ」「グンネ」と呼ばれた集落はどこにあったのでしょう。

群馬県がインターネット上で公開している群馬県統合型地理情報システム「マッピングぐんま」に、県内における埋蔵文化財としての遺跡の発見場所が地図上に隙間のないほどに示されています。ひとつの遺跡には名称、領域、現住所、現況などと、旧石器・縄文・弥生・古墳・奈良・平安などの時代区分が記されています。一つの遺跡が複数の時代区分にまたがっているものが多く、ほとんどが複合遺跡です。図3-2は、このシス

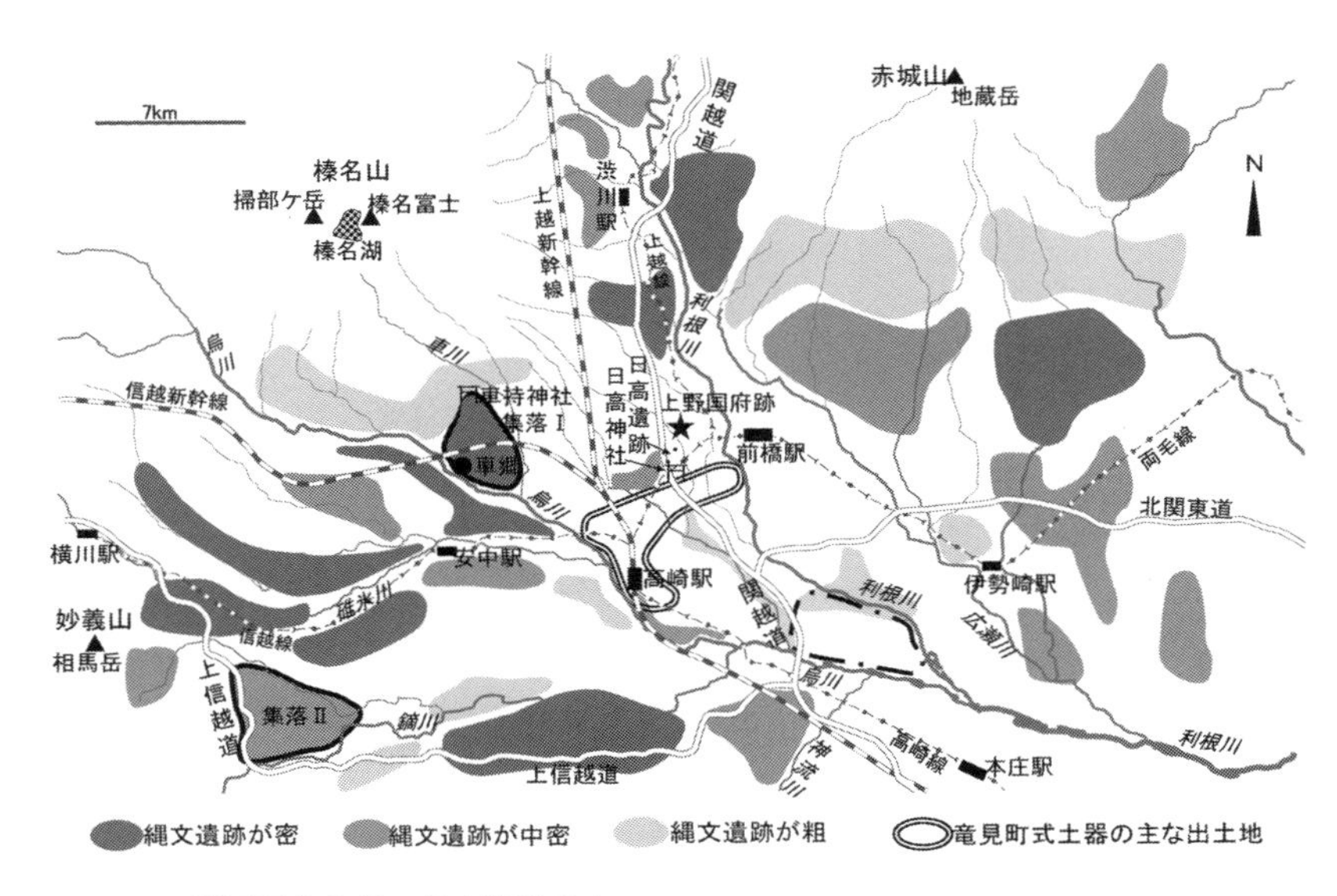

図３－２　群馬県中心部の縄文遺跡分布

テムに示された図から群馬県の中央およびその周辺における縄文の遺跡を拾い出し、その結果を三段階の遺跡分布密度に区分けした領域として図示したものです。縄文遺跡は榛名山や赤城山の山域にも点々とありますが省略しました。主要な道路や鉄道、ＪＲの駅、山、川、他を書き加えています。縄文以前の旧利根川は広瀬川の辺りを流れていました。

縄文遺跡の希薄な部分が榛名山、赤城山の山域を除いて二箇所あります。一つは前橋駅や高崎駅を含む図の中心部分、もう一つは碓氷川と鏑川に挟まれた部分です。後者は鉄道や道路などの大規模な地域開発がなされていないため遺跡の発見が遅れているのかもしれません。

前者は地域開発が進んでいるにもかかわらず発見された縄文遺跡は希薄です。ここは利根川の本流に複数の支流が合流する低地であるため大雨による河川の氾濫もあり、狩猟採集の民である縄文の人たちの生活に適した場所ではなかったのです。

図３－２において注目すべきは集落Ⅰと記した太

い線で囲った領域です。目の前には榛名山が見下ろすように座り、顔を少し右に向けると赤城山が榛名山の兄弟のように控えています。左奥には浅間山が三兄弟の長男のように構えています。縄文時代はそれぞれが噴煙を上げ、時には噴火をしました。特に榛名山は目の前にあり、他の地域と比較しても火山に対する畏怖畏敬の気持ちは集落Ⅰが最も大きいと想像します。域内には、先に説明した車持神社や久留馬小学校があり、すぐ北側には車川が流れ、「くるま」に係わる名称が多く残っているところです。集落Ⅰが「クㇽネ」「クンネ」「グンネ」と呼ばれた縄文集落であると考えます。

さて、ここで話が少し飛躍します。

集落Ⅰに隣接した高崎駅の付近で竜見町（たつみちょう）式土器が発見されています。この土器を持ち込んだ人たちが「毛野」の建国に大きく影響したと考えます。資料3-3の中で梅澤重昭は竜見町式土器について、出土した場所や土器の形状、群馬県に持ち込まれた経路、時代背景などについて説明しているので、要約します。

高崎市竜見町で発見された土器であるためにこの名が付けられ、高崎市付近の平野部に濃厚な分布域を形成した。濃尾平野地域が竜見町式土器文化の形成に寄与し、弥生時代後期前半に群馬県地域にまで系譜的に連がりのある土器文化が発展した。県内分布域の立地環境から土器を使用した人たちは、水田耕作を営む傍ら、畑作で雑穀類を栽培し、近傍の山地で狩猟採集も行った。

弥生時代後期前半とは西暦50～120年頃であって、表3-1に示す「倭国乱れる」の時代に一致します。同表からわかるように、この約150年後が邪馬台国の卑弥呼・臺與（とよ）の時代であり、直後に崇神天皇の時代が来ます。この間に日本は統一に向けて大きく前進します。統一を主導した権力が後の大和朝廷ですが、本書では崇神天皇の時代以降を大和朝廷と定義し、それ以前をヤマト王権と呼ぶことにします。したがって、邪馬台国とはヤマト王権にきわめて近い存在、というより、ヤマト王権そのものと考えるほうが合理的です。

ヤマト王権が近畿以西を掌握した後、最初に東に向かった先が尾張・三河方面であったことを考慮して、梅澤重昭の記述を時系列で読み解くと次のようになります。

① 濃尾平野地域で竜見町式土器文化の形成に寄与した人たちは渡来文化の影響を受け水田稲作技術を保有したが、もともとは狩猟採集を営んだ縄文人の子孫であり、話す言葉は縄文語であった。

② 倭国が乱れるなか、近畿圏では渡来系の民族が権力を掌握し、その矛先が濃尾平野に向いてきた。

③ 渡来系民族の配下に入ることを拒んだ縄文人の子孫は、濃尾平野から東方へと逃れ、一部は現在の長野県へ、そして群馬県へと向かった。

④ 長野県を経て群馬県に入った人たちの生活の場が竜見町式土器を出土した場所である。

少し大胆に読み解いていますが、大きな間違いはないと思っています。

竜見町式土器を出土した概略の場所が資料3-3や資料3-4に示されており、多くは烏川の東側で高崎駅周辺に分布します。その場所を図3-2に二重線で囲んで示しました。集落Ⅰに隣接し、縄文遺跡が存在しない平野部になります。竜見町式土器を持ち込んだ人たちは、ヤマト王権によって濃尾平野を追われ、長野県を経て群馬県に至るのですが、その際は鳥居峠（図6-1（113ページ）を参照）を越え、その後、烏川に沿って下り、集落Ⅰに辿りついたと思われます。鳥居峠を越えた理由については10章、11章で述べます。

古くからこの土地に住んでいる人たちにとって、彼らはよそ者であり、ここに棲みつくには当然何らかのトラブルが予想されます。しかし、水田稲作を行う彼らは湿潤な平野部での生活を望みました。狩猟採集を主な生活手段とする古くからの住人にとって湿潤な平野部は未使用な土地だったため、棲み分けが可能だったのです。言葉も同じ縄文語を話したため共存が容易だったのでしょう。集落Ⅰの分家的な立場で、近隣の平野部に間借りするように住み始めた彼らの新たな居住場所が高崎駅周辺だったのです。地域の呼称は「クルネ」「クンネ」「グンネ」の中の「クンネ」を引き継ぎます。

彼らの食糧調達手段は主として水田稲作であり、それを見た在来の人々が水田稲作は魅力的な食糧調達手段であることを理解するのに多くの時間は要しません。技術を学び、新たに水田稲作を始める者が増え、未開拓な平地が多く残っている新居住地の周辺に水田が広がっていきます。広がった地域にも「クンネ」の地名はそのまま採用されます。「クンネ」圏の拡大です。後の時代における群域の境界を見ると、このときの広がりは利根川の東側までは及ばず、西側に限られたようです。

図3-2に示す日高遺跡は群馬県最古の水田遺跡であり、4世紀に発生したとされる浅間山の噴火による降灰で埋没したもので、水田が新居住地の周辺に広がっていく初期の段階に開発された水田と考えられます。そして水田稲作の普及に伴い、富と力を蓄える者あるいは集落が出現します。

この頃、近畿圏の権力の集約化はますます進み、その力の及ぶ範囲は竜見町式土器文化の形成に寄与した濃尾平野を越え、さらに東へ、そして中部へ、北陸へと進展します。群馬県の地域にも圧力が及んできます。域内にある集落の人たちは危機感を共有し、それまでは独立的であったそれぞれの集落が共同して圧力に抵抗する行動を取るようになります。その盟主になったのが水田稲作で富と力を蓄えた一族あるいは集落です。近畿圏の権力に対する抵抗勢力としての「クンネ」国の創建です。その後、危機感を共有する県内のいわゆる北毛あるいは東毛の集落、また栃木県側の集落も糾合します。ここに大「クンネ」国が成立します。竜見町式土器を有する人たちが移り住んでから100年ほど経過したころです。

この時の近畿圏に成長した権力が邪馬台国すなわちヤマト王権です。邪馬台国は「クンネ」を「クヌ」と呼びました。魏志倭人伝に出てくる女王卑弥呼に従わない国、「狗奴」です。「くな」と仮名を付す著作も多くありますが「奴」の音読みは「な」ではなく「ぬ」です。同じように「奴」に「な」と仮名を付す事例に北九州の志賀島で出土した「漢委奴国王」の金印があります。この「奴」も読みは「ぬ」です。理由は14章で説明します。

抵抗勢力として糾合した「クンネ」ですが、武器の性能や組織力は貧弱で、武装集団としては烏合の衆に近い存在だったに違いありません。ヤマト王権の圧倒的な武力の前に抵抗する術がなく、制圧されてしまいます。

焼失した弥生末期の住居跡や炭化米が多くの遺跡で発見されており、資料3-4は中高瀬観音山遺跡、小塚遺跡、新保遺跡、日高遺跡、新保田中村前遺跡などを記し、これらは武力制圧された歴史を物語る痕跡と思われます。3世紀後半の出来事です。本書で定義した大和朝廷の成立はこのときになります。

「クンネ」がヤマト王権によって征服される過程については、5章の羊太夫伝説の説明の中で、より具体的な出来事として記述します。参照して下さい。

朝廷は「クンネ」の名称をそれまで王権が呼称していた「くぬ」から「けぬ」へと代えます。「けぬ国」

の誕生です。豊城命（とよきのみこと）が崇神天皇から東国経営を命じられたとされる時代はこの直後になります。「毛野」の漢字が当てられるのはさらに時代が下がってからです。

大和朝廷の体制下で、行政区画の名称を定める際に作業を行うのは中央から派遣された漢字の読み書きができる役人です。上野国車評（こうづけこくくるまのこおり）の名称を定めるとき、対象とする地域には「クンネ」「クルネ」「グンネ」の3つの呼称がありました。しかし「クンネ」は「けぬ」へと大変身を遂げたため、「クルネ」「グンネ」の2つの呼称が地元に残っていました。「グンネ」はスラング的な呼称であるため、「クルネ」を採用し、その音に近い日本語「くるま」を評名（こうり）に定め、「車」と表記して中央に報告したのです。後の江戸幕府や明治政府の役人が北海道のアイヌ語地名を日本語化するときに、聞こえる音を漢字やカナで表記して中央政府に正式登録しました。これと同じ構造です。

奈良時代に入り風土記編纂の詔に伴う地名の好字2字化の命によって、「車」の表記を改めねばならなくなりました。この時点でも訛った呼称としての「グンネ」は地元で生き続けています。役人は「グンネ」の音と勅旨牧の存在を考慮し、馬が群れるとの意味で「群馬」の2字を当てたのです。「群馬」の表記を採用したものの公式名称はそれまでの「くるま」のままです。「グンネ」はその後も地元で使われる呼称でしたが、いつの頃か「ぐんま」へと転訛しました。その転訛は「群馬」と記す漢字の影響が大きかったと思われます。明治を迎え、「群馬」は県名へと昇格します。「グンネ」の大躍進です。

「クンネ」「クルネ」の地名を有するもう一つの地域を紹介しましょう。

熊本県の「くま（球磨）」、福岡県の「くるめ（久留米）」です。いずれも阿蘇山の麓にあります。阿蘇山は活火山であり、夏場の雷の数も群馬県に劣りません。阿蘇山の麓に住んだ縄文の人達も火山の神や雷の神を畏怖し、自分たちの土地を「神の村、神の部落」と考え、「kur-ne kotan」と呼んだのです。「kotan」が省略され「クンネ」「クルネ」が集落の呼称になったところまでは群馬県の場合と全く同じです。違いは群馬県では一つの集落に「クンネ」「クルネ」の呼称がありましたが、阿蘇山の麓ではそれぞれが別な集落の呼称でした。また、地方色に溢れた「グンネ」の呼称はなかったようです。

ヤマト王権の支配下に入った後、中央から派遣された役人は「クンネ」を「くま」、「クルネ」を「くるめ」と報告したのです。「くま」「くるめ」に「球磨」「久留米」の漢字が当てられるのは、後年になります。

浅間山の麓と阿蘇山の麓に同じ発想による同じ縄文語地名が存在するとの結果は、「けぬ」「くるま」「ぐんま」の語源をそれぞれ「クンネ」「クルネ」「グンネ」とする結論の傍証にもなります。

本章は〔「けぬ」の語源は「kun-ne クンネ」ではないか〕との〔ひらめき〕をきっかけに、縄文の人たちは「神」を「クル」と呼んだと仮定して語源探索が始まり、「けぬ」「くるま」「ぐんま」の語源は一つの言葉「kur-ne」であるとの結論に至りました。

この結果から「毛野」建国の経緯にまで迫り、古代史の謎とされる1~4世紀頃の日本の姿を垣間見ることができたのは、予想もしなかった成果です。「神」を「クル」と呼んだとする仮定に間違いがなかったと考えてよさそうです。

このことは、本書を書き進めるうえで非常に重要な意味を持ちます。というのは今後、「クル」を「神」と訳さなければならない地名山名がたくさん出てくるからです。

4章　甘楽（かんら）の里（群馬県）にあった縄文大集落の食を支えた鮭（さけ）

探索地名は古文献から

語源探索の対象として選んだ場所は上野国（こうづけ）（群馬県）甘楽郡（かんら）です。現在の富岡市がその中心であり、同市には明治5年に日本で最初に導入された官営の「富岡製糸場」があって、２０１４年に世界文化遺産に登録されたことで知られます。

この地を選んだ深い理由はありません。私の実家に近く、富岡市には知人がいたこともあり、時々訪れました。今は市の一部になっている「南蛇井」と書いて「なんじゃい」と読ませる妙な地名も気掛かりでしたし、甘楽郡の「かんら」にも通常の日本語にない響きを感じたのです。群馬県は縄文遺跡や古墳が多いことは3章で述べました。富岡市周辺も例外ではなく、地名の一部にはアイヌ語語源説があることなどが重なり、この地を選びました。

富岡市は図3−1（47ページ）の●印であって、高崎市の西方約20km、利根川の支流である鏑川（かぶらがわ）沿いに位置し、関東平野の外縁部に位置します。昭和29年の町村合併によって市となり、その後も周辺町村との合併を繰り返し現在に至っています。近くには妙義山（みょうぎさん）があり、群馬県の旧称である上野国（こうづけ）の一の宮が置かれた古い歴史を有する人口約5万人の町です。

富岡市地域の歴史や古地名について最もよくまとまっている文献は、昭和3年刊行の『群馬県北甘楽郡史』を復刻した資料4-1の『群馬県甘楽郡史』です。著者の本多亀三が個人的に採集した史料を元に編集したもので、雑多な伝説や伝承も収録されていて、調査に多大な労力をかけた様子が伺え、この地方の郷土史としては大いに参考になります。

本多は、先史時代においてこの地の人達はアイヌ語系の言葉を話し地名にそれが残っているとの基本的な認識を有しており、幾つかの地名の語源をアイヌ語で紹介しますが、アイヌ語についての情報が少ない時代であったためか、解釈は正確さを欠いています。関連する地名については本文中で紹介します。

資料4-3は多くの執筆者が分担しながら群馬県内の地名全般を取り上げています。執筆者の中には地名の語源をアイヌ語で説明している方もいますが、富岡市周辺の地名は含まれません。鉄器文化がこの地にもたらされる以前からアイヌ語文化が存在したと記述しますが、それが縄文時代にまで遡るとの表現はしていません。

語源探索の対象とする地名は、古地名としての歴史が明白であり複数の地名がまとまっていることを理由に、『倭名類聚鈔』（以後「和名抄」と略称）から選びました。「和名抄」は平安時代の承平年間（931～937）、源順によって編纂された当時の百科辞典的な書物です。十巻本と二十巻本があり、地名は二十巻本の中にあって、古地名のまとまった記録としては日本最古のもので、関係方面に多く引用され、自身が研究の対象にもなっています。

和銅3年（713）、律令国家としての体裁を整えた大和朝廷は全国に「好字を用いて著した郡郷の名称、鉱物を含む各種の産物、土地の肥沃の状態、地名の由来、古老などに伝えられている旧聞異事を報告しなさい」という風土記編纂の詔を発します。地名は好字2字で記述するようにとの命もあり、全国の国、郡、郷名は改められました。それまで郡は評と表現されていました。「和名抄」にはこの時に定められたとする地名が記載されています。「和名抄」の原本は存在せず、現存するのは数種類の写本や版本ですが、独自の書き加えがされたり、異なったルビが付されたり、漢字も必ずしも一致せず、それぞれが微妙に異なります。

上野国甘楽郡には13の郷があり、順に並べると次のようになります。

貫前（ぬきさき）、酒甘（さかい）、丹生（にう）、那波（なは）、

端下（せのしも）、宗伎（そき）、端上（せのかみ）、有只（うだ）、那差（なさ）、

額部（ぬかべ）、新屋（にいや）、小野（おの）、抜鉾（ぬきほこ）

ここでは「和名抄」に関する幾つかの資料を参考に、代表的と思える漢字を記し、読み方をかっこ書きにしました。この13の郷名を語源探索の対象にします。

「和名抄」に記された地名については、その由来・起源を調べ、現在地を比定しようとする研究は昔からなされています。甘楽郡13郷について、資料4-4は郷名の由来、郷に係る歴史・伝承などを記すとともに、郷域の比定の記述に比較的多くのスペースを割いています。本書は郷に関する既往の研究について概述しますが、内容は主に資料4-4によります。

「和名抄」は当時の行政区画として13の郷名は記しますが、その場所は示しません。飛鳥・奈良の時代、これらの郷から貢物などが納められ、逆に朝廷からは国を通じて郡や郷に命令・通達が発せられました。したがって、これらの郡や郷が現在のどこに相当する場所であるかを比定することは歴史研究としてひとつの

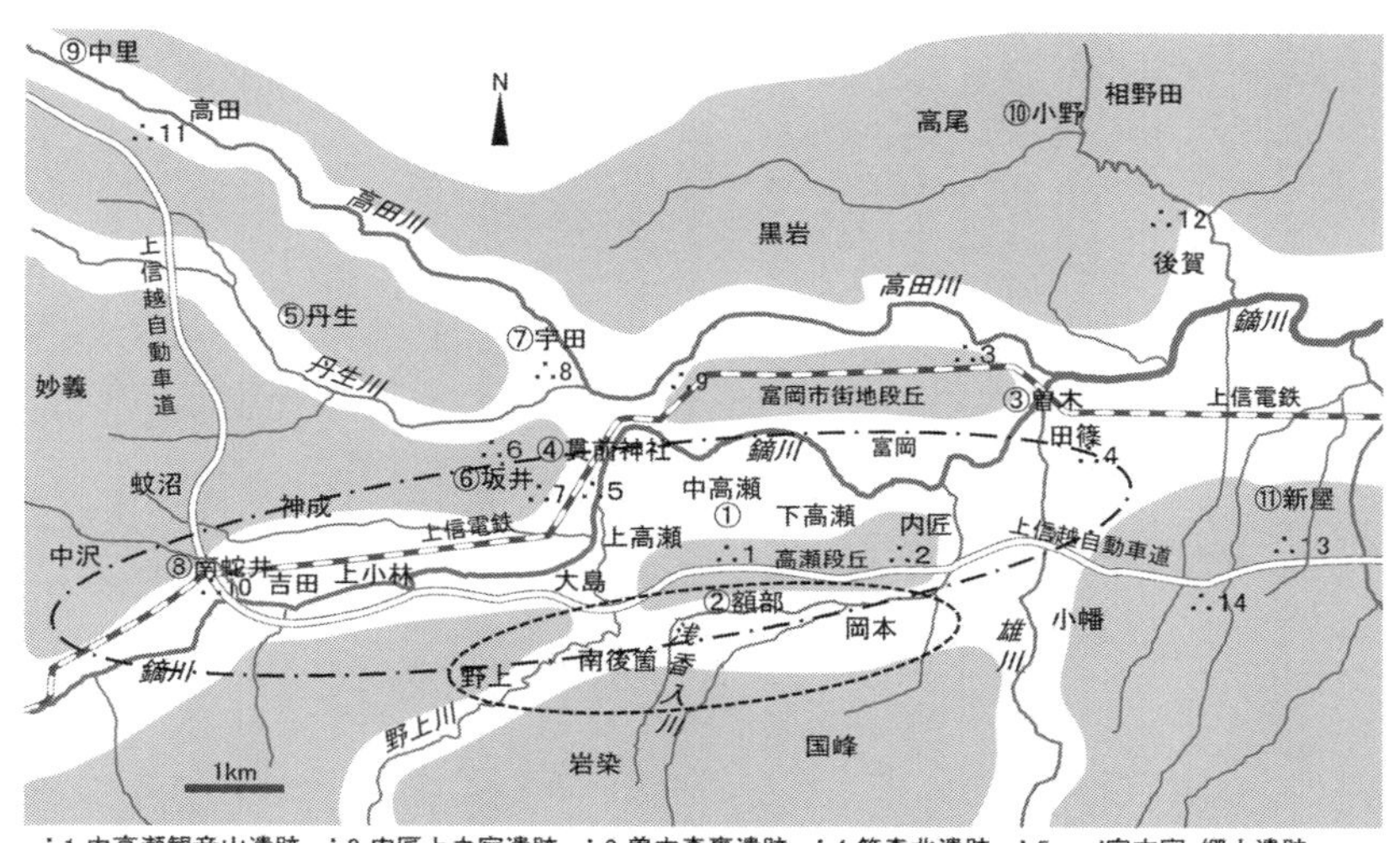

∴1 中高瀬観音山遺跡、∴2 内匠上之宿遺跡、∴3 曽木森裏遺跡、∴4 笹森北遺跡、∴5 一ノ宮本宿・郷土遺跡、∴6 一ノ宮押出遺跡、∴7 遺跡名なし、∴8 阿蘇岡・権現堂遺跡、∴9 七日市観音前遺跡、∴10南蛇井増光寺遺跡、∴11 八木連下八木連遺跡他、∴12 遺跡名なし、∴13 新屋遺跡、∴14 白倉上野遺跡

図４−１　富岡市周辺

目的になります。しかし、語源探索には行政区画としての比定地を探ることは重要ではありません。重要なのは地名と場所を一致させ地形や地象を知ることです。そのため、既往の研究による比定地の設定や13の郷名に関係ありそうな現在地名は大いに参考にします。

図４−１は現在の富岡市周辺の概略図です。13の郷名に関係しそうな現在地名は丸数字を付した名称で、資料調査の中で出てきたその他の関連地名は単なる名称で、川名は斜字で、探索する地名に関連のありそうな縄文遺跡は∴印で示しました。網掛け部分は段丘地を、白抜きの部分は相対的に低い土地を表します。

甘楽の里から姿を現した縄文の大集落

それでは地名の語源探索に出かけます。探索は和名抄に記された順ではなく、前後の関係から全体が理解しやすいような順で行います。

端上（せのかみ）、端下（せのしも）

端上・端下は「端（せ）」という地名が上下に分か

れたと考え、「せ」の語源を探ります。「端」ではなく「湍」と記す和名抄もあり、漢字の意味を重視する研究者はどちらの字を採用すべきかに拘（こだわ）りますが、縄文語での語源探索は文字のない時代が対象ですので、どちらの字を用いるかではなく、「せ」の音が大事になります。

図4-1に示すように中央に富岡市街地の段丘があり、その南側3㎞ほど離れた位置に上信越自動車道が通る段丘（高瀬段丘と仮称）があります。この二つの段丘に挟まれた盆地状の低地に①上高瀬、中高瀬、下高瀬があります。明治22年に高瀬村、大島村、内匠村が合併して高瀬村になり、その後昭和56年に富岡市と合併して現在に至りますが、高瀬は古くからの地名です。この低地の北辺には富岡市街地段丘に沿うように鏑（かぶら）川が蛇行しながら西から東へと流れ下っています。

資料4-4は「端」ではなく「湍」の漢字を用いるべきであるとし、「湍」の意味となる「早瀬」を語源としています。そして、端上（せのかみ）の郷域は低地内で鏑川南岸の高瀬地域を比定し、端下（せのしも）の郷域はこの低地内で鏑川東北対岸にある富岡地域を有力な比定地としています。本書も、「せ」の対象とする地形は、富岡市街地段丘と高瀬段丘に挟まれた盆地状の低地を想定します。

山田Iによって、東北や北海道におけるアイヌ語地名「セ」の有無を調べます。「セ」一文字の地名は見当たりません。日本語「せ」に対応するアイヌ語として「se セ　背負う」と「sep セㇷ゚　広くある、広くなる」の二つを考えましたが、地形から判断し「セㇷ゚」が語源であろうとして探索を進めます。

図4-1からわかるように、西から流れ下ってきた鏑川は南北の段丘に挟まれた盆地状のこの地に入ります。現在の鏑川は治水工事が施されて流路が固定されていますが、縄文時代においては大雨時には水が溢れて川幅を低地一杯に広げ、そして水が引くと流路が以前と変わっているような状態が頻繁に生じたと想像されます。そこで「川幅が広がる」という意味で、「セㇷ゚」が使われたのではないでしょうか。

山田Ⅰに「セㇷ゚」の合成語地名として「セッペッ」があります。説明では、津軽半島に瀬辺地（せへじ）川があり、この「せへじ」を「セッペッ」（広い川）が転訛した結果としたいとしながらも、近くにさらに幅広の川が存在することを理由に、「セッペッ」と推断する表現は避けています。さらに読み進むと、瀬辺地川は谷地形の中にある平坦地を曲流している、と記します。地形は谷地と段丘地の違いはありますが、読んだ限りにおいては甘楽の高瀬地域に酷似します。大雨時に瀬辺地川は水が溢れ、谷地形の中で川幅を一杯に広げたに違いありません。「セッペッ」を通常時における「広い川」ではなく、降雨時などに「広くなる川」との意味に捉えれば、瀬辺地川の語源は「セッペッ」でも良さそうです。

甘楽の地も「セッペッ」と呼ばれていたかも知れません。やがて「ペッ」が脱落し「セㇷ゚」だけが残ったか、はじめから「セㇷ゚」と呼ばれていたか、何れかでしょう。そして、この「セㇷ゚」が「せ」へと転訛したと考えます。すなわち、「せ」の語源は縄文語「セㇷ゚」なのです。

周辺には多くの縄文遺跡があり、そこに住んだ人たちが景観表現として「セㇷ゚」を使用します。時代が弥生、古墳と下って、この地が農地として開発されてから「せ」の地名となり、飛鳥・奈良時代になって「端」あるいは「湍」の字が当てられ、さらに行政上の都合によって上下に分割されたのです。

額部（ぬかべ）

高瀬段丘の南に②額部があり、とりあえずこの付近を額部の語源となった場所と想定します。資料4‐1はアイヌ語「ヌカッペ」が語源か、と疑問形で掲げ、意味を「霧霞多き所」とします。しかし、アイヌ語に「霧霞多き所」を意味する「ヌカッペ」はありません。

山田Ⅰの索引に「ヌカベ」がありました。本文には「……源頼朝奥州征伐の時に……泰衡蝦狄島に逃れんと糠部郡（二戸郡辺の古称）……」と記すのみで、糠部についての詳しい解説は何もなされていません。しかし、この「ヌカべ」の存在は、「べ」が北海道や東北で数多く見られる「pet ペッ 沢、川」であることを暗示させ、探索の大きな手掛かりになりました。

ここで「ペッ」と共に「川」の意味で使われるアイヌ語「nay ナィ」について説明しておきます。両語とも北海道や東北地方では地名に頻繁に使用され、山田Ⅰによると特に北海道では両方で地名の40％にも達するそうです。「ナィ」は「小さな川、沢」に、「ペッ」は「大きな川」に使用されることが多いですが、厳密に使い分けされてはいません。日本語地名になってからは、それぞれ「内」「別」の字が使われることが多く、「稚内（わっかない）」「札内（さつない）」「長内（おさない）」「登別（のぼりべつ）」「幌別（ほろべつ）」「士別（しべつ）」などがあります。また、「ペッ」としては「辺」「部」も使われ「長万部（おしゃまんべ）」などがあり、「糠部」や「額部」もこの事例のひとつと考えられます。

「ヌカべ」の「べ」を「ナィ」に置き換えて山田Ⅰを調べると「ヌカナィ」がありました。永田地名解（資料4－5）を引用しながら、「ヌカ」は「ノカㇴ（小さい）」の変形として捉え、「ノカㇴナィ」を「小石川」の意味ではないか、と疑問形で記します。しかし「ノカㇴ」に「小石」の意味はなく、他の場所にも意味不明の「ヌカナィ」「ノカナィ」が存在することから、語源説明への資料提供程度の表現に留め、「ヌカナィ」を「ノカㇴナィ」とする最終判断は避けています。知里Ⅰは「ノカㇴ」を次のように記し、「小石」との意味はありません。

nokan ノカㇴ《完》小粒デアル、小さくアル（ナル）

アイヌ語地名の権威である永田方正、山田秀三の両先生が述べるように「ヌカナィ」を「小石川」の意味と捉え、「ヌカベ」を「ヌカナィ」と同義と考えれば、「額部（ぬかべ）」の語源探索は終了です。しかし、小石のある川など何処にでもあり、疑問符の付いた「小石川」の意味のまま終了では、本書に探索としてわざわざ記述する必要はありません。独自の語源探索に出かけます。

「ぬかべ」の「べ」は「ペッ」と推測されたので、「ノカン」以外の「ぬか」の語源を探るため知里Ｉを精査します。「nu」がありました。意味は「豊漁」です。

nu. -ye【H】/-he【K】ぬ（ぬー）①豊漁

第三人称形にするための語尾に「-ye イェ」と「-he へ」があります。「-he へ」を用いて、「ペッ」に繋げると「ヌへペッ」となり、「彼の豊漁の川」の意味になります。h→k は転音し易く、「ヌへペッ」が「ヌケペ」、そして「ヌカベ」になったのではないかと考えました。「ぬかべ」とは地域の呼称ではなく、川そのものの呼称ということになります。

それでは、「彼の豊漁」とされる魚の種類は何でしょう。「彼の」と特定された魚と言えば、北海道なら疑いなく「鮭」です。

１９５０年頃富岡市で子供時代を過ごしたという知人は「鏑川には鮭が遡上した」との話をします。最近も、利根川流域の埼玉県側で鮭の遡上があったと、テレビで放送されました。前橋のあたりでも鮭の遡上は今も確認されています。縄文時代は非常に多くの鮭が遡上したと考えられます。鏑川沿いには多くの縄文遺跡があります。そこに住んだ人たちの生活を支え「彼の」と特定された魚とは、年間の一時期になりますが毎年大量に捕獲できる「鮭」以外には考えられません。「ヌカベ」の直訳は「彼の豊漁の川」ですが、「鮭がたくさん獲れる川」の意味となります。

それでは「ヌカベ」とは現在のどの川に相当するのでしょう。図４–１で②額部の地に流れている鏑川の支流である浅香入川がまず候補となります。しかし、調べると②額部は比較的新しい地名であると判明しました。明治22年（１８８９）に南後箇・野上・岡本・岩染の各村を合併して額部村が成立（図４–１の点線の長円）します。村名の由来は、かつてこの辺りに「額部庄」が存在したからだとします。「額部庄」の存在は荘園制の時代と考えれば平安～鎌倉初期（９～12世紀初）ですので、「額部」の名称は１０００年近く途絶えた後に復活したことになります。ただ、その後の地名変更によって、今は「額部」の地名はなくなり、額部郵便局・額部小学校・額部神社などの施設にその名を留めているだけです。

資料４–１は田篠に「奴加部の井」があったと記し、「額部庄」は田篠・高瀬・野上・後箇より鏑川を越えて旧吉田村（上小林・南蛇井・中沢・蚊沼・神成）辺りまでが領域（図４–１の一点鎖線の長円）であったとします。余りにも広すぎるため、現在では「額部庄」の存在自体が疑問視され、存在したとしても②額部の辺りに限定する説が支配的になっています。

旧来の資料に書かれた内容が現在の視点からは理解できないとして、その旧来説を安易に否定してよいのでしょうか。私はここに示す広域な「額部庄」こそ、縄文以来の「ヌヘペッ」の遺名を継承した名称であろうとの視点で解釈を進めました。

「額部庄」の時代はまだたくさんの鮭が遡上していたと考えられます。田篠に「奴加部の井」があると記すように、「額部庄」の主は「田篠」（図４–１参照）に居を構えていました。そして、「額部庄」と称する広大な領域は土地ではなく、その地域を流れる川の流域であると理解しました。すなわち「額部庄」の主は鏑川およびその支流の流域を支配し、鮭漁の権利を掌握したと考えれば、田畑を領域とする他の庄、あるいはさらに古い時代における他の郷との重複はなく、それぞれが隣接・独立した領域として成立することになります。

縄文時代には特定な個人に鮭漁をする権利や支配領域が集中することはありません。「ぬかべ」とは鏑川そのものであることを強く示唆します。図4-1に示す一点鎖線の楕円も鏑川を大きく囲んでいます。

和名抄は「甘楽」に「加牟良」と訓を付けます。鏑川の「かぶら」とはこの「かむら」の転訛であり、「かぶら川」の旧名は「かむら川」です。したがって、縄文の長い間は「ヌヘペッ」が川名でしたが、時代が下がり「ヌヘペッ」の意味が分からなくなって「ぬかべ」と転訛した頃に、広域地名の「かむら」が川名になったと考えられます。「かむら」から「かぶら」への名称変更はさらに新しい時代になります。

宗伎（そき）

富岡市街地段丘の北側を流れ下ってきた高田川が市街地の東端で鏑川に合流し、この付近に③曽木（そぎ）があります（図4-1）。資料4-4はこの曽木を中心にした地を宗伎（そき）郷の比定地とします。ここは富岡市街地段丘の下に位置し、この地形を念頭にして「そき」の語源を説明します。「そき」から連想される「削ぐ」を語源とし、「削られた土地」すなわち「がけ地」とする説ですが、余り支持されていないようです。

山田Ⅰに「ソッキ」があり、北海道には「ソッキ」が転訛して「ソウヅケ」「ソウスケ」と呼ばれる川名があると記します。「ソッキ」がどのようにして「ソウヅケ」や「ソウスケ」に転訛するかの説明はありませんが、意味は知里Ⅰの「sotki」を引いて「神々や、大切な獲物の集まる場所」のようだ、とします。

改めて知里Ⅰで「sotki」を検索します。

sotki そッキ　ねどこ、神々の住む所、山中では熊などの多くいる地帯、沖ではカジキマグロなどが多くいる地帯。

「ヌカベ」が「鮭がたくさん獲れる川」の意味であることを考えれば、「ソッキ」は「鮭がたくさん集まる所」と解釈でき、「ヌカベ」とは鐺川の古称である、とした合理性も説明できます。さらに想像力を働かせ「鮭がたくさん集まり、その鮭を狙って熊が出没するところ」と解釈すれば、生きた鮭を口に咥えた熊が現れる野趣豊かな情景が思い浮かび、写真で見る現在の北海道知床地方と縄文の昔が重なります。

付近に縄文遺跡∴3、∴4がありますが、「ソッキ」が意味する場所とは多少の距離があるので、「ソッキ」は集落の名称ではなく、単なる景観表現と思われます。いずれにせよ「ソッキ」が「そき」となり、「宗伎」「曽木」の字が当てられるようになったと解釈できます。

貫前（ぬきさき）、抜鉾（ぬきほこ）

富岡市街地西端、鏑川の北側段丘部に貫前神社（正式名称は「一の宮貫前神社」）があります。社伝によれば創建は531年とあるので、貫前郷・抜鉾郷が歴史に登場する以前から存在したことになります。創建年代の真偽はともかく、歴史の古い神社であることは確かなようです。

貫前神社は抜鉾神社と呼ばれた時代もあり、二つの名称を持つ理由や使い分けられる理由は現在も不明です。祭神についても、一つの神を祀ったとする説、それぞれ別の神を祀ったとする説があり、決着はついていません。記録に登場するのは「抜鉾」が先で、『新鈔格勅符抄』（806年編）に「上野抜鉾神　二戸」と記されます。『日本三大実録』には859年の出来事として「貫前神」が記され、『延喜式神名帳』（927年編）

には「貫前神社」が名神大社として記されます。地元の『上野国神名帳』（平安後期）には抜鉾神と記載されており、時代によって名称が使い分けられたり併存したりしたようです。ただ、抜鉾は物部氏ゆかりの名称と伝えら、武家社会の江戸時代までは抜鉾神社が使われ、明治になって貫前神社に戻りました。

和名抄には貫前郷と抜鉾郷が記され、資料4-4では郷名と神社名とは切離して貫前郷は現在の④貫前神社を中心とする辺り、抜鉾郷は⑦宇田の辺りをそれぞれの比定地とします。

山田Ⅰのアイヌ語地名には、「ヌキサキ」「ヌキホコ」に近い地名は見当りません。ここも独自の探索をせねばなりません。ここまでの語源探検は「せ」「ぬかべ」「そき」の仮名で3文字以下でしたが、「ぬきさき」「ぬきほこ」は仮名4文字となり、より複雑な言葉の組み合わせになりそうです。

「ぬきさき」の語源探索から始めます。

図4-1の④貫前神社周辺をとりあえずの比定地とし、ここの地形を念頭に探索を進めます。大きなヒントはすでに語源探索を終えている「ぬかべ」と「そき」です。「ぬかべ」は鏑川そのもので「鮭がたくさん獲れる川」の意味であり、「そき」は「ぬかべ」の流域にあって「鮭がたくさん集まるところ」の意味でした。その延長線上で考えれば、貫前神社の下方を流れる鏑川もたくさんの鮭が遡上したであろうと容易に推測されます。

これらのことから「ぬきさき」の「ぬ」は「ぬかべ」の「ぬ」と同じと考えました。すなわち、「ぬ」とは、「ヌヘペッ」の「ヌ」であって、意味は「豊漁」です。残りは「きさき」となります。知里ⅠⅡ、山田Ⅰなどを精査し、鮭が遡上する「ぬかべ」と段丘の上にある貫前神社の位置関係、地形、「ぬきさき」の音の響き、これらを考慮して、「さき」の語源として「san ke サンケ」を選び出しました。「sa サ」は「（山に対して）浜」

の意味の名詞であり、その動詞が「san サン」であって「山から浜に出る、後ろから前へ出る」の意味になります。「-ke ケ」は「ところ」の意味ですので「san ke サンケ」は「山から浜に出たところ」となります。「nu ヌ」と繋げて「nu・san ke ヌ・サンケ」とすると「豊漁は山から浜に出たところ」となり、地名語としての意味が整ってきます。そして、このような場合のアイヌ語表現の仕方については2章「せなかあぶり」の語源探索の際に、同じような状況がありました。知里Ⅱは「アイヌ語本来の発想法（e-,o-,ko- について）」と題して説明しています。詳細は2章を参照してください。

参照事例が示すように「e-,o-,ko-」の中から「e-」を採用して「nu・san ke ヌ・サンケ」を文として完成させると、「nu e san ke ヌエサンケ」になります。意味は「豊漁、そこは山から浜に出たところ」です。貫前神社の下方を流れる鏑川は「山から浜に出たところ」にあり、そこは鮭の大宝庫であって、ここに住む縄文の人達の漁場だったのです。〔ヌエサンケ➡ヌケサケ➡ヌキサキ〕と転訛します。すなわち、「ぬきさき」の語源は「ヌエサンケ」である、ということです。

貫前神社の下方、鏑川の川辺に一ノ宮本宿・郷土遺跡（図4-1の∴5）があります。川沿いに1㎞以上にもなる細長い縄文～古墳時代の遺跡であり、縄文の人たちはこの辺りを「ヌエサンケ」と呼んだのでしょう。注目すべき点は、「ヌエサンケ」と呼んだ人達の目線の高さです。「山から浜に出たところ」の表現は、山の上に何か特別な場所があり、その高さを基準にしています。目線は貫前神社のある段丘の上にあるようです。貫前神社境内およびその周辺からは縄文の遺構や遺物が発見された形跡はありませんが、縄文の昔から集会や神事などを行う共通の場として使用したのではないでしょうか。そして、その下方にある優良な漁場を「ヌエサンケ」と呼んだのです。

「san」について少し捕捉します。青森県に有名な縄文中期の「三内丸山遺跡」があります。この「三内」

は「san nay」が語源で「山から浜に出る沢」の意味です。ただ、沢が山から出てくるのは当たり前であって、このままでは景観を表わす地名語としては不十分です。山田Ⅰは、地元の人の話として、降雨時に鉄砲水のような多量の出水があることを「山から浜に出る沢」と表現した理由であると書いています。また、前記した知里Ⅱの「アイヌ語本来の発想法」の事例に「yuk o-san nay（鹿が-そこへ・出てくる-沢）」の記載がありました。この表現から、「yuk o-」が脱落して「san nay」だけが残り、後世に伝わったとも解釈できるのではないかと思っています。

「ぬきほこ」の探索に移ります。

「貫前」「抜鉾」を漢字で見ると全く異なる印象を与えますが、「ぬきさき」「ぬきほこ」と仮名で書くと違いは僅かです。最後の「き」と「こ」は近い音ですし、「こ」も転訛する以前は「ぬきさき」で説明した「-keケ」であると想定すれば、両者の違いは3文字目の「さ」と「ほ」だけです。「ぬきさき」の場合、「さ」に相当するアイヌ語は「san サン」でした。「ぬきほこ」の「ほ」に相当し、地形・地象等の状況が適合するアイヌ語を探します。

うまい言葉を探し出せるだろうか。期待と不安を抱きながら知里Ⅰのhのページを繰ります。ありました。

hutne ふッネ《完》狭くアル（ナル）。（対→sep）

端上（せのかみ）、端下（せのしも）で説明した「セプ　広くなる」の対語です。「nu e hutne ke ヌエフッネケ」となり「豊漁、そこは狭くなるところ」との意味になります。

「ヌエサンケ」の場所は図4-1の∴5であり、そこから川下に少し寄った辺りは、鏑川と高田川が接近し陸地部分が狭くなっています。両河川の間隔は地図上で測ると200m位です。縄文時代は堤防もなく、降雨などの増水時は合流するほどに接近したと思われ、まさしく陸地が「狭くなるところ」です。高田川は鏑川の支流であって、この川も当然鮭が遡上したと考えられます。両方の川から鮭を捕獲できる優れた漁場であったため、「ヌエフッネケ」と呼んだのです。〔ヌエフッネケ→ヌケフッケ→ヌキフケ→ヌキホコ〕と転訛します。すなわち、「ぬきほこ」の語源は「ヌエフッネケ」である、ということです。

「ヌエサンケ」と「ヌエフッネケ」は隣り合った漁場で、貫前神社のある段丘からは同時に見下ろせる位置にあります。二つの漁場における豊漁祈願や満願祝いの神事は貫前神社の場所で行ったのではないでしょうか。一つの神社が貫前神社と呼ばれ、また抜鉾神社と呼ばれるようになった原点はここにあったと理解できます。

丹生（にう）

貫前神社の北裏で丹生川と高田川が合流します。この丹生川を遡った先に⑥丹生があり、現在は川上側が上丹生、川下側が下丹生で、資料4-4はこの辺りを丹生郷の比定地とします。

「丹生」の地名は日本の各地にあり「にう」とも「にゅう」とも呼ばれます。漢字辞典で「丹」を引くと、「たん」の仮名が付され「水銀と硫黄の化合物。丹砂（たんしゃ）といい、赤い結晶をして、地中から出る。水銀の原料、顔料、薬の材料となる。」とあります。このことから水銀の産出地を「丹砂を生産する」との意味で「丹生」の漢字を当て、それを「にう」と読ませたことが「丹生（にう）」地名の語源である、というのが通説です。丹砂は辰砂とも云いますが、ここでは丹砂に表現を統一します。

通説の元になったと思われる場所が伊勢神宮に近い三重県多気郡多気町にある丹生鉱山です。天平勝宝4年（752）に開眼供養した盧舎那仏（奈良の大仏）に金を施す際、大量に使用した水銀はこの鉱山で産出したとされます。今も、鉱山の入り口に近い場所には丹生神社があり、継体天皇16年（523）創建との由緒書きがありますので、一帯はかなり古い歴史を有する地域に違いありません。丹生鉱山は途中で休山はあったものの昭和48年まで操業したという非常に長命な鉱山で、坑道や近年の製錬施設は保存され今も見学が可能です。

丹生鉱山の十数km北方に天白遺跡があります。縄文時代後期後半といいますから約3500年前の遺跡です。住居跡は見当たらず出土物から周辺集落の共同祭祀場と考えられています。ここからは丹砂の原石、それを利用した朱塗りの土器が発見され、縄文時代から丹砂が朱の原料として使用されていたことを示しています。

付近一帯の地名は「丹生」です。この地域には古代・中世の水銀採掘坑が269基確認されている、と市毛は資料4-6で記します。従来の語源説に従うならば、この鉱山に「丹生」の名称が付けられたために付近一帯の地名が「丹生」になった、となります。

丹生鉱山のように丹砂や水銀の産地と「丹生」地名が一致するところでは、語源の通説はそれなりの合理性はありますが、産出が確認されない「丹生」も多く、そこでは通説の根拠が失われます。その場合に「水銀は1箇所からの産出量が少なく、鉱山としての寿命は短い。その後の土地利用の期間が圧倒的に長く、別な歴史が刻まれる。そのため水銀産出の歴史が埋もれてしまい、丹生の字と呼称だけが後世に伝えられた。」との言い訳のような説まであります。

「丹生」の漢字が使われた理由を私は次のように考えます。

〔古くから「にう」と呼ばれる多くの土地があり、その幾つかの場所からたまたま水銀が産出した。水銀は非常に貴重な資源であり、その原料の丹砂を生産する、との意味で「にう」に「丹生」の漢字を当て、大和朝廷の重要産業とした。その後、丹砂・水銀の産出とは関係ない多くの「にう」地名においても「丹生」の漢字が借用された。〕

市毛は資料4–7で松田寿男の研究によれば、として次のように記します。

朱砂（辰砂）の採掘地はニフ（にう）またはニホと呼ばれ、古代水銀鉱業を掌る神として「ニウツヒメ（ニホツヒメ）」が誕生した。日本語を漢字で表記する時代を迎えると、「丹生」と言う漢字表記が始まり、そこで朱砂（辰砂）の採掘に従事していた一群の民も、同じ漢字を使って姓を表示した。（資料4–7 p.29）

「丹生」の漢字表記以前にニフ（にう）またはニホの地名が既にあったということです。

甘楽の「にう」も丹砂や水銀の産出歴史がないにもかかわらず「丹生」の漢字が使われています。同じ赤色の原料として鉄があり、甘楽の「にう」地方は土地が赤錆色をしていたため「丹生」となったとの説もあります。「丹生」とは「丹砂を生産する」との意味ですので、赤錆色をしているからといって「丹生」の漢字が採用された理由にはなりません。ここは古くから「にう」の地名であり、「丹生」の漢字はあとから借用したと考えるべきでしょう。

従来説は因果関係が逆さになっています。そうではなく「にう」の語源は別にある、と考えねばなりません。それでは「にう」の語源は何処にあるのでしょう。従来説に代わる、アイヌ語による新たな「にう」の語源探しです。

山田Ⅰに「にう」もしくはそれに近い地名は見られません。

知里Ⅰを検索すると、「ni-pu ニプ」がありました。「ni ニ」は「木、林、森」を、「pu プ」は「倉」を意味します。逐語訳は「木・倉」となり、「木で作られた倉」との解釈もできそうですが、「ni-pu ニプ」の合成語としての意味が記されています。

ni-pu にプ【ビホロ】森中の川端に建てて冷凍鮭を貯えておく倉。［林・倉］

なんと、鮭に関連する名称がまた出てきました。甘楽の地は北海道ほど寒冷ではありません。冷凍に代わる保存措置を施した鮭はもちろんのこと、その他にも狩猟・採集した鹿肉や栗なども貯える「森中の倉庫」の意味です。「ni-pu ニプ」のp音がh音に変化してニフまたはニホとなり、さらにh音が脱落して「にう」や「にゅう」になったのです。

所在場所は図4-1に示す⑥丹生よりも貫前神社に近い位置、すなわち「ヌエサンケ」や「ヌエフッネケ」の漁場に近い位置を想定します。丹生川に面した北斜面であり、保存用倉庫として適切な場所です。

丹生鉱山のある「丹生」地区は、天白遺跡の周辺に住んだ縄文の人たちが食料を蓄える倉庫を構え、「ニプ」と呼んだ場所だったのではないでしょうか。時代が下がり、ここから多量に産出する丹砂が重要な資源である水銀の原料であるため、「ニプ」から転じた「にう」の「に」に丹砂の「丹」の漢字を当て、「う」に「生」の漢字を当てたのです。丹生神社の由緒書きを始め、資料などに記された「丹生」に係わる歴史は「丹生」の漢字が当てられた以降の時代から刻まれたのでしょう。

酒甘（さかい）

貫前神社の付近から鏑川を少し遡り、神社から続く段丘を跨ぐように⑥坂井があります。資料4-4はこの辺りを酒甘郷の比定地とします。そして鏑川側から⑥坂井に至る段丘の坂に井戸があったところから「坂井」の名が付けられたと地名由来を説いています。坂の途中に井戸があるから「坂井」の地名が付けられたのでは、日本中が坂井になってしまいます。

山田Ⅰに「サカイ」はありません。これまで行ってきた「ぬかべ」「そき」「ぬきさき」「ぬきほこ」「にう」の語源が全て鮭に関連する地名でした。この結果を頼りに、探索を進めます。

「坂井」に仮名を付すと「さか・い」ですが、「酒甘」は「さ・かい」と付す説が有力とされています。これが語源の遺名に直接関連する言葉であると考え、語源探しも「さ・かい」で行います。多くの時間を掛けることなく「sa kay サカィ」が思いつきました。「sa サ」は「（山に対する）浜」の意味で、動詞が「san サン」であり、これについては「ぬきさき」の項で説明済みです。「kay カィ」は「折れ波、砕け波、白波」の意味です。海や湖などで強い風が吹くと波頭が崩れ、白波になります。これが「カィ」です。

「カィ」について次のようなアイヌの逸話があります。

　海などで強風時に生ずる白波を昔は「isepo イセポ」と呼びました。「イセポ」とは「うさぎ」のことで、白波をうさぎが飛び跳ねる姿に見たてたそうです。しかし、この「イセポ」を発音すると不吉な結果を生ずるとして、やがて忌み言葉として使わなくなり、同じような意味も有する「カィ」を使うようになった。うさぎ、海原を飛び跳ねる、不吉な結果。古事記に書かれた「因幡の白兎」伝説とも共通点があります。

アイヌの逸話とされていますが、縄文以来受け継がれた逸話かもしれれません。

「サカィ」の逐語訳は「浜・折れ波（白波）」です。私はこの言葉を、浜に白波状なものが存在している景観を表現した言葉と理解しました。言いかえれば浜に白い縞模様が描かれた状態です。鮭がたくさん獲れるこの地の浜（川辺）に白い縞模様が描かれた状況といえば、白い腹をむき出しにした鮭が、方向を一様にして並べられている、あるいは吊るされている姿が目に浮かびます。「サカィ」とは鮭を天日で乾燥させている様子を表現している言葉と解釈できます。ここは鮭を保存加工する場所だったのです。

図4-1に示す∴7遺跡は最大の漁場である「ヌエサンケ」の遺跡∴5に近く、鏑川に面した南斜面にあり、かつ、川から少し離れて小高いため多少の川の増水には避難の必要も無く、鮭の天日乾燥には最適な場所のように見受けます。おそらく∴7遺跡付近が「サカィ」の場所であり、保存加工した鮭を前項で述べた「ニプ」に運び入れ、来るべき冬に備えたのでしょう。とすれば、「サカィ」と「ニプ」は近くになければなりません。∴6遺跡が丹生川に面した北斜面に有り、ここが「ニプ」であった可能性が高い場所です。今は某金属工業の建物が建てられています。

有只（うだ）

資料4-4は有只の地名由来については触れず、有只郷の比定地を図4-1で貫前神社の北側にある⑦宇田周辺とします。

山田Iに「ウタ、ウダ、オタ、オダ」の付く地名は沢山あり、「歌、宇田、宇多、小田」などの漢字を当てます。アイヌ語の「ota オタ」が語源で、「砂、砂浜」を意味します。北海道の小樽（おたる）はその一つであって、「ota ru オタ・ル　砂浜・道」が語源です。

甘楽の地の「有只（うだ）」も語源は「オタ」です。資料4-4と同様、比定地は⑦宇田付近と想定します。ここは高田川と丹生川の合流点にあり、現在は農地化され、住宅もありますが、縄文の頃は両河川が創った砂地の広がりだったのでしょう。右方に高田川の堤防が見えます。写真5-1（101ページ）は妙義山を撮影した写真ですが、手前の畑が⑦宇田付近です。

図4-1に示すように⑦宇田周辺には∴8阿蘇岡・権現堂遺跡があり、また高田川を越えた位置に∴9七日市観音前遺跡もあり、これらが「ota オタ」と呼ばれた集落ではないでしょうか。

那波（なは）

和名抄には数種類の写本や版本があることを述べましたが、「那波」を「那非」と書く写本もあります。「那波」「那非」とも訓みが付してなく、「那波」にたいしては「なわ」と発音する場合もあるようです。資料4-4は「那非」を採用し、「なひ」と仮名を付しています。「那非」は「神奈備」の略で「かんなび」が「なび」に、そして「なひ」になったとの地名由来を説き、「神奈備」に関係があるとする現妙義町周辺を比定地とします。他にも甘楽町周辺を比定したり、額部周辺を比定したり、と研究者によってさまざまの説があります。「なは」「なわ」「なひ」に相当する現在地名が見当たらないため、それぞれの方が自説を主張しているようです。

和名抄に関する文献や資料を調べた限りにおいては「那非」よりは「那波」を記載する例が多かったこと、上野国には14の郡があり、そのひとつに「那波郡」があることを理由に、ここでは「那波（なは）」を採用して、語源探索を行います。

先ず山田Ⅰから北海道、東北地方の「ナハ」地名を調べます。関連する地名は見られません。これまでの地名探索で何度も出てきたように、「ナハ」の「ナ」は「ナィ」とし、「ハ」に関してはこれまでの経験から

「パ」意味は「縁」を当て、「なは」の語源は「ナィパ」を想定しました。改めて、知里Iの「パ」を見ると、「頭、かみて」の意味のほか、北海道南部の方言として「ふち（縁）」が記され、事例として「pet pa ペッパ　川岸」が紹介されています。「ペッ」を「ナィ」に置き換えると先に想定した「ナィパ」となります。この「ナィパ」が「なは」に転訛したのでしょう。意味は「川岸、川辺」です。

甘楽の地は川岸ばかりの土地であって、「なは」の語源が「ナィパ」であるとしても、その場所が根拠をもって特定されないと説明になりません。甘楽地方における「ナィパ」の場所を探さなければなりません。

アイヌ語のp音はch音に転訛し易く、「pa」は「cha」とも発音されます。事例として「口」を意味する「par パㇽ」は「char チャㇽ」とも発音されます。「ナィパ」は「ナィチャ」とも呼ばれていたことになります。知里Iをさらによく調べると「ナィチャ」「ペッチャ」ともに「川岸、川辺」の意味で記されていました。「ナィチャ」は北海道のアイヌ語地名にも存在することが明らかになりました。

この地方では、清音を濁音で発音する習性があり、「クンネ」を「グンネ」と発音する事例を前章で紹介しました。「ナィチャ」は地元では「ナィヂャ」とも呼ばれ、「ナィパ」「ナィチャ」「ナィヂャ」の呼称が併存していたと思われます。

時代が下がり、「ナィパ」から転訛した「なは」に「那波」の漢字が当てられ、公式名称になりました。その後、中央や地方の権力構造が何度も変遷しているうちに「那波」は書類上だけの名称になり、所在が不明になってしまったのです。一方、地元では意味のわからなくなった「ナィヂャ」が転訛して「なんじゃい」となって受け継がれ、やがて「南蛇井」の漢字が当てられ、「那波」に代わる公称になったのです。

私が富岡市周辺の地名探索を始める動機の一つであった妙な地名「なんじゃい」が出てきました。図4－1の⑧南蛇井です。ここには縄文前期（約7000～5500年前）の大規模な∴10南蛇井増光寺遺跡があります。鏑川の川岸にあり地形も「ナィパ」そのものであって、鮭の遡上の最終に近い地点です。∴10遺跡は縄文から弥生、古墳、奈良、平安と続く複合遺跡です。縄文以来の「ナィパ」の地であり、後に「なは」と呼ばれた集落に違いありません。「なは」に相当する現在地名が見当たらないのは「南蛇井」と姿を変えているためです。

本章の冒頭に、上野国14郡のひとつに「那波郡」があると記しました。この「那波」も語源は「ナィパ」です。「那波郡」は利根川の川辺にあり、この場合の「ナィ」は利根川を指すことになります。

那差（なさ）

「なは」と同じように「なさ」に相当する現在地名は見られません。

資料4-1はアイヌ語「ナサイ」が語源で、意味は「川の流れて廣くなりたる所」であり、「ナサイ」に「南蛇井」の漢字を当てたとして、⑧南蛇井を比定地とします。アイヌ語に「ナサイ」は見当たらず、あるとしても上記のような意味を汲み取るのは困難です。資料4-4はこの説に倣って「南蛇井」の「南蛇」を「なさ」とも読めるとして、南蛇井を中心にした辺りを那差郷の比定地としますが、「なさ」の意味は示しません。「なさ」についての既存説はいずれも⑧南蛇井の辺りを比定地とします。しかし、前記したようにこの地は「那波（なは）」で確定していますので、これらの説は成り立ちません。

山田Ⅰにも北海道、東北地方に「ナサ」に関連する地名は見られません。「ナハ」と同様に、「ナサ」の「ナ」は「ナィ」を想定します。知里Ⅰに「pet sam ペッサム」があり、意味は「ナィパ」と同じ「川岸、川辺」とあります。「サム」は「隣、そば（傍）」の意味です。したがって「ペッサム」の逐語訳は「川の傍」ですが「川岸、川辺」と訳されます。「ペッ」を「ナィ」に置き換えると「ナィサム」になり、意味はやはり「川岸、川辺」

です。「なさ」の語源は「ナィサム」です。「ナィサム」が「なさ」へと転訛したのです。

「ナィサム」はこれまでと同様に、遡上する鮭の捕獲を生活の最大手段とする集落の名称でしょう。川の傍で、縄文遺跡が付近にあり、「なさ」の音に近い場所を比定するならば、高田川沿いにあって旧妙義町にある⑨中里が候補として挙げられます。「なかさと」ですから、「なさ」の間に「か」「と」が挿入された地名で、集落は∴11遺跡が考えられます。さらに、この少し上流に行沢があります。「なめさわ」ですから「なさ」の間に「め」「わ」が挿入された地名です。付近には縄文の行沢大竹遺跡があり、「那差」とは中里、行沢の両者を含んだ地とも考えられます。

小野（おの）

小野地名は全国にたくさんあり、由来は小野小町が登場する艶やかな伝説で彩られています。小野小町は六歌仙、三十六歌仙の一人で、活動時期は830～850年頃と推定され、仁明天皇に仕えた絶世の美女とされます。百人一首に撰録されている《花の色は　移りにけりな　いたづらに　わが身世にふる　ながめせしまに》が代表作の一つです。生誕地は、現在の秋田県湯沢市小野とする説もあり、米の品種「あきたこまち」や、秋田新幹線の愛称「こまち」は彼女の名前に由来します。

生誕地伝説は全国に点在し、数多くの異説があります。70歳を過ぎて亡くなったようですが、彼女のものとされる墓も、全国に点在しているためどれが本物か分かりません。さらに、小野小町は誰かのペンネームであって実在の人物ではない、との説もあります。

甘楽郡小野郷は⑩小野（図4-1）の付近が比定されています。地元では小町伝説は我にありとして小野小町の地名由来説が支持され、彼女が登場する催し事が開催されるそうです。

「小野」は「和名抄」に記されていて奈良時代初め（713年頃）には定められていた地名であり、小野小町が活躍した年代より100年以上も遡ります。また生没が不明で実在性さえもが疑われる人物の地名由来への登場は、それだけ由来や語源が不明確であることの裏返しであり、小野小町由来説は否定されねばなりません。

「おの」の語源は、これまでの語源探索において何度も登場したアイヌ語で十分に説明できます。「o nu オヌ」です。「o」は「川口、川尻」の意味です。「nu」は「ぬかべ」「ぬきさき」の「ぬ」、「豊漁」の意味です。「オヌ」は「川尻・豊漁」が逐語訳で、遡上した鮭が川尻にたくさんいる状況を表現しています。∴12付近の川沿いに小規模な縄文遺跡が点在します。この川も鏑川の支流であって、やはり多くの鮭の遡上が想定されます。川には支流の支流も多く、その合流点付近を「オ」と表現したのでしょう。北海道に「o nu us pet オヌウスペッ 川尻に豊漁ある川」があります。また「o nu us i オヌウスイ 川尻に豊漁あるところ」もあります。「おの」もかつては同様な名称で、ここから「ウスペッ」あるいは「ウスイ」が脱落し「オヌ」だけが残った言葉といえます。

小野小町ならば華麗な催し事が企画できそうですが、鮭が川尻にたくさんいる状況では華麗になりそうもありません。小野小町の由来説を支持する人達の意には反しますが、甘楽の地における他の地名の語源探索の結果を考慮すれば、小野の語源は「オヌ」以外に考えられません。

新屋（にいや）

現在地で⑪新屋があり、付近には∴13新屋遺跡や∴14白倉上野遺跡があるので、「にいや」とはこの付近に存在した集落の名称であろうと推測するのですが、決め手となる地形や地象などに思い至らず語源の探索に手間取っています。語源としては「mi na ニナ 焚き木を切る」を想定していますが、何のために地名あるいは集落名にするほど焚き木を必要としたのか、行き詰まりました。日常的に使用する程度の木ならば地名や集落名にはならないでしょう。知人に「新名（にいな）」姓の人がいて、その語源も「mi na ニナ」ではなかろうか、などと思ったりするのですが、語源探索は進展しません。

いろいろと調べていると長野県の安曇野にも「新屋（にいや）」があることを知りました。また、山梨県の富士吉田市にもありました。これらの地に共通する点は海岸線から遠く離れた内陸部に位置することです。これを知ったとき、「塩の入手は？」との疑問が生じました。塩は生活に絶対不可欠のものであり、縄文の時代、内陸部においては塩の確保は容易でなかったはずです。戦国時代、上杉謙信が敵である武田信玄に「塩」を送った有名な話を思い出しました。

安曇野も甘楽の里と同じように縄文の大集落です。日常の生活は無論のこと、保存物の加工用なども含めると、かなり大量の塩を必要としたと思われます。岩塩は産出しませんし、日本海あるいは太平洋の海岸で塩を入手するにしても、入手の方法や搬送は容易ではなかったはずです。現地調達が必然の考えです。その調達の手段に「ニナ」が関係するのではないかと思い至りました。付近で湧出する塩水を天日で凝縮し、最後に煮詰める製塩作業です。これならば、大量の木材を必要とするし、集落にとっても重要な作業ですので、その作業に関連する言葉が地名になっても不思議ではありません。「さかい」も重要な作業風景が地名になっていました。

それでは塩を含んだ水は何処で確保したのでしょうか。安曇野の「新屋」付近には中房温泉があり、温泉から塩水を入手したと推定できます。甘楽の「新屋」付近に温泉はありませんが、少し範囲を広げると「大塩」など塩の付いた地名があり、この辺りで塩水を入手したのではないかとも考えています。

ただ、塩水の確保に関してはさらに調査確認の必要がありますので、現時点では「ニナ」が「にいや」の有力な語源候補であるとの記述に留めます。

縄文集落の全貌

和名抄に記された上野国甘楽郡（こうづけ）にある13の郷名の語源は、「新屋」については疑問を残すものの、全てアイヌ語で解釈できたことになります。これらの地名から縄文の人たちの生活がこれほどまで明らかになるとは全く予想しませんでした。

本章の要は、「額部（ぬかべ）」の語源が「ヌヘペッ」であって「鮭がたくさん獲れる川」を意味し、その川が現在の「鏑川」であると解釈できたことです。そのおかげで次に続く「ぬきさき」「ぬきほこ」「にう」「さかい」などの語源が探索できました。

鮭が遡上する時期は年間で限られますし、鮭の時期以外は狩猟や採集も当然行ったでしょう。しかし、鮭に関連する言葉が地名にこれほど多く残されている結果から判断すれば、鮭の捕獲が最大の経済基盤であり、これこそがこの地に多くある縄文集落の生活を支え、遺跡を現在に残している最大の理由に違いありません。「ぬかべ」の語源探索でも触れたように、鮭は今でも利根川を遡上します。埼玉県行田市付近に国交省の利根導水総合事業所が管理する利根大堰（図3-1）があり、そこでは鮭の遡上を観察し、ホームページで報告しています。2009年11月12日付けの記事を紹介します。

今秋遡上したサケが11日現在で前年同期の5倍以上の4559匹となり、過去最高のペースになっていることが分かった。利根導水総合事業所は10月1日から12月25日にかけて、利根川を遡上するサケを集計している。統計を取り始めた昭和58年は21匹だったが、平成20年は過去最高の5606匹にまで増加した。

利根大堰に遡上のための魚道を新設した影響と幼魚を放流している効果であると説明しています。ここより50㎞ほど上流に位置する前橋市でも鮭の幼魚を放流しており、遡上した鮭は前橋市でも確認されています。このように条件が整えば利根川は今でも多くの鮭が遡上する川なのです。

ただし、今は太平洋に注いでいる利根川、実は江戸時代まで東京湾に注いでいました。今では利根川の支流となっている渡良瀬川や鬼怒川は独立した河川でした。徳川幕府は江戸の食糧を賄うための新田の開発、水運の開発と安定化、水害の軽減、などを目的として、利根川を渡良瀬川筋に、さらに東へと付け替える工事を実施し、現在の川筋にしたのです。従って縄文時代に「ヌヘペッ」で捕獲した鮭は東京湾から遡上したことになります。そうしますと、東京湾に河口を有する荒川や多摩川などにも鮭は遡上したと類推できますし、これらの川の流域にも鮭に因んだ地名が残されている可能性があり、機会があれば探索したいと思っています。

また、甘楽の鮭漁は縄文以降、どのように変遷していったのでしょう。田篠（図4-1）付近にある天王塚古墳と笹森古墳に注目します。前者は全長約76ｍで、鏑川流域に分布する前方後円墳の中では最も古く、築造は仁徳天皇陵以前の5世紀初とありますので、毛野国が上毛野（かみつけぬ）国と下毛野（しもつけぬ）国に分かれた頃であり、上毛野の一族が大和朝廷で活躍している時期に重なります。後者は甘楽・富岡地域では最大規模の古墳で、全長約１０１ｍの６世紀後半に造られた前方後円墳です。いずれも古墳の主は不明とされますが、上毛野国からこの地の支配を任された権力者の墓であることに違いはないでしょう。

田篠は「額部」の語源探索で述べたように「奴加部の井」がある所で、「額部庄」の主の所在地と想定した場所です。古墳の主の権力の源泉は支流をも含めた鏑川の漁業権の掌握にあったと想像します。そしてこの権益は「額部庄」の時代まで継承されたと考えれば、鮭漁は荘園制の存在した10世紀頃はまだ盛んであったことになります。

探索した地名に直接的に関連しそうな縄文遺跡は図4-1に示しましたが、この他にも鏑川に沿って沢山の縄文遺跡が発掘されています。群馬県内には旧石器時代から中世にかけての遺跡はたくさんあり、鏑川沿いの遺跡はその一部です。発掘された遺跡は所在場所や遺構などの配置が図や写真に記録され、土器や石器などの遺物は分類・整理して市や関連施設に保存されますが、遺跡として保存されることは少なく、多くは発掘のきっかけとなった土地利用のため、道路、田畑、宅地等になります。結果として遺跡が存在したとの事実だけが記録として残るだけですが、このように地名の語源とその意味が分かることによって、そこに住んだ縄文の人達の話し声までが聞こえそうです。

最大の漁場である「ヌエサンケ」や「ヌエフッネケ」に隣接して、収穫物を保存加工するための「サカイ」があり、続いて、それを蓄えるための「ニプ」があります。作ったかのような地名のつながりであり、語源探索結果に少々戸惑いを覚えました。

鮭を獲り、保存加工を施し、倉庫に貯蔵する、これら秋の一時期に行われる日常の行為がそのまま地名に残されています。集会、祭事等を行う場所もあります。この地における縄文の世界が絵画のような風景になって目の前に現れてくるようです。地名による見事な景観描写です。まさにこれらの地名は、数千年の時空を超えた言葉のタイムカプセルであり、私たち現代人に届けられた貴重なメッセージです。

現在富岡市に住む人たちは、自分たちが何気なく使っている地名に、これほど貴重なメッセージが込められているとは夢にも思っていないでしょう。「富岡製糸場」は世界文化遺産に登録されました。これらの地名を富岡市におけるもう一つの世界文化遺産にする活動があっても面白いと思います。

5章　甘楽の里のシンボル「天空の翼」

甘楽郡13郷名の語源探索を前章で行いました。本章は「甘楽（かんら）」自身の語源探しです。

この地は古代に朝鮮半島から多くの渡来人が移り住んだとされ、そのため「韓（から）」が使われて「かんら」と呼ばれるようになった、との語源説が有力です。中国からの渡来人をも含め「唐（から）」とする説もありますが、大意は同じです。しかし、甘楽郡13郷名の語源は縄文に遡り、地形・地象・日常生活の様子などが巧みに表現されているとわかった現状において、また「かんら」という日本語的でない音の響きを感じる私にとって、この語源説は語呂合わせのようにしか思えません。

山田Ⅰで調べます。東北・北海道には「かんら」あるいはそれに近い言葉はありません。知里Ⅰを参考に「かんら」の発音を素直にアイヌ語に置換えて、「kan rap カンラㇷ゚」を語源候補としました。

kan- カン【H】上方にある、表面の。［< ka（上）ne（である）?］

rap ,-u らㇷ゚　①羽、翼。②両翼を張ったように突き出ている出崎。③＝tapkop.

「カンラㇷ゚」で「上方にある翼」または「上方にある両翼を張ったように突き出ている出崎」の意味になります。これが「かんら」の語源であるとすれば、この地方に特有な山あるいは崖や岩の形状を比喩的に表した言葉であろうと推測され、地名語としての可能性に期待を持たせます。期待を確信にするためには「カンラプ」とは何を指しているか探し出さねばなりません。

　現地を訪ねました。富岡市から鏑川に沿った谷間(たにあい)の道路を車で上って行き、下仁田を過ぎるころになると、幾重にも重なった左右の山並みが迫ってきます。この迫ってくる左右の山並みを両翼に喩え「カンラプ」と呼んだのではないかと思いました。しかし、甘楽郡13郷名の語源となった地域が富岡市周辺に集中していることもあり、富岡市から離れた景観を「かんら」の語源とするのは適切ではなく、また、谷間の道で左右から山並みが迫ってくる景色は山間地に行けば何処にでも見られる風景です。これでは、「上方にある翼」をうまく説明できません。

　しばらくの後、関越自動車道を利用して軽井沢方面に出かける用事があり、車の助手席に座りながら外の景色をぼんやりと眺めていました。富岡インターチェンジの付近を通過するとき、小高い山の隙間から見え隠れする妙義山に、思わず身を乗り出しました。「上方にある翼」とは妙義山ではないか、と思ったのです。

　妙義山は貫前神社の北西約10kmにあって、赤城山、榛名山とともに上毛三山(じょうもうさんざん)と呼ばれ群馬県を代表する山の一つです。荒々しい岩肌が創り出す自然景観の美しさが特徴で、大分県中津市にある耶馬渓(やばけい)、香川県小豆島にある寒霞渓(かんかけい)とともに、日本三大奇勝として有名な山です。岩肌を鳥の羽根と見れば、「上方にある翼」になります。ただこの時点では山全体を言い表しているのか、あるいは山の一部を指しているかの判断はつかず、さらに調査観察を続けました。

　妙義山は登山としても楽しめる山で、私も以前に登った経験があります。当時は地名に興味がなかったため、登る対象としての山、ただそれだけでした。改めて「上方にある翼」に相当する景観を求め山の麓まで行ってみました。山に近づくと、岩肌はひび割れの状態までわかり、木々は根の張り方から葉の茂り具合までよく見え、山は真下から見上げるようになり、部分はよく見えるものの、逆に全体的な特徴は捉えにくくなります。

甘楽の縄文集落の中心は貫前神社付近であり、「上方にある翼」とはやはりこの辺りから見た妙義山を言い表した言葉であろうと考え直し、貫前神社付近から改めて妙義山をじっくりと眺めることにしました。眺める私の意識が変わっても、妙義山は以前と変わらずそこにあります。他の山々も、川も、田畑も変わりません。甘楽郡13郷名の語源を探る際に調べたこの辺りにある縄文の遺跡を思いながら、2時間ほどうろうろとしていました。

貫前神社の裏側、図4−1（71ページ）の⑦宇田の付近から見た妙義山が写真5−1です。妙義山とは、いくつかの峰々の総称であって、貫前神社付近からは表妙義と呼ばれる金鶏山、金洞山、白雲山が望めます。金鶏山が手前左側にあり、他の二つの山に比較すると木々に覆われた部分が多く岩肌の露出が少なく見えます。金洞山、白雲山は金鶏山の後ろにあって、ごつごつとした白っぽい岩肌が浮き出るように見えます。

この妙義山の姿を改めて眺めたとき、「上方にある翼」とは妙義山全体の山容を形容した言葉である、と気付きました。ゴツゴツとした岩肌の一つ一つが一枚一枚の羽根であり、それが集まった金洞山、白雲山が両翼となり、全体として鳥が大きく翼を広げて飛んでいる姿になります。写真には飛ぶ鳥の姿を二羽描き加えました。妙義山の山映に重なり、これが縄文の人たちがイメージした両翼を広げた鳥の姿であって、「カンラㇷ゚」すなわち「上方にある翼」に違いないと思い至ったのです。宮崎駿によるアニメ映画のタイトル「天空の城ラピュタ」に似せれば、「天空の翼」です。

「ラㇷ゚」を「翼」と訳して探索を進めてきましたが、ニュアンスの異なる「両翼を張ったように突き出ている出崎」の方がぴったりします。すなわち「カンラㇷ゚」とは「上方にある両翼を張ったように突き出てい

写真５−１　貫前神社付近から望む妙義山（2010.3.5　著者撮影）

る出崎」の意味です。

貫前神社がある段丘の上からも写真5−1のような景色を見ることができます。富岡市周辺に住んだ縄文の人たちは親しみと畏敬の気持ち込めて、妙義山を「カンラプ」と呼んだのではないでしょうか。妙義山は彼らのシンボルだったのです。「カンラプ」が「かんら」になったのはいうまでもありません。というより「rap」の「p」は無声音なので縄文の昔から耳に響く音は「かんら」だったのです。

この地には、「もう一つの翼」があるので、紹介します。

甘楽郡に隣接した高崎市吉井町に多胡碑（たごひ）があります。多胡碑は奈良時代初期の和同４年（711）に上野国（こうづけ）で14番目の郡となる多胡郡が誕生したことを記（しる）した石碑で、「上野国の片岡郡・緑野（みどの）郡・甘良郡の三郡の中から三百戸を分けて新しい多胡郡を作り、羊に支配を任せる。」という内容の文字が刻まれています。高崎市内には多胡碑の他に、681年建碑とされる山ノ上碑、726年建碑とされる金井沢碑があり、これらは「上野（こうづけ）三碑」あるいは「上毛（じょうもう）三碑」と総称され、歴史研究資料として高く評価されている碑です。また、多胡碑の優れた書体は多くの書家達に愛好され栃木県大田原市の那須国造碑、宮城県多賀城市の多賀城碑、とともに日本三古碑と称され、書道史研究資料、古代文字研究資料としても高く評価されています。
多胡碑に刻まれた「羊」は、大和朝廷からこの地を治めることを命じられた人物とされ、この「羊」にまつわる「羊太夫伝説」が残されています。伝説の大筋は次のようになります。

羊太夫は、御機嫌伺いのために奈良にある大和朝廷を毎日のように訪れました。太夫は八束小脛（やつかこはぎ）という家来をいつも連れて行きます。小脛が一緒にいると、太夫の乗った馬は矢のように走り、1日で奈良まで行けたのです。ある日、都への途中、木の下で昼寝をしている小脛の両脇の下に羽が生えているのを羊太夫は見てしまいました。普段から「私の寝姿は絶対に見ないで下さい。」と言われていたのですが、羊太夫は物珍しさからそっと小脛の羽を抜いてしまいました。それからは小脛も馬も今までの速さでは走れなくなり、頻繁に都を訪れることができなくなってしまったのです。そのため、朝廷の怒りを買い、朝廷軍の攻撃を受けることになり、その圧倒的な兵力の前に羊太夫一族は滅ぼされてしまいました。最後まで羊太夫と八束小脛は残りますが、その時羊太夫の鎧兜が二つに割れ、全身が徐々に羽毛に覆われ、鳥に変身してしまったのです。八束小脛にも同じことが起り、その日の午後、山に向かって飛んでゆく二羽の鳶の姿が見られました。

羊太夫伝説がいつ頃から語られたかは不明です。伝説が成文化されたのは江戸時代で、いろいろと脚色もされ、出で立ちは源平時代の武将を倣い金覆輪や膝栗毛の姿も出現するようです。非現実的な内容も多々ありますが、私はいくつかの点でこの伝説に注目しました。

注目点1は、羊の家来である八束小脛です。

八束脛（やつかはぎ）とは蝦夷（えみし）、国栖（くず）、熊襲（くまそ）、土蜘蛛（つちぐも）などと同様に大和朝廷から見た地方の蛮族を言い表す呼称のひとつであって、握り拳八つ分の長さの脛、すなわち長い脛という人体の特徴を示した言葉です。

資料5－1は縄文人の身体的特徴を人骨のデータ分析結果から次のように記します。

顔立ち
・かなり寸詰まりの幅広の顔
・高さはないが幅のある大頭が一種独特
・後頭部が絶壁をなすものはなく、多くは大槌頭
・眉間と鼻が高く、その間の鼻根部が陥没しているので顔の彫りが深い
・がっちりした顎、エラが張った顔つき

体形
・身長が低い、成人男性で157〜159cm
・身長が低い割に脚や腕などは長め、特に上腕骨に対して撓骨や尺骨、大腿骨に対して脛骨や腓骨が相対的に長い

八束脛とは縄文人の身体的特徴の一部をそのまま人間の呼称としたとわかります。八束小脛とは八束脛に因んで姓を八束、名を小脛としたのであって、この名前から言い現わされる人物は縄文人の特徴を有する人物なのです。伝説の対象となる時代にこの地に住んだ人達は、縄文以来ここに住んでいた人たちの末裔であって、八束小脛とはこの人たちを代表させていると思われます。

注目点2は、八束小脛に付けた羽根です。早く走るための単なる道具だったのでしょうか。そうではなく、この地の人たちのシンボルとしての「カンラプ」すなわち「上方の翼」の存在があったからに違いありません。「カンラプ」すなわち「妙義山」はシンボル以上のものであり、彼らの精神的な支柱だったのです。だから八束小脛に羽根を付けたのです。

注目点3は、「朝廷軍の攻撃を受けることになって、その圧倒的な兵力の前に羊太夫一族は滅ばされてしまう。」という作り話とは思えないような生々しさです。

甘楽郡を含めこの地は昔の上野国であり、さらに遡ると毛野(けぬ)国です。毛野国の大和朝廷への帰属の過程は3章で垣間見ることができました。「朝廷軍の攻撃を……」の記述は、毛野国の前身である「クンネ」がヤマト王権によって滅ぼされた部分を描写しているように思えるのです。

3章で高瀬段丘に弥生末期に焼失した中高瀬観音山遺跡（図4-1の∴1）があると紹介しました。この遺跡について少し詳しく記述します。この遺跡は縄文から弥生にかけての複合遺跡であって、弥生末期に急速に拡大し、その後焼失したことが、発掘調査で明らかになっています。その様子を㈶群馬県埋蔵文化財調査事業団のホームページは次のように報告します。

冬は強い風に吹きさらされ、夏は四方から雷が襲う丘の上、そこは近くに畠はおろか、水さえ手に入れにくい場所でした。鏑川の平地を見下ろすそんなところに、弥生時代の終わりに100軒以上の住居や建物が集中して建てられていました。

急な崖に閉ざされて周りの平地からは簡単には近づけないこの村は、さらに木の囲いや堀そして見張台で厳重に守られていました。またほとんど軒を接するように建てられていた住居の多くは、火災で焼け落ちた状態で発見されました。

弥生時代末期、縄文人の末裔たちはまだこの地に住み、縄文語を話していました。日本統一を目指すヤマト王権軍に攻められた彼らは高瀬段丘の高みに逃げ込み、ここを木の囲いや堀そして見張台などで要塞化したのです。しかし、王権軍の圧倒的な軍事力の前に滅ぼされてしまいます。このことが羊太夫伝説として後世まで伝えられた、と解釈すれば、注目点1、2も理解しやすくなります。

注目点4は、「戦いに敗れた羊太夫と八束小脛の全身が羽毛に覆われ、鳥に変身し、山に向かって飛んでゆく二羽の鳶の姿が見られた」との表現です。

「かんら」の語源「カンラプ」すなわち「上方にある翼」が言下に隠されていると捉えることができます。写真5–1に描き加えた二羽の鳥が姿を変えた羊太夫主従のイメージであって、向かう先は彼らの精神的支柱「カンラプ」すなわち妙義山です。

これらの点に注視しながら羊太夫主従を3章で説明した「クンネ」国に置き換えれば、羊太夫伝説は、ヤマト王権の日本統一過程における「クンネ」すなわち魏志倭人伝に書かれた狗奴国に対する征服戦争にも見えてきます。

さらに伝説をなぞるなら、「クンネ」国（羊太夫主従）はヤマト王権に征服される以前は恭順の意を示すため、たびたび奈良の都まで朝貢しました。しかし、何らかの理由で朝貢できなくなった、あるいはしなくなったのです。その理由を説明したが受け入れられず、軍事征服されることになった、となります。

資料3–4は卑弥呼時代の銅鏡が群馬県の古墳から出土していることを根拠に、この時代毛野国はすでに卑弥呼の国に帰属していたとして、狗奴国とは毛野国ではないとします。しかし、銅鏡の存在は軍事征服される以前に行ったヤマト王権への朝貢の証と考えれば、羊太夫伝説も現実味を帯びてきます。３世紀後半のできごとになります。

6章 「軽井沢」とは「神がいるところ」

「和名抄」は上野国に14の郡名を記します。

　碓井、片岡、甘楽、多胡、緑野、那波、群馬、吾妻、利根、勢多、佐位、新田、山田、邑楽

　本章はこれらの郡名の語源探索を目的に出発します。このうち、「群馬」の語源は「クルネコタン」から「コタン」が省略された「クルネ」であって意味は「神の村」であり、「甘楽」の語源は「カンラプ」で意味は「上方の翼」でした。

「那波」については甘楽郡那波郷の「なは」で触れたように、語源は「ナィパ」で意味は「川辺」です。高崎駅の東で烏川と利根川に挟まれた図3-2（61ページ）の一点鎖線で囲まれた領域が近年の那波郡として示されています。資料4-4も「和名抄」に記された那波郡をこの辺りに比定します。「ナィパ」の意味と地形や地名が一致しますので、私もここが縄文以来の「ナィパ」の場所と想定しました。「ナィパ」が「なは」に転訛したのです。

碓井（うすい）

今も碓氷（和名抄は「碓井」と表記）郡は存在し、その郡域が713年頃とそれほど変わっていないとすれば、「和名抄」に記された碓井郡は上野国（群馬県）の西部にあって信濃国（長野県）に接し、碓氷峠を越えると軽井沢に至るところに位置します。すなわち、碓井郡と軽井沢とは碓氷峠に連なる峰々を境に隣り合わせの地域になります。

「碓井」と漢字の表記を見ているとアイヌ語での発想がなかなかできなかったのですが、頭の中で「うすい」と仮名表記にすると、直ちに、アイヌ語「us-i ウスイ」が思い浮かびました。「ウスイ」は最も基本的なアイヌ語地名の構成語のひとつであり、北海道・東北では多くの日本語地名となっています。ただ、これらのアイヌ語地名は「ウスイ」と一音節ずつの発音ではなく、すべて「usi ウシ」と発音され、日本語地名に置き換わる際には「牛、臼、碓、石、西」などが語尾に来る地名になります。

知里Ⅰで確認します。

> -usi ウシ　「何々ウシ」というぐあいに、語尾に -usi のつく地名が多い。従来は〝所〟と訳す習いだったが、それでは地名の原義がつかまらない。いちおう us-i と分解して、原義を考えてみる必要がある。
> ①〝名詞 +usi〟のばあい「…が・そこに群在（生、居）する・所」「…が・そこにいつもある（いる）・所」。②〝動詞 +usi〟のばあい「…する・のが習いである・所」「…し・つけている・所」

「i-」が語頭に付いて「i-」とする用法については2章の「ヨッピ」の語源探索で詳しく説明しました。「-i」と語尾に付く場合も多く、知里Ⅰは次のように記します。

-i　イ　動詞形容詞について時・所・者・物・事などの意を表す。

北海道・東北における「ウシ」地名は、山田Ｉによればアイヌ語地名の一割にもなります。私たちがよく知っている例としては「知床旅情」に歌われている「羅臼（らうす）」があります。「ra-usi ラウシ」が語源で、「低い場所・にある所」が逐語訳となりますが、この場合は「下を流れる川」を指しています。

群馬県内にも「ウシ」地名があります。藤岡市神流川（かんながわ）沿いの「鬼石（おにし）」です。北海道にも「御西（おにし）川」があり、語源は「o-ni-usi オニウシ」あるいは「o-nu-usi オヌウシ」と山田Ｉは記します。意味はそれぞれ「川尻・木・群生する所」あるいは「川尻・豊漁・ある所」です。「鬼石（おにし）」は県内においてアイヌ語地名と容易に判断できる地名の一つと思っています。もちろん縄文以来の地名です。鬼石は急峻な山地から平野部に出たところに位置し、地形は「オニウシ」の言葉が示すとおりの「川尻に木が群生する所」ですが、４章で説明したようにこの川も鏑川同様、鮭の遡上があったと考えられる川であって、「オニ」であるか、「オヌ」であるかは判断できません。いずれにせよ「オニウシ」または「オヌウシ」から「おにし」へと転訛したのです。

北海道や東北では「us-i」を「ウシ」と発音して地名になっています。しかし、縄文のころは、「kur-ne」を「クンネ」とも「クルネ」とも発音したのと同様に、「us-i」を「ウシ」とも「ウスイ」とも発音し、それが地名になっていると思われます。アイヌ語と縄文語の間にはこうした発音上の習慣に違いがあるようです。

「うすい」の語源が「us-i ウスイ」であるとするならば、なぜこの場所に「ウスイ」の地名が付けられたのでしょう。「ウスイ」とは「○○があるところ」であって、「○○」がないと言葉の意味が伝わりません。すなわち、主語が必要であって、「ウスイ」だけでは地名語として不完全なのです。そこで主語に相当する単語を探してみました。熊、鹿、タヌキ、木、栗、栃、石、滝、どれを当てても文としては成立しますが、省略したら意味をなしません。なぜ「ウスイ」だけで地名になっているのだろうか。しばらく悩みました。

主語が省略されても意味をなす言葉は、と考え方を変えてみました。アイヌではその地域で広く認識されているものや、絶対的な存在である「神」などの言葉は主格でも目的格でも省略される傾向があります。例えば、「札幌」は「sat-poro-pet サッポロペッ 乾いた・大きな・川」が本来の地名ですが、「ペッ」はなくても、それと認識されていたのでアイヌの世界でも省略され「サッポロ」と呼ばれていたそうです。

群馬の地で主語としてわざわざ表に出さなくとも、それと認識される語と言えば……、「群馬」の語源にもなっている「kur クル 神」を思い出しました。「kur us-i クルウスイ」です。訳は「神が・いる・ところ」となり、言葉の意味は理解できます。

碓氷郡は、碓氷川を中心にした丘陵あるいは山間の平地と、その上流にある急峻な山林地帯から成ります。「神がいるところ」は言葉の意味としては十分に理解できるのですが、〔ここに地名にするほどの神がいるのか?〕〔畏怖畏敬の対象となる神は上方にある浅間山にいるのではないか?〕〔主語になる言葉は「クル」とは別な言葉ではないか?〕などと自問しました。そうしながら、「クルウスイ」「クルウスイ」と頭の中で、あるいは口に出して何度も繰り返しているうちに、「クルウスイ」が「カルイサワ」に転訛したのです。碓氷郡に隣接する「軽井沢」です。

全く予想していませんでした。「かるいさわ」の語源は「クルウスイ」であって、意味は「神がいるところ」ということになるのです。この意外な展開は自分でもすぐには得心できず半信半疑だったのですが、これが正解だとすれば、話の筋道はきわめて明快になります。縄文の人達が畏怖畏敬の対象とする浅間山には神が存在し、その神が住んでいるところが「kur us-i クルウスイ」になるのです。浅間山の麓ならば神の住処（すみか）として納得できます。また、碓氷郡は軽井沢の直ぐ下方に位置し、ここに「クル」はいないので、「クルウスイ」から「クル」が無くなり、「ウスイ」だけが残った地名であると理解すれば、これも納得です。

「クルウスイ」から「カルイサワ」への音の変化をたどってみましょう。

kur us-i クルウスイ→kuru u suwi クルウスウィ→karu i sawa カルイサワ

充分に可能性がある転訛です。しかし、余りにも意外な展開であるだけに、ここに示した説明だけでは心もとなく、「クルウスイ」は「かるいさわ」の語源であるとする別な証（あかし）が欲しいところです。とはいうものの別な証を探すのはそう簡単ではありません。「軽井沢」の歴史や既存の地名由来説、「クルウスィ」と呼んだであろう縄文の人達の痕跡、などを先行して調べることにしました。上野国（こうずけ）の郡名の語源探索は中断です。

◇

軽井沢の地名由来にはいくつかの説があります。中にはアイヌ語由来との説もありますが、どのような言葉か示されていません。「涸れ沢」「凍り冷わ（こおりさわ）」もあります。浅間山から噴出して堆積した「軽石」に由来するとの説が有力です。

長野県と群馬県の境にある碓氷峠は、日本書紀では碓日嶺と書かれ日本武尊（やまとたけるのみこと）が亡き弟橘媛（おとたちばなひめ）を偲んで「あづまはや」と嘆いた場所として知られます。日本武尊は群馬県側から登り、その後信濃へ向かいますので、軽井沢の地を通過しています。この話の真偽はともかく、軽井沢の地は古くから交通の要衝であったとわかります。時代が下って、東山道、中山道と街道は整備されます。このときも軽井沢の地は交通の要衝であり続けました。

ここで古代の官道について簡単に整理します。

日本で本格的に道路が整備されるのは律令政治が整った大化の改新（645年）以降であって、天武天皇（在位672〜686年）の頃に行政区分として畿内五国と東海道・東山道・北陸道・山陰道・山陽道・南海道・西海道の七道、いわゆる五畿七道が定められました。七道は行政区分であると同時に都から地方にのびる道路の名称でもあり、大和朝廷が情報の伝達、兵士や役人の移動、物資等の移送などを迅速に進めるために整備した幅6〜10mの道です。最も重要視した街道は奈良と九州の大宰府を結び中国地方の瀬戸内海側を通る山陽道であって大路と称しました。朝鮮半島や中国に対応し、国防や文化・物資の輸入のために欠かせない道だったのです。次に重要視したのが中路と称する東海道と東山道であって、蝦夷対策のための道です。残りの街道が小路です。

これらの官道には約16kmごとに駅家（うまや）を設け、大路で20疋、中路で10疋、小路で5疋の駅馬を置くことが原則として定められていました。駅伝制です。暮れや正月に頻繁に行われる駅伝競走の「駅伝」の語源はここにあります。

養老律令（757年施行）の施行細則をまとめた延喜式（950年頃編纂）に全国402の駅家（うまや）名が記されています。図6–1に長野県から群馬県に至る東山道およびそこに設けられた駅家の位置と名称を括弧書きで示しました。この図は他の章でも利用するので、そこで必要な地名山名なども書き込んであります。

奈良の都を出た東山道は岐阜県側から長野県南西部に入り、現在の伊那、諏訪、松本付近を北上し、安曇野付近の錦織（にしこり）から東に向かい保福寺峠を経て日理（わたり）と称された上田に出ます。そこから少し南東に向きを変え、

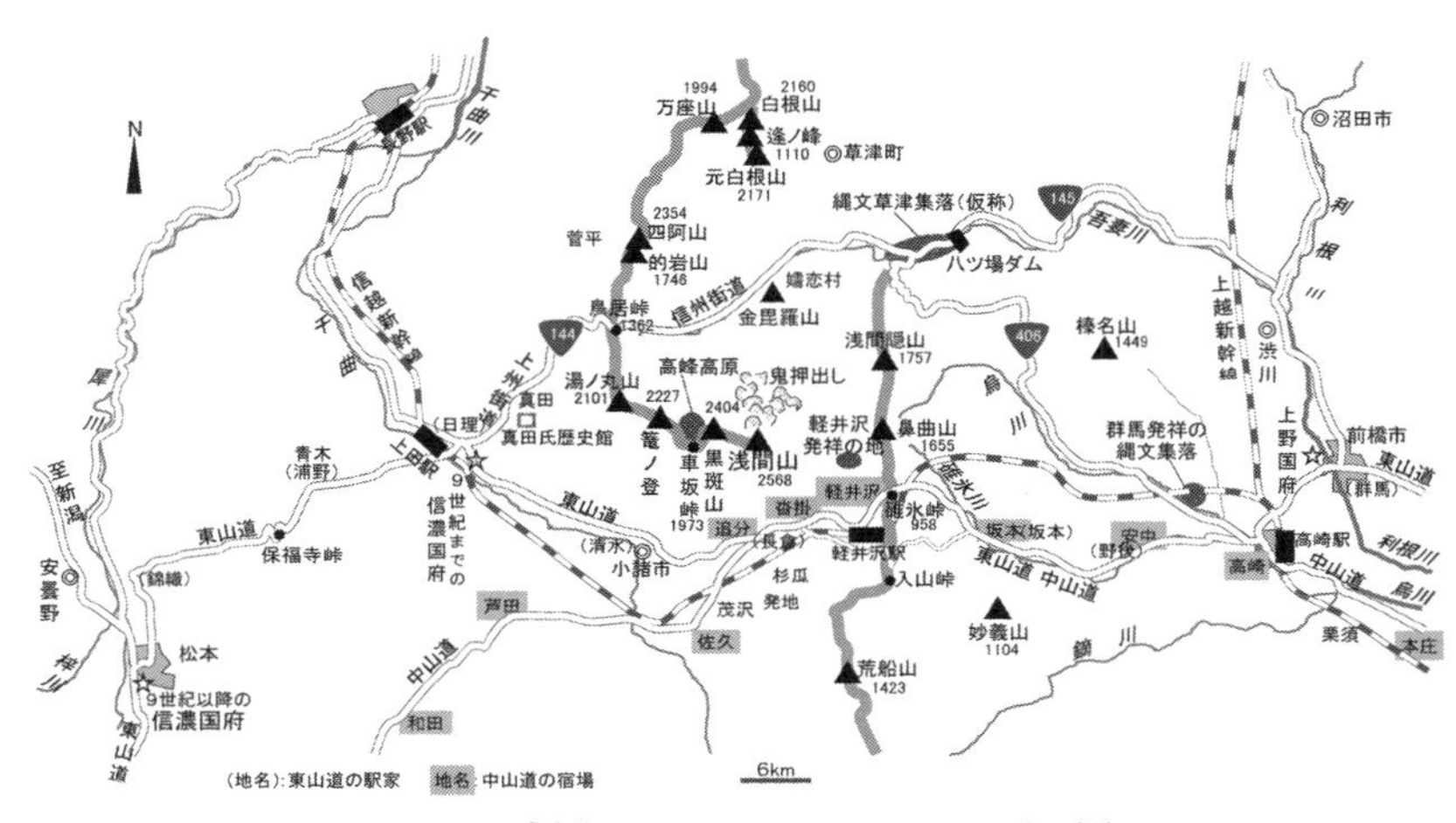

図6−1　東山道に設けられた駅家(うまや)および中山道に設けられた宿場(しゅくば)　他

小諸、軽井沢を通って碓氷峠を越えて群馬県に入ります。入山峠からは古墳時代の旅人の遺物が発見されていて、こちらも街道として使用されたようです。

東山道の時代、軽井沢付近には信濃十六牧(まき)の一つである長倉牧が拓かれ、駅家(うまや)「長倉」が置かれました。「長倉」の地名は今も存在します。しかし、この時点では「軽井沢」の名は歴史に登場しません。この付近一帯は信濃国佐久群であり、「和名抄」にも佐久群の中に「軽井沢」の郷名は見当たりません。駅家「長倉」の次が碓氷峠を越えた「坂本」であり、「軽井沢」は通過点でしかなかったのです。

江戸時代になると江戸日本橋を起点とする五街道が、東海道、日光街道、奥州街道、中山道、甲州街道の順に整備され、街道には目印として一里塚を築き、一定間隔に宿場が設けられます。図6-1には中山道とそこの宿場を網掛けの地名で示しました。

中山道と東山道はほとんど一致している街道であると考えていたのですが、長野県内では諏訪の辺りで両街道が交差するだけで、一致する部分はこの図で示した追分～碓氷峠間のわずかな距離だけであると初めて知りました。

認識不足はともかく、図示した区間における中山道の宿場の数は実際にはこの2倍近くあり、東山道の駅家の数を遥かに上回ります。東山道の駅家は急ぎの役人や武人が移動するための馬を置くことを目的とした施設であったのに対し、中山道の宿場は徒歩の旅人や参勤交代の大名行列のための休息宿泊施設であった、その違いが現れています。

浅間山の麓には軽井沢、沓掛、追分の三つの宿場が設けられます。「浅間根腰の三宿(あさまねごしのさんじゅく)」と呼ばれ、峠越えの宿場として栄えました。「軽井沢」とは旧軽井沢付近にあったごく限られた地域の名称であったようで、宿場の設置に伴って初めて歴史に登場します。

今、「軽井沢」は非常に広い面積を有し、高級別荘地、避暑地、ゴルフ場、温泉などの行楽地として多くの人が集まる場所になっています。現状に至るまでの軽井沢を、観光協会のホームページなどを参照しながら、もう少し眺めてみます。

「浅間根腰の三宿」が宿場として栄えた一方、この地区は高地寒冷地のため、アワ、ヒエ等の雑穀物が主な生産物であり、そのうえ冷害や浅間山の噴火被害によって、農民の生活は困窮しました。生産物からの収入は少なく、大名行列や善光寺詣りなどの旅人たちの落とす路銀が大きな収入源だったようです。

明治になると、参勤交代はなくなり、街道を往来する旅人も少なくなり、隆盛であった宿場も寂しくなります。そして、新道(現在の国道旧18号線)や鉄道(上野~直江津間)の開通によって、足を留める人はますます少なくなり、「浅間根腰の三宿」は衰退します。

しかし、新道や鉄道の開通は新しい軽井沢を蘇らせました。明治19年、軽井沢を訪れたイギリス人宣教師のアレキサンダー・クロフト・ショーは、故郷を紡彿させるすばらしい自然に感動して、「森の中の屋根のない病院」と軽井沢を称え、自ら休養保養を目的とする山荘を構えるとともに、軽井沢の魅力を内外の知人に紹介したのです。

それ以後、次々と別荘が建ち、明治中期には西洋式のホテルが登場し、宿場としての役割に替わって別荘地帯としての地位を確立し、現在に至っています。


それでは縄文時代の軽井沢はどのようだったのでしょう。

縄文時代前期（7000～5500年前）のものと考えられる土器がJR信濃追分駅南方の茂沢川流域から発掘されています。また、この付近では縄文中期～後期（5500～3300年前）にかけての茂沢南石堂の住居跡も発見されています。環状に並んだ石組みの墓地も発見されており、学会はじめ各方面から広く注目されたようです。この時期の土器、石器などの遺物は、茂沢地区以外にも南軽井沢のゴルフ場が集中する杉瓜・発地地区、中軽井沢駅から北に上がった千ヶ滝地区さらに旧軽井沢付近などからも出土しています。

これらの遺跡に住んだ縄文の人たちが旧軽井沢付近を「クルウスイ」と呼んだのでしょう。意味は「神がいるところ」で、「神」とはもちろん浅間山の「神」です。

このようなことを調べつつ、「kur us-i クルウスイ」の文字を何気なく眺めているとき、「us-i ウスイ」は北海道・東北では「usi ウシ」と発音されていたことを思い出し、「kur us-i」を「kurusi」と表記し、声を出してローマ字式に発音してみました。「クルシ」になります。「クルシ」は頭の中で直ぐに「カラス」に転訛し、それは烏川の「からす」につながりました。またまた意外な展開です。

烏川は利根川の支流の一つで、図3-1（47ページ）に示すように浅間山の麓を水源とし榛名山（はるなさん）の南裾を通り、高崎市の南西側を流れ下った後に利根川に合流します。「からす」が名称になった由来や経緯はわからず、もっときれいな鳥の名前を使えば良いのにとつねづね思っていました。

現存する駅名とか地名で鳥の名称を用いた例として「鶯谷」や「ひばりヶ丘」などが思い浮かびます。いずれも声のきれいな可愛らしい鳥です。烏川とは奇異な名称と思えるのですが、昔からの名称であって、流域の人たちにとっては馴染み深い、愛着のある川なのです。

群馬県には烏川のほかに吾妻川、碓氷川、鏑川などの利根川の支流があり、これらの川は皆、水源地付近の地名が川名になっています。順に吾妻郡、碓氷郡、甘楽郡（鏑川の「かぶら」は「かんら」から転訛）です。利根川自身も水源である利根郡の利根が川名です。烏川の水源は群馬郡にあるので、群馬川であれば他と同じになって説明は容易なのですが、3章で説明したように、烏川の支流には車川があり、「くるま」はすでに川名として使われています。というわけで、烏川だけが付近の地名に関係のない川名になっているのです。このことも以前より私にとって謎でした。

図6-1にも「烏川」や他の川の位置を示しました。浅間山の東麓に鼻曲山から浅間隠山へと南北に連なる標高1600m前後の山々があります。浅間山は2568mなので1000mほど低い山です。「烏川」の水源はこの山の東側にあり、川筋を浅間山方向へ延長すると旧軽井沢付近に至ります。「烏川」は縄文の人たちが「クルウスイ」と呼んだ方向から流れ出る川であると認識できます。吾妻川、碓氷川、鏑川などと同様に、「烏川」もまた水源付近の地名が川の名称になっているのです。

「クルウスイ」の場所は旧軽井沢付近としましたが、さらに地域を限定するならば、「烏川」の川筋を精度よく延長した旧軽井沢の北側になります。図6-1に「軽井沢発祥の地」として記入しました。

藤岡市内の高崎市に近いところに栗須という古い地名があります。かつては烏川と神流川の氾濫原の中州であったと想定される場所であり、付近には縄文の遺跡が多く存在します。この「くりす」も「kurusi クルシ」が転訛した地名ではないかと思っています。ここに暮した縄文の人たちが、川の名称と共に、この場所も「クルシ」と呼んだのでしょう。「クルシ」は「からす」とも「くりす」とも転訛したのです。

少し寄り道をします。南海の楽園「ハワイ」の言葉の意味をご存知でしょうか。資料6-1によると、ポリネシア語で「神のおわすところ」との意味だそうです。「クルウスイ」と全く同じ意味です。ハワイ諸島も火山島であり、この島の住人は火山を畏怖畏敬し、このように呼んだのでしょう。「軽井沢」と「ハワイ」、火山を有し、観光の人気スポットという共通点があり、しかも地名の意味までも全く同じであるとは、これまた意外です。ハワイ諸島に人が住むようになったのは4~8世紀とされますので、縄文時代に比較するとはるかに新しい時代になります。


意外な展開から、「かるいさわ」の語源は「クルウスイ」になりました。「烏川」の存在はそのことの傍証になります。また、「ハワイ」と「軽井沢」の言葉の意味が同じになることも、「かるいさわ」の語源として「クルウスイ」は正解であるとの気持ちを強くさせてくれます。

これらの探索を行っているとき、長野県安曇野にも「烏川」があることを知ります。この「からす」の名称も同じ状況で付けられたとするならば、こちらの「烏川」の上流方向にも語源となる「クルウスイ」の縄文地名があるはずです。14章で詳しく記述します。

7章　富士山の神はなぜ「あさま」か？ なぜ「木花開耶姫」と同一神か？

富士山の謎

富士山、その崇高さ秀麗さは私たちを魅了します。古くから霊峰富士として慕われ、信仰の対象であり、絵画や詩歌の題材ともされてきました。２０１３年には世界文化遺産に登録されました。しかし、その歴史において、山名「ふじ」の由来や富士山の神が「あさま」であることなど、私たちの知らない、あるいは解決されていない幾つかの謎が残されています。本章は、「ふじ」「あさま」の語源を明らかにすることによって、謎の解明に迫ります。

富士山は現役の活火山です。直近の大噴火は、宝永4年（１７０７）、南東斜面に発生した「富士山宝永噴火」です。11月23日に始まった噴火は16日間断続的に続き、噴出した火山礫や火山灰は１００㎞以上離れた房総半島にまで達しました。中腹に新たにできたコブのような山が宝永山です。このように、富士山は噴火によって山の形状を変えてきました。縄文時代はどのような形状だったのでしょう。

富士山の周辺で火山活動が始まったのは数百万年前です。そして、約70万年前には北にある小御岳（こみたけ）と南にある愛鷹山（あしたかやま）の活動が活発になり、二つの大きな活火山が南北に並んでいました。現在、小御岳の頭部が富士スバルラインの終点に当たる富士山北斜面5合目（標高2300m）付近に露頭し、そこに小御岳神社が建てられています。その後、この火山活動は暫らく休止し、約10万年前から小御岳の南にある別な噴火口が活発になり、新たな活動期に入ります。この活動で形成された山を古富士火山と呼びます。古富士火山は爆発的な噴火が特徴で、大量のスコリア・火山灰や溶岩を噴出し、主に南関東に大量な火山灰を降らせ、堆積した火山灰の厚さは数m、場所によっては10m以上にもなりました。これが風化し、茶褐色の粘土状になった土を関東ロームと称し、東京、立川などの台地を形成しています。

約1万1000年前より新富士火山活動が始まり、爆発的な噴火からさらさらとした溶岩を流出する火山活動に変わり2000～3000年続きます。その後しばらく火山活動を休止しますが、約4500年前から同じ火口で火山活動を再開し、標高約3000mに達します。現在の富士山の原型となる成層火山を創り、標高約3000mに達します。

（なお）

3200年前までの1300年間、噴火を繰り返しながら高さを増してゆきます。それ以降、山頂からの噴火はなく、宝永噴火のような中腹での噴火が数回あり、現在に至っています。

したがって、縄文時代の富士山は標高3000m付近から、さらに高さを増し続ける成長する山ではありましたが、現在と同じように形の整った成層火山であったと理解できます。

静岡県富士宮市に「富士山本宮浅間大社（ふじさんほんぐうせんげんたいしゃ）」（以下、「浅間大社」と略称）があります。

由緒によると、11代垂仁天皇の3年が「浅間大社」の起源とされます。富士山の神を祀るのは浅間大社であって、全国に約1300ある浅間神社の総本宮になります。敷地は広大で、富士山八合目より上の部分も登山道と旧富士山測候所以外は境内であって、山頂にも社殿が建っています。

主祭神は富士山を神格化した「浅間大神（あさまのおおかみ）」で、この神名は「木花之佐久夜毘売命（このはなさくやびめのみこと）」（「木花咲耶姫命」「木花開耶姫命」とも書く）の別称であって、両者は同一神とされます。「木花之佐久夜毘売命」は父神が大山祇神（おおやまづみのかみ）、姉神が磐長姫命（いわながひめのみこと）であって、天照大神（あまてらすおおみかみ）の孫である瓊々杵尊（ににぎのみこと）の皇后になり、この夫婦神の曾孫が神武天皇になるという由緒ある姫神です。

「木花之佐久夜毘売命」は懐妊した際、貞節を疑われたことに対し誓約を立て、火を放った産屋で無事出産して嫌疑を晴らしたとの伝説にちなみ、火の神とされますが、「浅間大社」では富士山の噴火を鎮める水の神として祀ります。その他にも、家庭円満・安産・火除け、さらには航海・漁業・農業・機織等の守護神として日本の各地で祀られるという、非常に多忙な姫神でもあります。

このように「木花之佐久夜毘売命」は神話の世界では著名な姫神であり、その出自を始め、種々のエピソードに事欠きません。しかし、同一神とされるもう一方の「浅間大神」に関しては、富士山を神格化した神とはするものの、詳細は何も語られません。同一神であるから、片方だけを説明すればこと足れりとするならば、「木花之佐久夜毘売命」だけを祀り、神社名も「浅間神社」ではなく「木花神社」とか、「富士神社」にした方が紛らわしくないと考えますが、現実はそのようになっていません。やはり、「浅間大神」は存在しなければならない大きな理由があるに違いないのです。

社伝によると、「浅間大神」を最初に祀ったのは特定の地ではなく、富士山麓の適所を選んで噴火の神霊を鎮めるための祭祀を行い、そこを「山足（やまたり）の地」と呼びました。特定の場所に祀るようになったのは、「浅間大社」の北方約6㎞にある「山宮浅間神社（やまみやせんげんじんじゃ）」です。12代景行天皇の皇子日本武尊（やまとたけるのみこと）が東征に向かう途中、駿河国で賊に襲われ、富士山の神である「浅間大神」を祈念して災難を免れたことに感謝し、神霊を山宮に祀ったと伝えられています。

山宮は社殿がなく、しめ縄を張った古木と石が並んでいるだけですが、そこを通して富士山を直接お祀りする古代祭祀の原形を残す神社です。現在の山宮の祭神は「木花之佐久夜毘売」の名を残すだけです。その後、大同元年（806）に坂上田村麿が平城天皇の勅命を奉じて現在の地に社殿を造営し、山宮から「浅間大神」を遷座したのが「浅間大社」の始まりとされます。

「浅間大社」と「山宮浅間神社」は世界文化遺産「富士山」の構成資産として登録されました。登録された「浅間神社」は全部で八つあり、他の六つの神社の由来や「浅間」の読み方、主祭神などを調べてみました。

・「北口本宮富士浅間（せんげん）神社」。山梨県富士吉田市にあります。由緒によると日本武尊が東征に向かう途中、「大塚丘」から富士山を見て、山容を褒めたたえたことから「浅間大神」と日本武尊を祀り、神社の起源となりました。その後、富士山の噴火を契機に延暦7年（788）に現在の地に社殿を建立して「浅間大神」を遷座したとあります。現在、同神社のホームページに書かれている祭神は「浅間大神」が上に書かれ、下に木花開耶姫命、彦火瓊々杵尊（ひこほににぎのみこと）、大山祇神（おおやまづみのかみ）の三神が併記されています。

・「河口浅間（あさま）神社」。河口湖北畔にあって、文化遺産として登録された浅間神社の中では「浅間」を「あさま」と読む唯一の神社です。貞観6年（867）、富士山が大噴火を起こしたときに、勅命によって浅間大神をお祀りしました。主祭神は「浅間大神（木花開耶姫命）」です。

・「村山浅間（せんげん）神社」。富士宮市で「浅間大社」の近くにあって、興法寺の境内にあった浅間神社と大日堂が明治の神仏分離令によって分離独立しました。興法寺周辺や西国の富士山修験道の中心になった神社で、祭神は複数あり「木花開耶媛命」が中座に祀られています。

・「富士御室浅間（せんげん）神社」。河口湖南畔にあって武田家三代に亘って尊崇された神社です。699

年に富士山二合目に神霊を祀ったのが始まりであり、大同2年（807）に坂上田村麿が蝦夷征伐のお礼として社殿を創建したとされます。祭神は「木花開耶姫命」です。

・「須山浅間（せんげん）神社」。富士山南東麓の静岡県裾野市にあって杉の巨木で覆われ、須山口登山道の起点となる神社です。創祀は日本武尊に遡り、富士山の活動が活発であった九世紀頃に社殿は創建されたであろうとしますが、棟札により1524年時点での存在は確認されています。主祭神は「木花開耶姫命」です。

・「富士浅間（せんげん）神社」。「須走浅間神社」「東口本宮富士浅間神社」ともいわれました。由緒は、延暦21年（802）の富士山噴火の際に、朝廷の役人が鎮火の祈願祭を行ったところ噴火が収まったので、その神威を畏（かしこ）み、大同2年（807）に鎮火祭跡地である現在の地に神をお祀りしたことが、神社の創建と伝えられます。主祭神は「木花咲耶姫命」です。

山梨、静岡を中心にして約1300社ある「浅間神社」のうち、8神社についてのみ記しましたが、他の多くの神社も主祭神は、木花開耶姫命（以下本書ではこの書き方に統一）、夫神である瓊々杵尊（ににぎのみこと）、父神である大山祇神（おおやまづみ）、姉神である磐長姫命（いわながひめ）などです。「浅間大社」に問い合わせたところ、どの神を祀るかはそれぞれの神社の事情によって異なる、との説明でした。それでも、「浅間大神」を祭神として掲げる神社は前記した「富士山本宮浅間大社」「北口本宮富士浅間神社」「河口浅間神社」の3社だけです。「浅間大神」はたくさんある浅間神社の中でステイタスシンボル的な存在なのかもしれません。また、ほとんどの神社は「浅間」と書いて「せんげん」と読み、「あさま」と読むのは「河口浅間神社」の1社だけです。「ふじ」の漢字も「富士」「冨士」が使われています。

これらのことから、富士山の謎をもう少し具体的に整理すると次のようになります。

① 山名「ふじ」の言葉の意味・由来が不明であること
② 富士山の神が「あさま」であること
③ 「あさま神」が「木花開耶姫命」と同一神とされること
④ 「あさま神」と浅間山の「あさま」との関係が不明であること
⑤ 「あさま神」を祀る神社でありながら「浅間」と書いて「せんげん」と読むこと

調べると、⑤の理由ははっきりしています。

富士講の開祖とされる藤原角行（かくぎょう）（1541~1648）が苦行の結果として「不二仙元大日神（ふじせんげんだいにちしん）」より宣託を授かったとの伝承に始まり、以来、講中では「仙元（せんげん）」の文字の使用を踏襲する者が多くなりました。富士講とは富士山を信仰する団体で、特に江戸を中心とした関東で流行した角行の系譜のものをいい、組織されるのは1736年であって、その後多くの講が生まれ盛んになり、「江戸は広くて八百八町、講は多くて八百八講。江戸に旗本八万騎、江戸に講中八万人」といわれるほどになりました。「仙元」が流布し、世間でも多くの人が「センゲン」「おセンゲン」「センゲンさま」というようになり、「あさま」より「せんげん」の方が一般には通じやすく、「せんげん神社」と称するようになったとのことです。

「せんげん」の呼称は比較的新しく、昔からの呼称は神名、神社名ともに「あさま」なのです。

「せんげん」の謎が解けると、残りは四つです。この謎を解くために、「あさま」を山名とする「浅間山」から「あさま」の語源を明らかにし、「富士山」の「あさま神」との関連性を探ります。

「あさま」とは

「あさま」の語源説は幾つかあります。火山を表す古いアイヌ語であって、阿蘇山の「あそ」も同様であるとする説。アイヌ語「asam アサム」を「底なし」の意味とし、浅間山が噴火することによって噴火口の中の底が無くなるようになるために名付けられたとする説（資料7−1）。有力とする説はありませんが、火山に関係する言葉であるとの解釈はほぼ定着しています。

知里Ⅰや山田Ⅰには、火山につながるアイヌ語で「アサマ」や「アソ」に近い言葉は見当たりません。また、アイヌ語「asam」に「底」との意味はありますが「底なし」の意味はありません。いずれの説も、アイヌ語に語源を求めていますし、本書もアイヌ語（縄文語）による語源探しなので、その点では共通します。アイヌ語に「a あ（あー）」があり、意味は「座（ってい）る」です。また、「sam サム」があり、意味は「そば（側、傍）、隣」です。「a sam アーサム」で「隣（側）に座っている」の意味になり、この「アーサム」が「あさま」の語源であると考えています。

「底」の意味の「アサム」も、「アーサム　隣に座っている」から派生したようで、知里Ⅰは次のように記します。

asam アサム　底、（湾・入江・沼・洞窟などの）奥。［＜a-sam か?、a（座る）sam（側）、―壺など座っている側が底になるので、そこからきたか］

本書が「あさま」の語源とする「アーサム」は、それだけでは「誰」があるいは「何」が「隣に座っている」のか分かりません。肝心な主語がないのです。省略してもそれと通じる語、畏れ多い語は省略する傾向がアイヌには習慣としてあります。この習慣は縄文以来ずっと受け継がれているものです。

「軽井沢」の語源は「クルウスイ」であって意味は「神がいるところ」と説明したように、縄文の人たちは浅間山を畏怖畏敬し、そこに「クル　神」を見ています。省略された言葉はこの「クル」であると考えました。すなわち「アーサム」の主語が省略される前の言葉は「クルアサム」であって、意味は「神が隣に座っている」となります。

縄文の人達にとって浅間山は「神が隣に座っている」、そのような存在だったのです。「軽井沢」と「浅間」の二つの名称で「山は神が隣に座っている存在であって、その神がいるところが軽井沢」という一つの物語を構成します。ですから、この二つの地名山名は偶然に並んだのではなく、あるべくして並んでいるという確かな理由があったということになります。

古神道では神が鎮座する山、あるいは神が隠れ住まう森を「神奈備（かんなび）」と称します。その原点となる思想が「クルアサム」「クルウスイ」の二つの言葉の中にあり、縄文の基本的な宗教観が後世の「神奈備」思想に受け継がれたと考えられます。

「クルアサム」の「クル」が省略されて「アサム」となった言葉は、そのまま山の呼称になりました。時を経て、意味が分からなくなった「アサム」が「あさま」に転訛し、山の名称として定着したのです。「あさま」に「浅間」と訓読みの漢字を当てるのは、さらに時代が下がって漢字を自在に使えるようになってからです。

浅間山の近辺に住んだ縄文の人たちは、噴火という自然の圧倒的なパワーに神を見て、この山を「クルアサム」と称しました。もっと身近な神たとえば祖霊を祀る山を「クルアサム」と称しても、「神が隣に座っている」という言葉の意味からすれば、何の不自然さもありません。各地には大小たくさんの浅間山があり、火山でない山もあります。身近な「クルアサム」が多く存在したためと思われます。

「浅間」の字を使用しない「あさま」もあります。伊勢神宮の近くあって古くからの信仰の山「朝熊（あさま）山」もそのひとつです。「あさくま」が語源であるとして、いくつかの由来説があります。古語で川の浅瀬を「浅隈」というそうですが、この「浅隈」を語源とする説。この地を訪れた空海の前に、朝方に熊が、夕方に虚空菩薩が現れたという伝説による説。などがあります。これらの説より「クルアサム　神が隣に座っている」の方が信仰の山としては、はるかにふさわしくないでしょうか。

九州の「あそ（阿蘇）」も「あさま」の変形です。阿蘇山周辺には地名「久留米（くるめ）」「球磨（くま）」があり、3章で説明したように、それぞれの語源は「クルネ」とそれが訛った「クンネ」でした。「クル」に関連した地名が並んでいるのは、「阿蘇山」が「クルアサム　神が隣に座っている」、そのような存在だったからです。「アサム」が「あそ」に転訛したのです。

浅間山の麓にはその神を祀る「浅間神社」があります。富士山の神を祀る神社も「浅間神社」であり、紛らわしいので浅間山の神社を「あさま神社」と記します。縄文の人たちは神が隣に座っている浅間山に向かい、噴火をしないよう山の平穏を祈りました。そこがこの「あさま神社」の場所と考えます。ならば「あさま神社」の祭神は「あさま神」であろうと推測して、その祭神を調べました。

ＪＲ信濃追分駅の近く、中山道の直ぐ北側、それほど広くない敷地に「あさま神社」はあります。由緒によると、浅間山山頂近くに古くからの「あさま神社」があり、そこは参拝が容易でないため追分の地に遷座したもので、今の本殿が建てられたのは応永年間（１３９４～１４２７）とあります。祭神は、浅間山を御神体とするものの、「大山祇神（おおやまづみ）」と「磐長姫神（いわながひめ）」すなわち「木花開耶姫命」の父神と姉神です。この祭神から判断すると「あさま神社」は「富士山本宮浅間大社」や「北口本宮富士浅間神社」など富士山に関係する大きな神社の摂末社的な位置づけなのでしょう。

ここまでの「あさま」についての記述の経緯から、「あさま神社」は富士山の「浅間神社」とは関係ないと考えていただけに、この祭神は私にとって意外というより〔浅間山としてのプライドは何処にあるのか〕と腹立たしくさえありました。本家筋になる山頂近くの「あさま神社」の祭神を確認せねばなりません。神社の立地環境の調査も兼ね、現地へ出かけることにしました。

浅間山の西側、外輪山との間に「湯の平」と称する窪地状の平原が広がります。標高約２０００ｍです。平原の南端は外輪山の一角が崩落して外に向かって開けた状態にあって「湯の平」への入口となり、その一角に「あさま神社」があります。上信越自動車道を小諸インターで降り、チェリーパークラインを高峰高原に向かう途中で右に折れ、４㎞ほど進むと天狗温泉の看板が掛かる浅間山荘の駐車場に到着します。標高１４１０ｍです。念のため書き添えますが、この浅間山荘はかつて連合赤軍事件で世間を騒がせた浅間山荘とは全く別なものです。浅間山登山の出発点であり、身支度を整え、縄文の人たちも使ったであろう山道を蛇掘川に沿って山頂に向かって登ります。自然木を組み合わせて作った一の鳥居、二の鳥居をくぐり、自然の景観を楽しみながらコースタイム２時間ほどの道を３時間近くかけて歩くと「あさま神社」に到着です。標高約１９００ｍ。追分の「あさま神社」の標高が約１０００ｍですので、その差は９００ｍにもなります。

「あさま神社」は間口、奥行きが５ｍほどの祠で、浅間山を背にしていますが、周りの木々や岩に遮られて山頂は見えません。祠はそれほど古くはなく、何度か建替えられているのでしょう。山頂を目指す人は神

写真７－１　浅間山山頂付近の「あさま神社」（2012.7.16 筆者撮影）

写真７－２　あさま神社の祭神（2012.7.16 筆者撮影）

社の直前を左折しなければならないので、必ず神社を参拝することになります。私も参拝し、神社と周辺を観察した後、山頂に向かいました。

写真7-2に示すように、神社正面に置かれた賽銭箱には、真ん中に大きく浅間山大神、左右に少し小さく羽黒山大神、前掛山大神と三つの神の名が書かれています。追分の「あさま神社」にはなかった「あさま神」が「浅間山大神」となって祀られていました。

浅間山は１１０８年の天仁大噴火の時に山頂付近に小規模なカルデラが形成され、その外輪山が今の前掛山です。この前掛山が前掛山大神となって祀られています。また、浅間山とは関係ない「羽黒山大神」が一緒に祀られているのは、出羽三山（羽黒山、夢殿山、月山）の山岳修験に関係する人たちが祠を建て、これらの神を祀ったからではないでしょうか。

修験道は役行者（えんのぎょうじゃ）（役小角）を開祖とし奈良時代に成立しましたが、羽黒派修験が盛んになるのは平安末期～鎌倉時代（１１００～１３００年頃）です。祠が最初に建てられたのがその時代であったとしたら、富士山の「浅間大神」が史書に登場する８５０年頃よりずっと後になります。すなわち浅間山の神を祀るために祠を建てたとき、富士山には「浅間大神」がすでに存在していたことになります。そのため浅間山の神には「浅間山大神」と名付け、富士山の「浅間大神」との違いを明確にしたと考えられます。

そもそも、縄文の人たちが浅間山に抱いていたのは「神が隣に座っている」という抽象概念であって、「アサム」という神名はなかったはずです。この場所は祠を造るまでは木と石を組み合わせた原始的な縄文以来の祭場であり、人々はここから「神が隣に座っている」と考える山に向かって噴火に対する平穏を祈りました。祠を造ったために、中に祀る神が必要になったのですが、すでに富士山には「浅間大神」と称する神が祀られているため、「浅間山大神」の名称を新たに創り祀ったのです。

ここを縄文以来の浅間山平穏祈願のための祭場とするならば、ここに参拝した縄文の人たちはどこに住んでいたのでしょう。浅間山の南方には二つの縄文集落群があります。

一つは軽井沢地区の縄文集落で、ＪＲ信濃追分駅南の茂沢・発地や中軽井沢駅から北に上がった千ヶ滝付近さらに旧軽井沢付近などです。これらの住人は浅間山の南中腹にある石尊山の裾を浅間山に向かって登り、外輪山の南端にある剣ヶ峰の裾を回り天狗の露地と呼ばれる山道を通って「あさま神社」の地に至ったと思われます。

もう一つは小諸地区の縄文集落群です。上信越自動車道の工事の際に発掘された岩下遺跡、郷土遺跡、三田原遺跡群、石上遺跡群などがあり、多くの縄文住居跡が確認されています（資料7-2）。未発見の遺跡もまだ残されているようです。ここの住人は蛇掘川に沿い、浅間山荘の地を経て、私と同じ道を通って「あさま神社」の地まで登ったのです。

富士山の神「浅間大神（あさまのおおかみ）」の「あさま」の語源も「アサム」です。縄文時代、富士山も「クルアサム　神が隣に座っている」、そのような存在でした。周辺に住む人達は噴火・降灰・溶岩流に畏怖する一方、崇高秀麗な山容に圧倒されます。これら畏怖畏敬の気持ちが「クルアサム」となります。富士山に向かい、山が平穏であることを祈り、またその崇高秀麗さを畏敬して祀り事を行います。対象は「神が隣に座っている」と考える山であって、「アサム」という神名はなかったはず、という点では浅間山と全く同じです。

時を経て、意味が分からなくなった「アサム」が「あさま」と転訛し、神の概念として土地の人々の間に定着していったのです。

このような語源を有する「あさま」であるならば、他の多くの浅間山と同じように、富士山の名称も「あさま」であってよいはずです。しかし、山名は「ふじ」です。なぜ「ふじ」なのでしょう。「ふじ」の語源も探らねばなりません。

「ふじ」とは

「ふじ」の語源について、井野辺茂雄は著書「富士の歴史」（資料7–3）の中で、Hの古代音がPであったことから昔は「ぷじ」と発音したに相違ないとし、平田篤胤の説をはじめ五つほど紹介し、最終的にはアイヌ語「Hunchi フンチ」が語源であるとするバチェラー説を支持します。そして、次のような注文を付けます。

然れどもHの古代音がPであったとすれば、アイヌ語の所謂 Hunchi もまた、やはりもとはP音であったであらう。此點に於て博士の所説は、説明が足りない様に思ふ。且アイヌ語を以て地名を説明することは、カナリ危険を伴うて居るから、一概に之を受け入れることもできないけれども、将来更に権威ある学説が出ざる限り、余は暫くバチェラー氏の説に従うて置く。（資料7–3 p.124.125）

その他の山名由来説としては、「二つとない、並ぶものがない」との意味から「不二あるいは不尽」、兵士を大勢連れて山に登ったことから「士に富む」で「富士」となった、などがありますが、これらは山名由来というより「ふじ」に当てた漢字に対する説明かも知れません。「ふじ」とは長い山の斜面をあらわす大和言葉である、との説もあるようです。

富士山の歴史研究において、資料7-3はこれ以上に優れたものはないといわれるほど評価の高い著書です。そこでバチェラー説が支持されているためでしょうか、その後の「ふじ」の語源説については、バチェラー説を引用する事例が多いようです。

バチェラーはイギリス人宣教師であって、夫婦で北海道に長く住みアイヌの娘を養女にするなど、アイヌのよき理解者でした。ただ、知里真志保はバチェラーのアイヌ語に関する辞書を全く評価しません。というより、このような著書がアイヌ語による地名解釈の信頼性を損ねていると厳しく批判しています。

ここで書かれた「Hunchi」を知里真志保は「huchi」と記しますが全く同じ言葉です。アイヌ語「huchi フチ」は「祖母・老婆」の意味であって、バチェラーはそれを拡大解釈して「先祖崇拝」さらには「火の女神」とし、「ふじ」の語源であると説明します。

アイヌはかつて竪穴式住居に住み、それを大型にした倉庫を集落で共有しました。竪穴式住居とは地面を1m程掘り下げ、その上部を葦(よし)や萱(かや)などの草によって屋根状に覆った原始的な建物で、横から眺めると三角形の屋根が地上に直接に乗ったような形になります。

そして、そのように形の整った三角形の山を「pu-ne sir プネシㇽ」と呼びました。「pu プ」は「倉」の意味であり、「ne ネ」は名詞に付いて動詞化し、日本語へは「のような」と訳します。「sir シㇽ」は「山、陸」

ですので、「プネシㇽ」は「倉庫のような（形をした）山」の意味となります。

知里Ⅰで「pu」を検索すると、例文として「pu-ne sir」が記されていますので、アイヌでは通常的に使用された言葉であると理解できます。

縄文の復元模型に見るように、当時の住居は竪穴式住居であり、倉庫の基本はやはり大型の竪穴式建物であったと思われます。そして、当時の人にとっても三角形のように形の整った山は「プネシㇽ」であり、それを簡略化して「プシㇽ」と呼んだのでしょう。富士山はどの方向から眺めても美しくみごとな三角形の山です。「シㇽ」の「ㇽ」は無声の子音ですので、「プシㇽ」は「プシ」と聞こえます。「プシ」が「ふじ」へと転訛したのです。すなわち、「ふじ」の語源は「プシㇽ」なのです。

井野辺茂雄は資料7-3で「ふじ」とは「ぷじ」の転訛であるはずだと指摘しました。本書における語源探索の結果は「プシㇽ」であり、ほとんど指摘のとおりです。指摘は卓見であったと感心すると同時に、「プシㇽ」に対してどのような感想を抱くかを聞いてみたい気持ちに駆られます。

全国には大小たくさんの「ふじ」が存在します。富士山から借用した「ふじ」もあるでしょう。それだけではなく、それぞれの土地に住んだ縄文の人たちが近くにある三角形のように形の整った山を「プシㇽ」と呼んでいたからではないでしょうか。

「あさま」「ふじ」の語源が明らかになりました。富士山麓で暮らした縄文の人たちは、畏怖畏敬の対象としては富士山を「アサㇺ」と呼び、外見上の姿からは「プシㇽ」と呼んだのです。時代が下がって人も環境も変わり、「アサㇺ」「プシㇽ」は「あさま」「ふじ」と転訛し、語源が持ったもともとの言葉の意味がわからなくなります。しかし、その心情的な意味は人々の間に受け継がれ、「あさま」が神の概念として、「ふじ」

が山名として定着したのです。

ここまでで富士山の謎①②④⑤は解けました。残りは③の富士山の「あさま神」が「木花開耶姫命」と同一神とされることとです。

「浅間大神」と「木花咲耶姫」が同一神とされる理由

有史以降になると、「ふじ」は山名としていろいろな漢字を用いて登場し、「あさま」は「浅間神」という具体的な神の名前で登場します。その様子を史書や他の文献類から覗いてみます。参考にしたのは資料7-3、7-4、7-5、7-6です。

山名「ふじ」の名称が初めて文献に現れるのは713年編纂とされる『常陸風土記』に記された「福慈岳」です。

『万葉集』に撰録され、皆によく知られる山部赤人（やまべのあかひと）の歌もあります。

《田子（たこ）の浦ゆ打ち出（いで）て見れば真白にそ富士の高嶺に雪は降りける》（万葉・三・三一八）

原文：田兒之浦従 打出而見者 真白衣 不盡能高嶺尓 雪波零家留

原文では「不盡」と書かれます。山部赤人の没年が736年頃ですので、奈良時代初期の作品と考えられ、当時すでに「ふじ」は山名として定着していたと理解できます。

「富士山」として登場するのは『続日本紀』（796年編纂）の天應元年（781）条が最初です。次いで都良香（みやこのよしか）（834～879）による『富士山記』に記された「富士山」があり、その後、『日本三大実録』（9

01年編纂）では貞観6年（864）の記録として「富士山大山」があります。

このように奈良時代の初期（700年代の初め）から山名「ふじ」は登場しますが、これを日本最古の文献『古事記』『日本書紀』で見ると、『日本書紀』には「不盡河」との記述だけがあり、『古事記』には「ふじ」についての記述は全くありません。『常陸風土記』に記された「福慈岳」は風土記を書くために都から常陸に下った役人が旅の途中で「ふじ」を見聞した際の記述であろうとされ、山部赤人が「不盡」を歌っているのは彼が旅をする宮廷歌人だから「ふじ」を知ることができたとされます。奈良時代初期、「ふじ」は地元においては古くから馴染みのある山であっても、都の人にとっては未開拓な東国にある山であって、あまり認識されていませんでした。

神名でも『常陸風土記』の「福慈神」が最初です。次いで、『日本文徳天皇実録』（879年編纂）仁寿3年（853）条の「浅間神」「浅間大神」、『日本三大実録』（901年編纂）貞観元年（859）条の「浅間神」、同貞観6年（864）条の「浅間大神大山」「浅間明神」、その後『富士山記』の「浅間大神」と続きます。「浅間神社」の登場は『延喜式神名帳』（927年編纂）が最初です。このように富士山の神が具体的な「浅間神」となって歴史に登場するのは850年頃になります。

このころの富士山は活発な火山活動期にあって、大きな噴火を繰り返していました。記録に残された主な噴火を見てみましょう。

天應元年（781）：富士山麓の草木が降灰で枯れたとの記録（続日本紀）

延暦19～21年（800～802）：延暦の大噴火、大きな火柱・大規模な噴石・降灰、噴石により足柄峠を一時閉鎖し箱根路を迂回路として使用

826年　　　　　　　　　　　　　　　　：「富士山焼ル也」の記録
貞観6〜8年（864〜866）：貞観の大噴火（多量な溶岩が流出して青木ケ原を創り、富士五湖のうちの本栖湖・精進湖・西湖がほぼ現在の形となった）

ちなみに、先の東日本大震災のときと同規模な大津波に襲われたとされる貞観地震の発生は貞観11年（869）ですので、貞観大噴火の3年後です。大規模な自然災害が続いた時代でした。

世界文化遺産の構成資産として登録された浅間神社が社殿を創建したとする年代を見ると、「富士山本宮浅間大社」が大同元年（806）、「北口本宮冨士浅間神社」が延暦7年（788）、「河口浅間神社」が貞観6年（864）、「冨士御室浅間神社」が大同2年（807）、「須山浅間神社」が9世紀頃、「富士浅間神社」が大同2年（807）です。多少の前後はありますが、富士山の火山活動期に重なります。

大和朝廷は威信にかけて富士山の火山活動を鎮撫させたかったのでしょう。それが複数の社殿の創建につながったのです。創建の理由は各神社によって微妙な違いはありますが、由緒に坂上田村麻呂や朝廷の役人が出てくるところに朝廷の意志が伺えます。

「富士山本宮浅間大社」や「北口本宮冨士浅間神社」の由緒では山宮や大塚丘に祀ってあった「浅間大神」を新装なった社殿に遷座したとあり、「浅間大神」は以前から存在していたかのように説明しますが、山宮や大塚丘は「神が隣に座っている」山に向かって直接祈るための祭場であり、祈る対象の富士山は目の前に鎮座しています。祭場にわざわざ神を祀る必要はありません。したがって、「あさま」という神名もこの時まではなかったはずです。あるのは縄文以来受け継がれている「神が隣に座っている」との概念上の「あさま」です。

社殿を建てれば、中に祀る神が必要になります。その神は、縄文以来この土地の人々の間に受け継がれてきた山の神の概念「あさま」以外にありません。「浅間神」あるいは「浅間大神」という具体的な神名で新しい社殿に祀られるようになったのです。「浅間神」あるいは「浅間大神」が誕生したのはこのときです。

ところで、「木花開耶姫命」は「浅間大神」と同一神とされますが、「あさま」が縄文に遡るならば、二つの神は全く関係ない存在であるはずです。「木花開耶姫命」はなぜ同一神とされねばならなかったのでしょう。また、それは何時だったのでしょう。

「木花開耶姫命」は前述した史書には全く登場しません。資料7−6によると、富士山との関係における「木花開耶姫命」の文献への初登場は慶長19年（1614）の『集雲和尚遺稿』であって、「浅間神社」の祭神は「木花開耶姫命」であると明示されているとあり、その時代は慶長年間からさらに前の時代へ遡りうると記します。そして、「浅間大神」と同一神になった理由を次のように説明します。

平安の「富士山記」が語るように、山頂で乙女が舞う姿を望見したといい、祭神を女性に想定する考えがずっと伏流してきた事実を見逃してはならないだろう。それは、そのまま原始的な自然崇拝から次第に人格神崇拝に変化する民族的信仰を示すものであり、また、神仏混淆など伝統的神祇思想の変革の長い歴史の変遷として受け止めるべきであろう。その集約ないし共通項がコノハナサクヤ姫であり、浅間神社なのであった。（資料7−6 p.14）

この文中にある「富士山記」の中の一文が次です。

仰ぎて山の峯を観るに、白衣の美女二人有り、山の巓の上に雙び舞ふ。巓を去ること一尺餘、土人共に見きと、古老傳へて云ふ。（日本古典文學大系「懐風藻　文華秀麗集　本朝文粋」岩波書店より）

富士山頂で舞う白衣の美女二人は昔から土地の人たちの間に語り継がれた伝承である、との意味であって、富士山の神を女性に想定する潜在的な考え方を伺い知ることができます。富士山頂で舞う二人は縄文時代にまで遡る美女かも知れません。

資料7-6は同一神になった理由を前記のように説明しますが、「浅間神」は大和朝廷が夷族とする人たちの間に永く受け継がれてきた「あさま」に原点があるとの視点に立つと、全く異なる当時の現実が見えてきます。

縄文人は大和朝廷が同化しようとしている民族あるいは夷族として排除している民族の先祖であって、蝦夷とは東方に逃れた夷族です。坂上田村麻呂が蝦夷を討ったアテルイの戦いが802年でした。この時点で大和朝廷による東北までの平定は一応完結しますが、蝦夷対策に敏感な時代は続きます。

『日本文徳天皇実録』（879年編纂）に次の文があります。（資料7-4）

仁寿三年七月、壬寅、（十三日）特加二駿河国浅間大神従三位一

「浅間大神」が史上に初めて登場した文であって、「浅間大神」に神階従三位を特別に授ける、との内容です。6年後の貞観元年（859）には正三位に格上げされます。

神階とは神社に祀られている神に対して朝廷が与える位であって、当時の正三位とは相当に高い位であったようです。富士山の噴火を鎮めるとの神意を高めるため、朝廷は「あさま神」に高い神階を授けたかったに違いありません。

しかし、蝦夷対策に敏感になっている時代背景もあり、夷族とする人たちの間で受け継がれてきた「あさま」が祭神では高い神階を授けられません。富士山の神は女性との潜在的な考えもあったため、朝廷ゆかりの神「木花開耶姫命」を主祭神にしようとしました。かといって地元に昔から受け継がれてきた「あさま」は外せません。そこで「浅間大神」と「木花開耶姫命」をセットにして高い神階を与えたのです。

同一神とはしたものの、主体は「浅間大神」であり、そのため「木花開耶姫命」は史書や文献になかなか登場しなかったのです。その後の武家社会においては朝廷ゆかりの神はますます影が薄く、江戸期後半は「センゲン」「おセンゲン」「センゲンさま」であり、明治の天皇親政を契機に「木花開耶姫命」が表に出てきたのではないでしょうか。

縄文時代から受け継いだ名称の神を朝廷ゆかりの神に置き換えて主祭神として祀った神社の事例が長野県の安曇野や四国にもあります。このことについては後の章で述べます。

8章　横浜にもある「浅間」と「軽井沢」

仲間と旧街道歩きを楽しんでいます。東京日本橋から京都三条大橋までの旧東海道を3年ほどかけて完歩しました。今は旧中山道を東京日本橋に向けて歩いています。

旧東海道歩きの3回目のことです。その日はJR新子安駅からのスタートでした。神奈川宿を過ぎ横浜駅付近を通過してほどなく街道の右側に広さがテニスコート2、3面ほどの公園がありました。横浜駅の西約1km位のところです。公園入口の標石には「軽井沢公園」と刻まれていました。この「軽井沢」から「神がいるところ」という意味の「クルウスイ」がとっさに脳裏をかすめました。この場所に「神」を畏怖畏敬する縄文の人たちが生活していたということになります。しかし、「軽井沢公園」がこの場所にある、というだけで縄文の「クルウスイ」に結びつけるには余りにも唐突です。〔何かの縁で長野県の「軽井沢」の名称を借用して名付けた公園であろう〕と勝手に解釈し、街道歩きの先を急ぎました。付近の電柱に書かれた町名は「南軽井沢」とあります。

「南軽井沢」があれば「北軽井沢」もあるかな、などと思いながら数百m進むと、旧東海道は県道13号横浜生田線と交差します。軽井沢公園の手前から旧東海道の右側すなわち北側は高さ20～30mほどの崖が続き、県道13号を北に折れると崖を切り通す坂道になっていて、1kmほど先には各種の運動競技場を備えた三ツ沢公園があります。歩きの旅は県道13号を横切って進みます。

間もなく、右崖上の平地になったところに神社が見えてきました。由緒沿革の看板が崖下の街道脇に掲げられ、「浅間神社」、主祭神は「木花咲耶姫命」とあり、富士山に関係する神社と書いてあります。神社は1080年に源頼朝によって修復されたとあり、その真偽はともかくそれなりの歴史を有する神社のようです。道行く人に「浅間」の読み方を尋ねると「せんげん」と教えてくれました。この辺りの電柱に書かれた町名は「南軽井沢」から「浅間町」に変わっていて、この読み方も「せんげん」と教えてくれました。「せんげん」とは江戸中期以降の呼び方ですので、この神社もかつては「あさま神社」だったはずです。この「あさま」からも「神が隣に座っている」との意味の「クㇽアサㇺ」を思い起こしました。

わずか数百mの距離を隔てて「軽井沢」と「浅間」が並んでいる事実は、あるべくして並んでいると説明した長野県の「軽井沢」「浅間山」と重なり、見過ごすわけにはいかなくなりました。

長野県の「軽井沢」「浅間山」の場合、縄文の人たちが浅間山を畏怖畏敬しそこに「神」を見、結果として、この二つの地名で【山は神が隣に座っているところが軽井沢】との物語を構成しました。横浜の「軽井沢」と「浅間」が縄文に遡るとしたら、同じような物語にならねばなりません。〔どこに「神」がいたのか?〕、〔どのような「神」なのか?〕、〔その「神」を信奉した人たちはどこにいたのか?〕、〔浅間神社の由来は由緒にあるように富士山浅間神社の摂末社なのか?〕、などの問い掛けが頭の中を巡ります。

街道歩きの仲間たちは私がこんなことを考えて遅れているとは知る由がありません。どんどん先を歩いて行きます。見通しは不明ながらも、時間をかけて検討すれば縄文が見えるかもしれない、との期待を宿題として仲間を追いかけました。保土ヶ谷宿を過ぎ、戸塚宿までがこの日の行程でした。

「あさま」「かるいさわ」の語源はそれぞれ「クㇽアサㇺ　神が隣に座っている」「クㇽウㇲイ　神がいるところ」

と判明しています。本章は、横浜にある浅間神社の「あさま」、軽井沢公園の「かるいさわ」の語源もそれぞれに「クㇽアサㇺ」「クㇽウㇲイ」であることを検証する作業になります。降って湧いたような「あさま」「かるいさわ」であり、これをうまく説明できれば、それぞれの語源探索結果の信頼性を高めることにもなります。

横浜地区の地形や地歴の調査から開始です。

横浜周辺の地形は広い平野ではなく、全体としては多摩丘陵の中にあって標高20~70ｍの台地が直接に海に面しているのが特徴です。したがって、海岸線は段丘とそれに並行する幅の狭い平地になり、川が海に注ぐところはその川が台地を切り開き、河口に小さな三角州的な平地を創ります。現在の「浅間神社」「軽井沢公園」の辺りは、背後が段丘の崖地で、前面は海に向かったゆるい傾斜地となり、さらにその先が平地となる地形です。昔は前面の傾斜地から平地にかけての部分は海でしたが、西から流れ込む帷子（かたびら）川が運んだ土砂の堆積や埋め立てによって平地となり、今は傾斜地、平地とも建物が密集している状況です。帷子川は以前に、「はまちゃん」と名付けられ地元で親しまれたアザラシが現れたことで知られます。

縄文時代、この辺りの地形はどのようだったのでしょう。横浜市環境創造局ホームページ（２０１６年２月13日現在）に「縄文の海のようす」として約６０００年前の海岸地形が示されています。約６０００年前は縄文前期に相当し、「縄文海進によって海水面は現在より数ｍ高く、縄文発展期で定住化が進み、大規模な集落が各地で形成され、多くの貝塚が作られた」、このような時代です。ホームページに示された海岸地形の一部を切り取り、「浅間神社」「軽井沢公園」などの場所を書き加えたものが図8-1です。深く入り込んだ東京湾の先端が古帷子（かたびら）湾であり、「浅間神社」「軽井沢公園」はその古帷子湾の波打ち際にあることがわかります。図8-1には旧東海道を一点鎖線で、「横浜駅」を■で書き入れました。旧東海道は段丘の裾とな

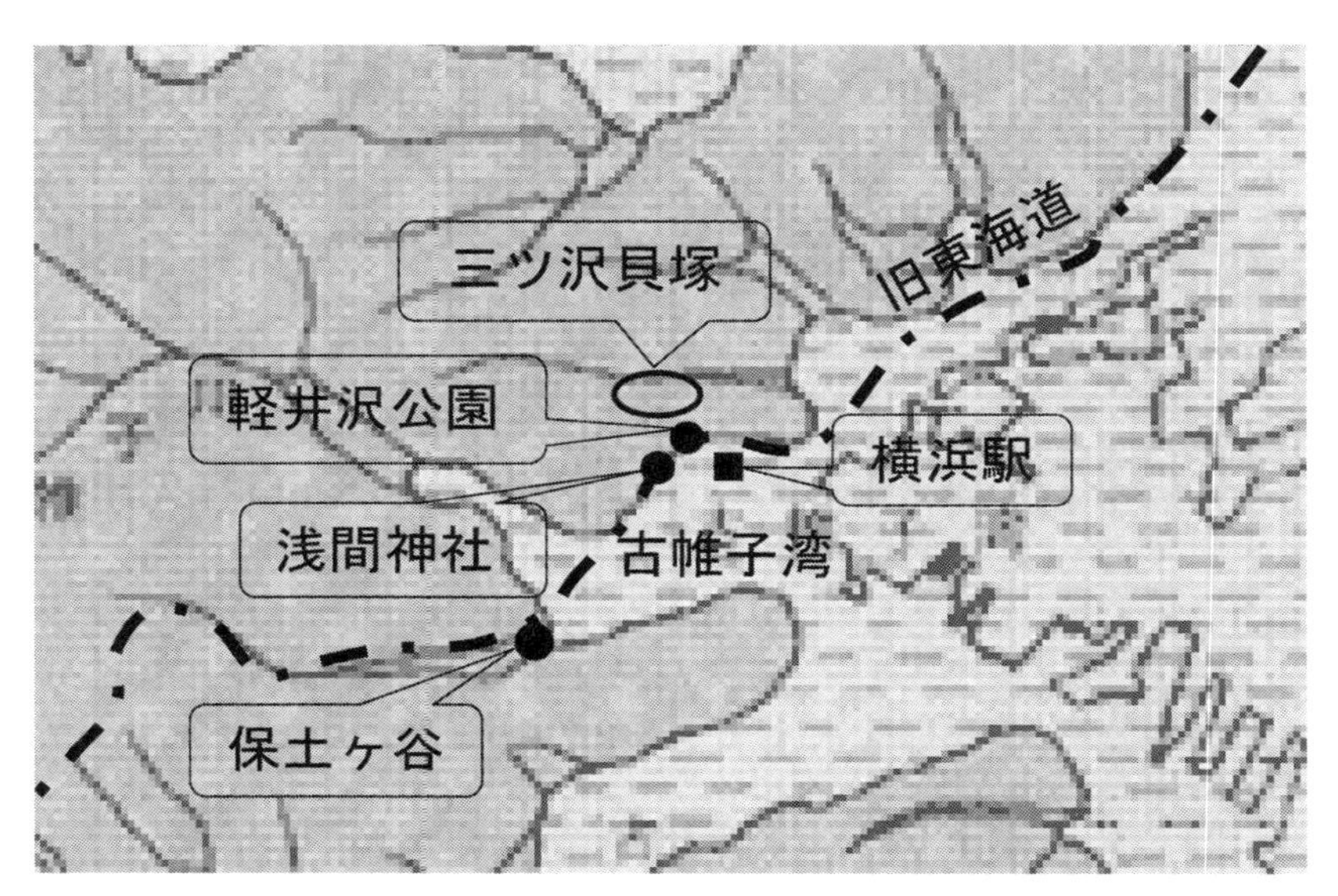

図８－１　縄文海進時の横浜駅付近の海岸線（横浜市ホームページの図に筆者加筆）

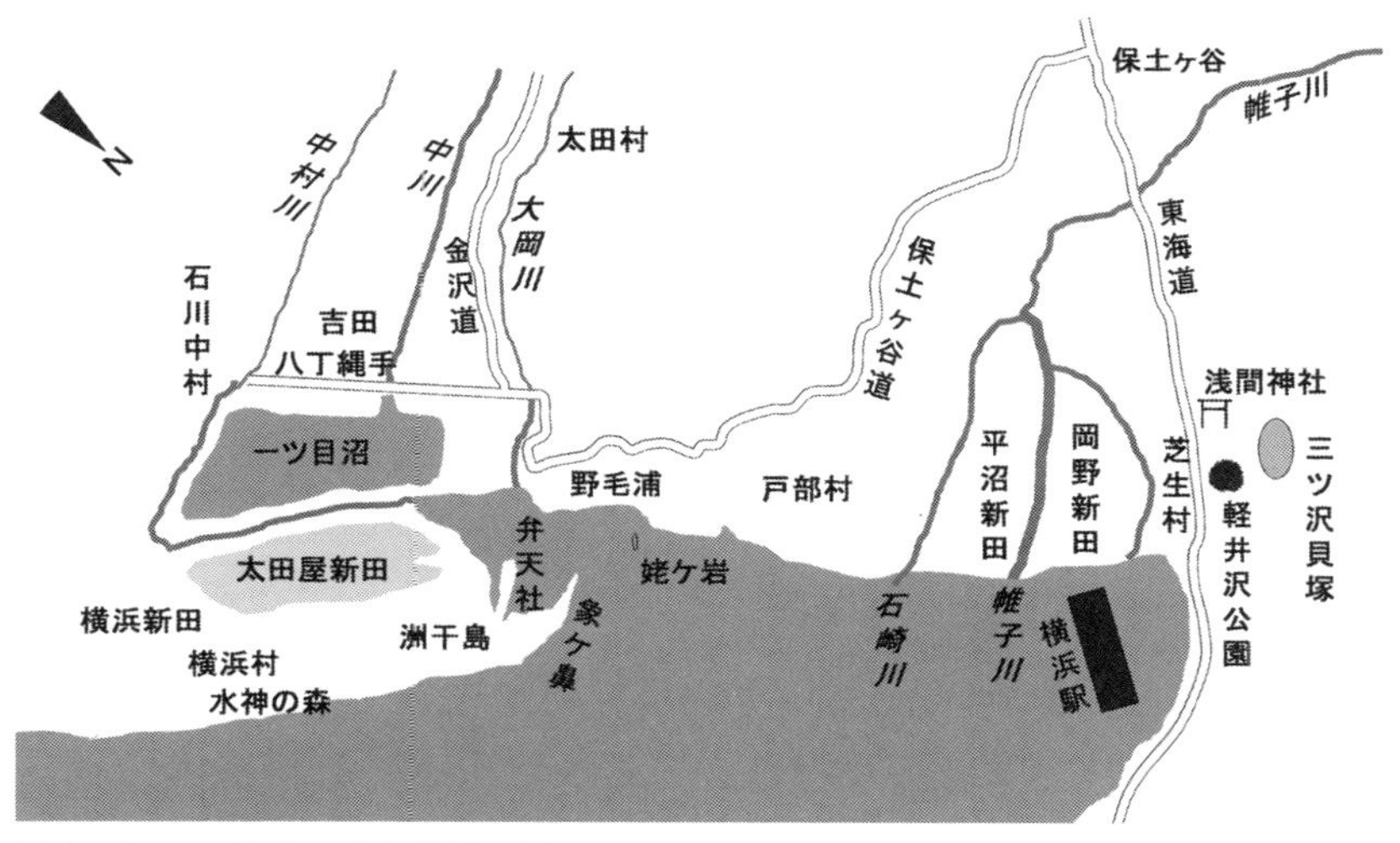

図８－２　1858 年ころの横浜（資料８－１　図説・横浜の歴史　より）

る海岸に沿って通り、横浜駅は海の中にあります。

江戸時代末期、横浜が外国船用の港として開港する直前（１８５８年頃）の横浜付近の図が資料８‐１に示されています。その図をトレースし、「浅間神社」「軽井沢公園」「横浜駅」などを書き加えたものが図８‐２です。図は上が北ではないので、図8‐1と対応するには回転して見なければなりません。この時点では「浅間神社」や「軽井沢公園」の目の前に開けていたかつての海はなくなり、陸地になっていることがわかります。縄文海進後の海水位の低下、帷子川など周辺河川が運ぶ土砂の堆積などによって、海岸線が前進した結果です。岡野新田や平沼新田は江戸時代の埋め立て造成地かもしれません。図の左下、横浜新田から弁天社にかけての一帯がかつての横浜村、今の桜木町から伊勢佐木町であって、その沖合が現在の横浜港です。横浜駅はまだ入江の中にあります。「浅間神社」や「軽井沢公園」付近は芝生村と書かれています。この地域の古い呼称であって、「芝生」と書いて「しぼう」と読みます。

旧東海道を歩いた数ヶ月後の初夏、この地を再び訪れました。目的は現地調査と横浜市歴史博物館での資料調査です。

「軽井沢公園」は町中にある普通の公園で、人が木陰で休んだり、読書をしたりする姿が見られます。「軽井沢」の地名については、長野県の軽井沢とは関係なく、古くからの地名である、と公園にいた人が教えてくれました。周辺を見て歩くと、公園の旧東海道と反対側、段丘崖の直下に寺院とその墓地がありました。１５９５年に開山したといわれる「勧行寺（かんぎょうじ）」です。この付近の崖地は平面的な出入りが多く、勧行寺は崖地が入り込んだ部分にすっぽりと収まるように位置し、正面からは墓地とその隣に鉄筋コンクリート造の寺院が見えます。地図によって寺院の裏側には崖との間に池があると判明します。

勧行寺裏の崖の上は階段状の宅地として造成され、多くの住宅が建っています。道路は整備され、降雨は直ちに側溝などで排水処理される設備が整っているので、雨水が地表や地中に留まる状況にはありません。しかし、かつては木々が茂り、地表も自然のままの状態にあって、雨水は木々や地中に保水されたであろうことは十分に想像できます。勧行寺が開山したとされる1595年頃、さらに昔を遡れば、崖の裾は地中などに保たれた水が清水となって湧き、静寂・清浄であったと推定するに充分な環境を備えています。寺院の裏手にある池がそれを語っているように思えます。

崖上の宅地の町名が「北軽井沢」でした。「軽井沢公園」の周辺すなわち崖下が「南軽井沢」であって、町名「軽井沢」は見当たりません。そして、この付近の昔の呼称は芝生（しぼう）村であって、軽井沢村は存在しません。このことから「軽井沢」とは大きな広がりを有する地域の名称ではなく、ごく限られた地域の名称であると考えられます。その限られた地域が「勧行寺」および「軽井沢公園」付近ではないでしょうか。さらに狭めるならば寺院の裏手にある池を中心にした地点が想定されます。縄文時代、この付近を「クルウスイ　神がいるところ」と呼んだとすれば、それにふさわしい環境を有した場所です。

しかし、肝心な「クル　神」の存在がはっきりしなければ「クルウスイ」の地名が意味をなしません。「浅間神社」を手掛かりに「神」を探しに出かけましょう。

「浅間神社」は源頼朝が承歴4年（1080）に修築、創紀したと由緒は書きますが、資料8-2は伝説と口承が入り混じって縁起は明確でない、と記します。縁起は不明でも祭神は「木花開耶姫命」であり、今は間違いなく富士山ゆかりの神社です。

富士講が盛んであった江戸中期以降に創建した「浅間神社」はたくさんあり、富士山を直接見ることのできない神社もあります。この場合は付近にある小山や人が土を盛り上げた山を富士山に見立て、それを富士山信仰の対象としたようです。一方、富士講が盛んになる以前の富士山ゆかりの古い「浅間神社」は富士山を直接見通せる場所に立地するのが一般的であると認識しています。ここ横浜の「浅間神社」は富士講以前の神社であるにもかかわらず富士山を見ることができません。境内西側の一部が開けていて旧東海道の反対側を見通せるのですが、さらに西側にある別な丘陵が視界を遮り、やはり富士山は望めません。神社の向きにも特長があります。富士山を背にするでも、正面に据えるでもない方角を向いています。旧東海道に対し直交する方向、すなわち縄文時代の海岸線に正対しているのです。時代の変遷を経ても、縄文時代からの因習が受け継がれ現在の神社の向きになっているのではないでしょうか。であるとすれば、「浅間神社」の場所はかつて「海の神」を祀る場所であった可能性が高くなります。「軽井沢公園」と同様、縄文への期待が膨らんできました。

「浅間神社」の場所には、歴史を語る大事なもう一つのものがあることを「横浜市歴史博物館」での資料調査によって知ります。

神社が建つ段丘斜面部には横穴墓が群集していました。墓は古墳時代のものとされ、縄文時代の遺物・遺構は発見されていません。写真8−1は資料8−2に掲載されている横穴墓群であり、神社は写真上部に写っている柵の左奥に位置します。安全上の配慮から、すべての穴は塞がれ、現在は見ることが出来ません。

横穴墓の存在は、これが作られた時点におけるいくつかの歴史的な事実を暗示します。一つはこの周辺では古くから人々が生活していたこと。二つは、墓に伴う儀式の場として「浅間神社」の場所が何らかの宗教的な性格を有していた可能性があること。三つは、縄文海進の時代には眼前にあった海岸線が暴風時においても崖が波に洗われない程度に遠退いていること。

写真８－１ 浅間神社が建つ段丘斜面部にある横穴墓（資料８－２より）

「軽井沢公園」「浅間神社」一帯の古称は「芝生村（しぼう）」でした。明治34年、村が横浜市に編入される際、「しぼう」は「死亡」につながるとして、「浅間（せんげん）神社」に因（ちな）んで「浅間（せんげん）町」に改称したそうです。「しぼう」も古い地名であって「浅間」「軽井沢」に次いで縄文の言葉を語源とするかもしれません。そうならば、本章が検証しようとしていることの強力な助っ人的な存在になります。「しぼう」の語源がカギになりそうなので、それを探ることにします。

図８－１の縄文海進時における海岸線に注目します。「軽井沢公園」「浅間神社」の前は東京湾が深く入り込んだ古帷子湾です。この地形を念頭に「しぼう」の語源をアイヌ語に求めます。b音はアイヌ語にはありませんのでpまたはh音に置き換えます。それほど時間をかけることなく二つの言葉に考え至りました。一つは「si po シポ」です。「si シ」は「大きい」、「po ぽ」は「子」ですので、「シポ」で「大きな子供」の意味となります。地形にはそぐわない言葉のように思えます。もう一つは

「si ho シホ」です。「si シ」は「大きい」、「ho」は「女性器」ですので、「シホ」で「大きな女性器」の意味になります。不謹慎、と思われるかも知れませんが、アイヌでは自然の物を擬人化して表現すると説明しました。縄文時代から受け継がれた基本的な考え方です。「川口」を意味する「オ」も本来の意味は「陰部」であり、「オ」「ホ」両方の表現がされたのです。

資料8-5を検索すると、「オ」「ホ」の派生語の中に「入江、湾」の意味がありました。「シホ」に考え至る背景として、この言葉には「入江、湾」のような意味を期待していたので、資料8-5の記述は強い後ろ盾を得た思いです。ただし、知里ⅠⅡ、山田Ⅰも、他のアイヌ語のいずれの資料を調べても、「シホ」についての記述は全くありません。「入江、湾」の意味を確認するため「しぼう」地名の他事例を探ることにしました。

徳島県阿波市土成町吉田に「椎ヶ丸～芝生（しぼう）遺跡」があります。遺跡の調査結果は資料8-6に詳細に記されています。立地の異なる椎ヶ丸地区と芝生地区の2地点で構成され、椎ヶ丸地区は吉野川の支流である宮川内谷川によって浸食形成された標高約90mの段丘上に位置し、徳島県下最大級の旧石器遺跡です。芝生地区はこの段丘崖にそって西から東に向かって開けた標高約70mの小規模な谷の中に位置し、弥生時代の遺物が出土した遺跡です。

注目点は出土物の種類ではなく、時代の古さと「しぼう」の地名・地形です。時代は旧石器まで遡り、芝生地区の地形は「段丘崖にそって西から東に向かって開けた谷の中」と報告します。図8-3が資料8-6から転載した芝生地区の遺構配置図です。報告書の説明にあるように東に向かって開けた遺跡です。標高約70mであり縄文海進の時代に戻ったとしても海にはなりませんので、陸中にある「入江、湾」状の地形になります。この「しぼう」の語源も「シホ」で説明できそうです。

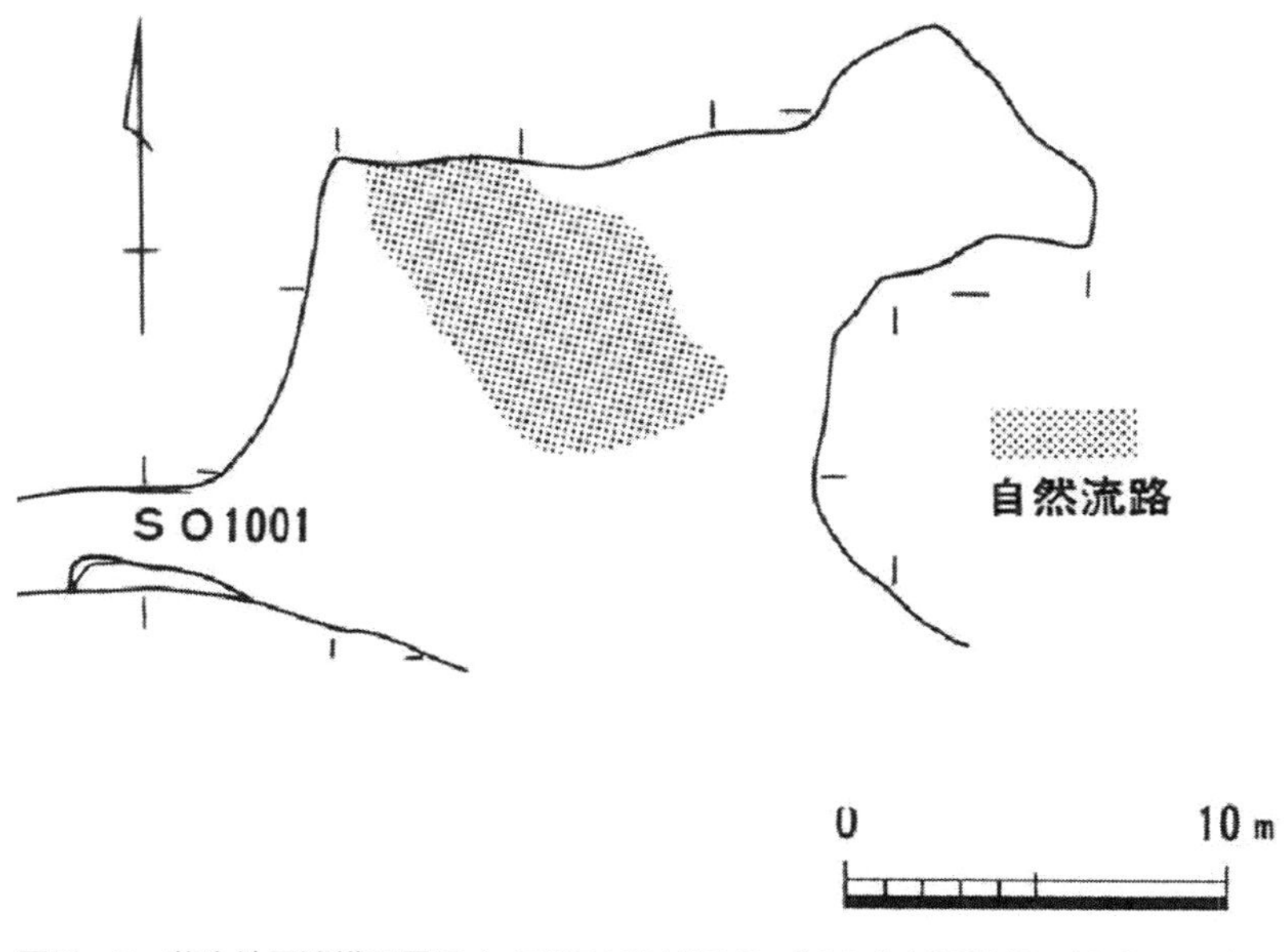

図８－３　芝生地区遺構配置図（四国縦貫自動車道建設に伴う埋蔵文化財発掘調査報告６より）

別な「しぼう」もあります。大阪府高槻市芝生町です。琵琶湖を出た源流は瀬田川、宇治川、淀川と名を変え南西に流れ下って大阪湾に注ぎます。その淀川沿いで大阪湾から30㎞ほど入った大阪平野の京都寄りに奥まった位置に高槻市があります。淀川の北側を川と並行するように走るＪＲ東海道本線に高槻駅があり、芝生町は駅と淀川のほぼ中間点にあります。地区内には芝生小学校、芝生保育園、芝生図書館など「芝生」と付く施設がたくさんあります。

縄文海進が最も進んだ頃の大阪湾を覗いてみましょう。大阪平野は海岸線が深く入り込み、大きな湾を形成していました。河内湾と呼びます。『アーバンクボタ』№16（資料8-7）に「河内湾Ⅰの時代〈約7000年～6000年前・縄文時代前期前半〉」として当時の海岸線が示されています。大阪平野で実施したたくさんのボーリングから採取した土の試料に含まれる貝殻を分析して海岸線を書き入れたとありますので、確度の高い図と判断できます。湾内の地層からクジラの骨が発見されたとも報告します。

この図に高槻市芝生町の位置などを書き加えたものが図8‐4です。芝生町は河内湾の入江部分に位置します。芝生町の北側には2万年前の旧石器時代から奈良・平安時代に至るまでの「郡家今城遺跡」（資料8‐8）があります。地域内には継体天皇（6世紀前半）の墓とされる今城塚古墳もあります。また、「郡家今城遺跡」の西側には芥川を挟んで縄文〜鎌倉時代の「芥川遺跡」もあります。それぞれの位置も図8‐4に示しました。これらの遺跡に住んだ縄文の人たちが河内湾で漁をしたのでしょう。クジラも獲ったかも知れません。彼らが眼前に開ける入江を「シホ」と呼んだのです。転訛し地名「しぼう」となって、現在に受け継がれています。地名の意味と地形が見事に合致します。

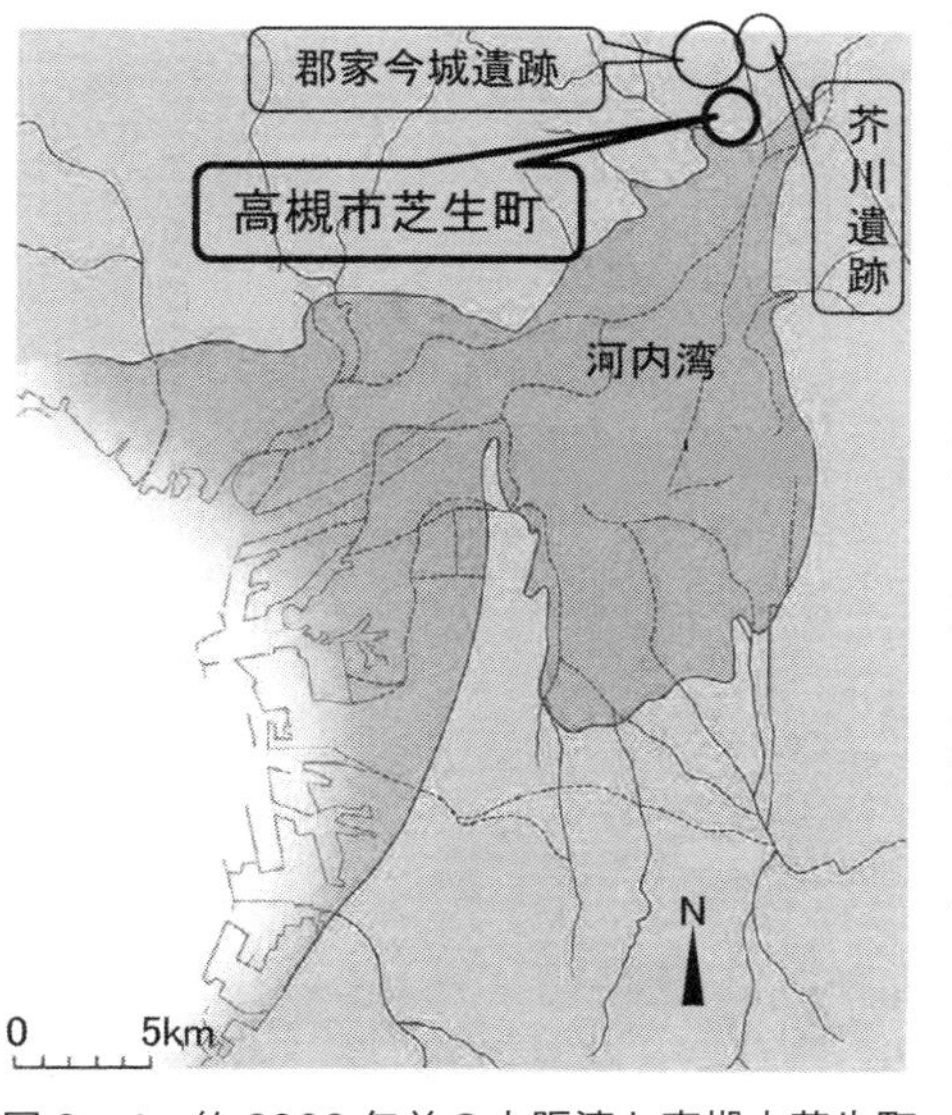

図8－4　約6000年前の大阪湾と高槻市芝生町の位置（『アーバンクボタ』№16の図に加筆）

もう一つの「しぼう」があります。こちらは「しぼう」ではなく「シボ」で、尾瀬にあります。

図2‐1（21ページ）を参照ください。尾瀬ヶ原で集めた水は只見川となって流れ下ります。流域で三条の滝の下流に渋沢温泉小屋があります。燧ケ岳を源頭とする「渋沢」という名の沢がこの場所で只見川に合流しているところから、小屋の名が付けられたと思われますが、この沢は地図によって名称が異なります。私が持つ「尾瀬」と表記された山歩き用の地図は「渋沢」と書きますが、国土地理院の地図は「シボ沢」です。只見川に近い

下流部を「渋沢」、源頭に近い上流部を「シボ沢」と書く地図もあります。「シボッ沢」もあります。昔からの名称は「シボ沢」あるいは「シボッ沢」であって、近年になってから馴染みがあり似た発音をする「渋沢」が使われるようになったと思われます。温泉小屋は馴染みのある名称を採用して渋沢温泉小屋としたのでしょう。

図2-1にはこの部分における標高差50mの等高線を破線で示しました。「シボ沢」は袋状に入り込んだ谷地形の中心を流れています。詳細な地形はきちんとした地図で確認してください。きれいな入江状の地形をしています。2章で説明したように、尾瀬ヶ原には縄文の人たちが出入りしました。彼らはこの入江状の地形を「シホ」と呼んだのです。時代が下がり「シボ」と転訛し、そこを流れる沢が「シボ沢」になったのです。ここも「シホ」の意味と地形が見事に合致します。

横浜市、徳島県、高槻市の「芝生」、また、尾瀬の「シボ」のそれぞれにおける地形から「しぼう」の語源は、縄文の言葉「シホ」であると確信できます。意味は「入江・湾」です。現在のアイヌ語にはなく、死語になっていると思われる言葉です。

「芝生」の「しぼう」がこのように説明できれば、「保土ヶ谷」の「ほと」の語源についても同様に説明できます。「保土ヶ谷」は図8-1に見るように、縄文海進の頃は古帷子湾を挟んで「浅間神社」や「軽井沢公園」の対岸にありました。ここも入江に面しています。

「ほと」の語源は縄文語「ホト」になります。「ホ」は女性器、「ト」は「沼、湖」の意味ですがここでは「海」の意味として使われます。したがって「ホト」の直訳は「女性器の海」になりますが、意味するところは「シホ」と同じ「入江・湾」です。古書などで「女陰」と書いて「ほと」と読ませるのは縄文語の意味がそのまま受け継がれているからです。「女陰」の「ほと」は、「保土ヶ谷」の「ほと」と語源が同じだったのです。「シホ」と同様に、現在のアイヌ語では死語になっている言葉です。

横浜市の「浅間神社」や「軽井沢公園」の近くに住んだ縄文の人たちは、目の前に広がる入江を「シホ」と呼び、魚貝など海からの恵みを受ける人たちでした。恵みの海、ときには荒れ狂う海に彼らは「神」を見ました。その神が「クルアサム　神が隣に座っている」です。恵みに感謝し、海の平穏を祈願し、海の犠牲になった人を悼むため「神」に祈りを捧げました。その祭場も「クルアサム」であり、そこが「浅間神社」の場所です。そして、近くに静寂・清浄な「クルウスイ　神がいる所」を求めました。そこが「軽井沢公園」の場所です。長野県の「浅間山」「軽井沢」の場合と全く同じ発想です。ただ、対象が山であるか、海であるかの大きな違いがあります。

それでは横浜の「シホ」と呼ぶ入江の海から恵み受け、海の神を祀った縄文の人たちは何処にいたのでしょう。周辺に縄文の遺跡を探しました。「三ツ沢貝塚」がありました。横浜市神奈川区沢渡（さわたり）、三ツ沢東町、三ツ沢南町にまたがり、東西約６００ｍ、南北約３００ｍの広がりを有する地域で、標高約30ｍの台地にあります。その位置を図8-1、8-2に楕円で示しました。「軽井沢公園」や「勧行寺」がある崖地の上、すなわち「クルウスイ」の場所とした崖地の上で「北軽井沢」のさらに北側になります。貝塚は数か所に分布し、ハマグリ、カガミガイ、シオフキ、アカニシなど海に棲む貝から成り、貝層の厚いところは１ｍ、平均30～40㎝です。貝塚の他に縄文時代後期（４５００～３３００年前）の堀之内2式の土器を主体に、縄文時代中期（５５００～４５００年前）の土器も出土しています。

本格的な発掘調査はスコットランド生まれのイギリス人医師で考古学者・人類学者でもあるニール・ゴードン・マンロー（１８６３-１９４２）によって明治43年（１９０５）に行われました。彼はアイヌに大きな関心を持ち、アイヌ民具の収集やイオマンテの映像記録を残すなど、アイヌ文化のよき理解者でした。アイヌは日本列島の先住民であると考え、それを確認するために「三ツ沢貝塚」の発掘を行います。縄文時代の竪穴式住居の柱穴や炉などの遺構、５体の人骨などを発見しました。頭がい骨を分析して縄文人はアイヌと同じであるとの結論を導き、当時の日本人種論争に一石を投じました。１００年以上も前のことです。２０１３年４月に、横浜市歴史博物館は「ＮＧマンロー生誕１５０記念」をテーマにして特別展を開催しました。その際に発行した資料8-9に彼の業績が詳しく書かれています。

その後、マンローは１９３３年に北海道へ渡り、アイヌと生活を共にし、医者として結核患者の治療を献身的に行いました。１９４２年に亡くなりますが、その際、地元のアイヌと同様な葬式にしてくれるよう遺言したとのことです。彼が住んだ北海道平取町二風谷では、今も毎年「マンロー先生を偲ぶ会」が開かれます。

県道13号は旧東海道に沿った崖を切り通した広い道路ですが、縄文時代においてもここは切り通しの細い道であったと想像します。貝塚の集落を出発した人たちは三ツ沢公園の方向に向かって歩き、この切通しを下って、「浅間神社」の前の浜に出ます。集落から浜までは直線距離で１kmほどであり、移動時間はせいぜい20分位でしょう。魚を獲り、貝を採ったのです。三ツ沢貝塚の貝殻は「浅間神社」の前の海で採取した貝だったのです。

以上の結果から、この地域における縄文以来の歴史は次のように描けます。

縄文時代中期（５５００~４５００年前）、縄文海進の最盛期から１０００~２０００年経過した頃です。海進最盛期には波が直接に崖を洗うほど近くにあった海岸線は海退によって沖に前進し、「浅間神社」の前は砂浜が広がる状態になります。帷子川から流れ込む淡水と海水とが入り混じる入江は魚が豊富で、浜にはハマグリ・カガミガイ・シオフキ・アカニシなどの貝が棲みました。その魚や貝を目当てに人が集まり集落ができたのです。居住する場所は台風などによる波浪の影響を避けるために、海岸から少し離れた小高い場所になります。選ばれたのは崖の上で浜に近いところ、「三ツ沢貝塚」の場所です。陸での狩猟や木の実などの採集は当然行ないました。けれども、生活の糧の最大の拠りどころは海から獲れる魚であり、貝です。食され、捨てられ、できた貝殻の山が貝塚です。

　恵みをもたらし、時には怒りもする入江の海を集落の人たちは「シホ」と呼び、崇め、恐れ、そこに神を見ました。浅間山や富士山が「クルアサム　神が隣に座る」であるのと同様に、「シホ」と呼んだ海も「クルアサム　神が隣に座る」、そのような存在だったのです。祈りをささげる場所は「クル」が省略された「アサム」であり、そこが「浅間神社」の場所です。「神がいるところ」すなわち「クルウスイ」としては、「アサム」の場所から遠くない静寂清浄な「勧行寺」「軽井沢公園」の場所が選ばれました。

　時を経て、海退がさらに進み「アサム」の眼前にあった海岸線が遠退くと、生活の手段は海への比重が小さくなり、「三ツ沢貝塚」に住んだ人は移動し入れ替わります。本来の言葉の意味が分からなくなった「アサム」は「あさま」へと転訛しますが、神に祈りをささげる場所との認識と祈る方向は受け継がれました。「海の神」との認識もなくなり、時代の流れの中で「木花開耶姫命」を祀る「浅間神社」になり、呼び名も「せんげん」に変わったのです。「クルウスイ」の名称も言葉の意味が分からなくなって「かるいさわ」と転訛して受け継がれ、「軽井沢公園」となって現在に至っています。入江の海「シホ」は地名「芝生（しぼう）」になりました。

　まとめます。旧東海道歩きの途中、横浜駅付近で「軽井沢公園」と「浅間神社」にたまたま出会いました。

この名は長野県にある「軽井沢」と「浅間山」の語源「クルウスイ」「アサム」と私の頭の中で重なり、横浜のこの地も縄文の歴史を刻んだ場所ではないか、それを確認したいとの思いから本章は出発しました。結果としてその目的は達成できたと思っています。

それぞれの語源「クルウスイ」と「アサム」が「富士山」や「浅間山」のような「山」だけではなく、「海」も対象としていると分かったことは大きな収穫です。

ニール・ゴードン・マンローは三ツ沢貝塚から発掘した人の頭骨の寸法を測定分析してアイヌは日本列島の先住民であることを検証しました。本章は三ツ沢貝塚の近くに残されている地名「浅間」「軽井沢」「芝生」の語源からそれを検証したことになります。

異なる二つの手段によって同じ結論が導き出せたという貴重な事例であり、仮説「アイヌ語は縄文語を受け継いだ言葉である」の検証を大きく前進させるものです。

9章 「浅間山の神」が頭を出す

軽井沢や浅間の語源探索が一段落したところで、浅間山周辺の地図を広げて図中を散策していると、かつて登った経験のある黒斑山が目に止まり、間近に見た浅間山の雄大な姿を思い出していました。

黒斑山は浅間山を挟んで旧軽井沢のほぼ反対側、すなわち浅間山の西側にあります（図6―1（１１３ページ）を参照）。容易に登れる山で、浅間山を直ぐ近くに見ることができ、夏は登山客でにぎわいます。小諸からチェリーパークラインを車で車坂峠まで上ると高峰高原ホテルと駐車場があり、駐車場の脇が黒斑山への登山口であって、東に向かって1時間半ほど歩くと浅間山外輪山の尾根筋に至ります。外輪山に沿って北へ進むと「黒斑山」の頂上です。登山口の標高が１９８０ｍ、黒斑山山頂が２４０４ｍなので４２０ｍほどの標高差を登り下りすることになります。

写真9―1はその時のもので、前日降ったと思われる雪が山頂を薄く縞模様に染めた浅間山が見えます。手前に写る湯の平と呼ばれる窪地状の平原を挟んで間近に視る浅間山はどっしりとしていました。浅間山は標高２５６８ｍなので１６０ｍほど低い位置から見上げる高さですが、火口の中が覗き込めるかのようです。浅間山の右側に見える山が剣ヶ峰、剣ヶ峰の手前にあるギザギザした山が牙山、牙山が途切れた写真右下の辺りが湯の平の南端であり、「浅間山大神」を祀る「あさま神社」はこの辺りにあります。４００ｍほど標高を下げた位置になります。

写真９－１　黒斑山から望む浅間山（2007.10　筆者撮影）

取り留めもなく地図を眺めているうちに、この黒斑山の「くろふ」と車坂峠の「くるまざか」の名前に惹きつけられました。「くろふ」の「くろ」から「クル　神」を連想し、「くるまざか」の「くるま」から「群馬」がかつては「くるま」と呼ばれ、その語源が「クルネ」であったことを思い出したからです。「クル」が二つ並んだところに縄文の気配を感じたのです。

「くろふ」「くるまざか」の語源をアイヌ語で探ることにしました。

黒斑（くろふ）

まず「くろふ」からです。

「くろ」は発想の動機となった「クル」で設定済です。「ふ」は知里Ⅰを検索し、「へ」を相当させました。

he へ　頭、顔。（=e　対→o,ho）

「くろふ」とは「クルヘ」が語源で、意味は「神（の）頭」となります。何を「神の頭」に見立てたのでしょうか。

黒斑山から左側に続く外輪山はその先端を浅間山に鋭く向けています。写真９－１の左の端に見える急峻な崖地です。この崖地を「神の頭」に見立て「クルヘ」と呼んだのであろうと考えました。地形の突き出たところをアイヌ語では「ノッあご、岬」とか「エトゥ 鼻、岬」と表現するので、「へ 頭」を使用しても不自然ではないと考えたのです。どうやら「くろふ」をアイヌ語で説明できそうです。

「くろふ」や「くるまざか」が縄文に遡るのであれば、浅間山やその外輪山の形成の歴史をもう少し詳しく知って、縄文の頃の姿を確認しておく必要があります。

浅間山周辺は数十万年前から火山活動が活発化し、今は窪地状の平原になっている「湯ノ平」に中心火道を持つ約2800mの富士山型の成層火山が形成されたと考えられていて、これを昔の黒斑山と呼んでいます。約2万3000年前、この黒斑山は大規模な山体崩壊を起こし、写真9-1の右側に見える剣ヶ峰、牙山、自分が立っている黒斑山、左側にみえる急峻な崖地が周辺に外輪山として残りました。この時の山体崩壊の土砂は前橋市まで流出し、今も台地などに堆積物として残っています。山体崩壊後、現在の火口の東側にできた新たな火口で火山活動が活発化し標高2000mに達しました。仏岩火山と呼ばれます。約1万5000年前、仏岩火山は大規模な噴火を起こし、大火砕流を発生した後活動を停止します。その後、黒斑山と仏岩火山の中間地点で噴火が始まりました。今の浅間山です。浅間山は成長を続け、1000年ほどで現在と同じ位の高さに達し、その間に標高2000mの仏岩火山を山体の中に取り込みます。その後も噴火や火砕流を繰り返しますが、大きく山容を変えるような噴火はありません。

記録に残る浅間山の噴火としては天仁大噴火と天明大噴火があります。天明大噴火は1783年に発生しました。溶岩流が今の鬼押し出しを形成し、嬬恋村鎌原地域や長野原町の一部を土砂で埋め尽くしたことで知られます。現在の火口丘はこの時の流出物で創られています。天仁大噴火は1108年に発生し、噴出物は天明大噴火の約2倍です。この時に山頂付近は小規模なカルデラができ、その外輪山が今の前掛山です。

このように現在の黒斑山やそれに続く外輪山は約2万3000年前に発生した昔の黒斑山の大規模な山体

崩壊によってできたもので、約1万年前以降の縄文時代にはすでに現在と同じ黒斑山になっていました。浅間山も縄文時代以降については、小さな形状の変化はあるものの、山容を変えるほどではなく、当時の人たちも今の私たちと同じような形の浅間山を見ていたのです。

地形の突き出たところを「ヘ」と表現しても不自然ではないと考え、「クㇽヘ　神の頭」に黒斑山から続く急峻な崖地を想定しました。その後、幾つかの資料を見ても、「ヘ」が「ノッ」や「エトゥ」と同じように地形の突き出たところを指すとの事例や説明を探し出せません。「くろふ」の語源を「クㇽヘ」としたことが誤りか、「クㇽヘ」を黒斑山から続く急峻な崖地と想定したことが誤りか、検討し直すことにしました。

中軽井沢駅と旧軽井沢の中間に「離山」という小さな山があります。浅間山の山腹噴火の名残であり、熱雲が噴出した後、その火道を熔岩ドームが埋めることによって、約2万年前にできた山です。形が浅間山に似て、浅間山から少し離れた場所に位置しているため「離山」と名付けられました。太平洋戦争後、軽井沢を保養地とした米軍の将校たちは、この「離山」を「ヘルメットヒル」と呼んだそうです。彼らが着用しているヘルメットの形をしているからです。

この話を思い出し、改めて写真9-1を見ました。人の頭の形をした山が真ん中に座っているではありませんか。「クㇽヘ　神の頭」とは黒斑山の真向かいにある「浅間山」そのものであると気付きました。黒斑山に登ってきた縄文の人たちは、目の前にある「浅間山」を「クㇽヘ」と呼んだのです。「浅間山」は「神が隣に座っている」存在ですが、ここまで登ってくると神の頭が見える、と考えたのでしょう。「クㇽヘ」とは「アサㇺ」の別称なのです。そして、自分たちが立っている山も「クㇽヘ」になったのです。「くろふ」と転訛して現在に至っています。

「くろふ」に「黒斑」の漢字を当てたのは後世のことですが、これも興味深い当て字です。「黒い斑（まだら）」と書きます。浅間山の山頂付近は噴石が転がり落ちた痕跡で縞模様になっている様子が写真9-1の白い雪跡から見て取れます。この縞模様を見て「黒斑」の漢字を当てたのではないでしょうか。「黒斑」もまた浅間山の別称なのです。もしかしたらこの漢字を当てた人は「くろふ」の元々の意味を知っていたのかもしれません。

車坂（くるまざか）

つづいて「くるまざか」の語源探索に進みます。

車坂と名のついた坂があって、その坂の頂点を車坂峠と称するのではなく、「くるまざか」という地名があって、そこにある峠を車坂峠と呼びます。車坂峠を越えるとそこは広い窪地状の高峰高原であって、夏は涼しい保養地として、冬はスキー場として、四季を通じて楽しめるところです。高原を斜めに横切る道があり、その道を高原のもう一方の端まで進むとそこには高峰温泉ホテルと駐車場があります。ここからは尾根道を進む登山道と小型車しか通れない山腹の道に分かれます。尾根道は「籠ノ登山（かごのと）」へ登る道であり、写真9-2はその籠ノ登山（かごのと）に向かう途中で写した高峰高原の全景です。車坂峠を矢印で示しました。縄文時代は全域が木で覆われたなだらかな傾斜地であり、現在と同様に夏場は快適な場所であったであろうことは容易に想像がつきます。浅間山・黒斑山・車坂峠・高峰高原・籠ノ登山は、一列に並んだ山や高原です。

語源探索は「くるまざか」ではなく「くるまさか」で行います。

「くるま」は発想の動機となった「クルネ」で設定済です。残りは「さか」です。「さ・か」とバラバラにして語源を探る方法も試みましたが、最後は「さか」と一つの言葉として知里Iを検索し、「sak サク」の説明に注目しました。

sak さㇰ ①夏。(対→paykar,chuk,mata)
②……、pa (年) には sak-pa (「夏・年」「夏という年」) と mata-pa (「冬・年」「冬という年」) 2種があり、それらが交互にやってくるという考え方があったらしい。古く、アイヌは春から秋にかけては海辺に住んで漁労生活をした。その際の家を sak-chise (夏・家) と言い、夏家の在る所を sak-kotan (夏・部落) と言った。……

古代日本には1年を春年・秋年に分け2年とする考え方が存在した、と資料3-1は記します。アイヌにも同じような考え方があったとしたら、それは縄文にまで遡る共通した考え方であったといえるのではないでしょうか。

「sak-chise サㇰチセ　夏・家」あるいは「sak-kotan サㇰコタン　夏・部落」はそのままこの場に当てはまりそうです。「クㇽネ」に続けると「クㇽネサㇰチセ」あるいは「クㇽネサㇰコタン」になり、意味はそれぞれ「神の夏家」「神の夏部落」です。ここから「チセ」あるいは「コタン」が脱落すると「クㇽネサㇰ」になります。この「クㇽネサㇰ」が「くるまさか」の語源と考えます。「クㇽネサㇰチセ」あるいは「クㇽネサㇰコタン」の場所は写真9-2で示した高峰高原そのものです。ここなら、「神の夏家」あるいは「神の夏部落」としてふさわしい場所です。すなわち、「くるまさか」とは現在の峠の場所ではなく、峠を越えた「高峰高原」全域の呼称だったということになります。

「くろふ」「くるまさか」の二つの地名で、浅間山の西側には神の夏家あるいは夏部落があって、この時期は神がここに移り住んで頭を覗かせているとの物語ができます。もしかするとここは神の別荘地かも知れません。それにしても、このような山深い場所に「くろふ」「くるまさか」の二つだけ縄文地名が並んでいる

写真９－２　高峰高原の全景（2010.9　筆者撮影）

のは不自然です。また、なぜこの場所に「神の頭」や「神の夏家」なり「神の夏部落」があるのか理由も分かりません。周辺にはさらに縄文地名があって、その理由を明らかにしてくれるのではなかろうかと想像し、語源探索を山に沿って移動して行くことにしました。

一帯の山々は群馬県と長野県の県境をなし、太平洋側と日本海側の分水嶺ともなる尾根です。浅間山からの配列は図6-1に示すように、その外輪山である黒斑山にはじまり、車坂峠、籠ノ登山、湯の丸山を経て鳥居峠へと続きます。

籠ノ登（かごのと）

次の語源探索は「籠ノ登山」の「かごのと」です。籠ノ登山の標高は２２２７ｍ、登山口が１９５０ｍですから３００ｍ足らずの標高差です。写真9-3が写真9-2の撮影場所から振り返って反対方向を撮影した籠ノ登山です。

写真から分かるよう足下の山道は少々ガレていて、また細かい上り下りが繰り返されるため標高差の割には登り甲斐があります。周辺では浅間山、黒斑山に続く高い山で、頂上からの展望が素晴らしい山でもあります。縄文の人たちも同じ道を歩き、同じ景色を見たかも知れないと思うと別な興味も加わり、少々意気込んだ「かごの

写真９－３　写真９－２の撮影現場から籠ノ登山を望む（2010.9　筆者撮影）

と」の語源探索になりました。

結果に対する見通しは全くなく、多少強引にでもアイヌ語で探索し、一連の探索が終った後、他の地名との関連性を考慮して、不適切ならばその時点で再考しよう、と半ば居直った気持ちで探索を始めました。

先ず、「かごのと」を「かこのと」と濁音を清音にします。「か」の語源はすぐに思いつきました。「上」を意味する「カ」です。とりあえずこれを仮設定します。残りは「このと」です。「このと」に相当するアイヌ語は資料からは見つけられません。「こ・の・と」と言葉をバラバラにし、個々に辞書などを検索しましたが、うまく当てはまるアイヌ語を見出せません。「konoto」とローマ字表記にします。じっと眺め、声を出して読み、アルファベットの母音や子音の組換え入替えを幾通りか試みました。なじみのある言葉として「kotan コタン　村、部落」が浮かび上がりました。「konoto」と「kotan」、すこし距離があるかなと思いながら、「カ」を付けて「カコタン」とすれば、意味は「上の村、上方にある村（部落）」となり、「くるまざか」すなわち「神の夏家」「神の夏部落」と地域的に連続性がありそうな地名になります。

少々乱暴な語源探索ですが、縄文語地名から日本語地名に変わる際には語順が入れ替わる事例もあったのでこの程度の変化は起こり得るであろう、と勝手に決めつけ、「かごのと」の語源は「カコタン」であるとして先に進むことにします。

湯の丸（ゆのまる）

さらに西に進み西籠ノ登山を過ぎると「湯の丸山」があります。この「ゆのまる」の語源を探ります。籠ノ登山と湯の丸山は尾根続きですが、現在、この間の登山道は整備されていないため、湯の丸山に登るには、籠ノ登山を中腹まで下り、改めて登ることになります。緩い傾斜の山腹は湯の丸高原と呼ばれ、6月頃は一面がレンゲツツジで覆われ、見事な景色となります。冬はスキー場にもなり、高峰高原と同様に四季を通じて楽しめる場所です。

「湯の丸」の漢字から受ける印象、「ゆのまる」の音から受ける印象、これらはいかにも日本語的です。山裾には鹿沢（かざわ）温泉もあります。これだけ揃っていれば〔「湯の丸」の言葉の由来は〕と問われたなら、〔麓で湯の湧く丸い形の山〕と簡単に応えられそうです。これに対抗し得るアイヌ語での語源を探さねばなりません。知里Ｉを丹念に調べます。「y」の項で一語ずつ意味を吟味しながらページをめくります。「y」の項は語数が少ないので時間は掛かりませんが適切な言葉は探し出せません。「u」「w」の項も調べますがやはり適切な言葉はありません。少し悩んでから「o」の項に移りました。〔これだ〕と思わせる言葉がありました。

oman-ru-char,-o オまンルチャㇽ【ヒガシシズナイ】＝ahun-ru-par.〔oman（奥へ行く）ru（路）par（口）、あの世へ行く道の口〕

「オマンルチャㇽ」から「チャㇽ」を取ると「オマンル」であり、その逐語訳は「奥へ行く道」となります。この訳を見たとき、ここまでに探索してきた地名の順序を逆に並べ替え「湯の丸」「籠ノ登」「車坂」「黒斑」とし、その語源の意味をつなぎ合わせると一つの物語になることに気づきました。「**奥へ行く道**を進むと、**上の部落**に行き着く。そこには**神の夏家**があり、その先で**神が頭**を出している」となります。したがって、ここは、「オマンルチャㇽ」から「チャㇽ」が脱落して「オマンル」になったのではなく、もともと「オマンル」と独立した名称だったと考えられます。意味は「奥へ行く道、奥に通じる道」であって、「奥」とは「あの世」ではなく、もう少し現実に近い「自分たちが畏怖する神のいるところ」、すなわち「浅間山があるところ」を指します。「オマンル」とは浅間山へ向かう道筋を示しているのです。

4つ地名の意味をつなぐと一つの物語になるとは偶然にしてはでき過ぎです。縄文の人たちの意図が表れていると考えるべきでしょう。「ゆのまる」とは「湯が湧く山」ではなく、縄文の言葉「オマンル」が語源であるとしてよさそうです。物語を完成させるには「鳥居峠」に向かわねばなりません。

鳥居（とりい）

図6-1に示すように、「湯の丸山」から尾根道は北に向かい、「鳥居峠」に至ります。群馬県渋川市から吾妻川に沿って上る道を信州街道といい、ここまで語源探索を行ってきた尾根道と交差するところが「鳥居峠」です。峠を越えると、この道は長野県上田市に向かいます。上田市側からは上州に向かう上州街道と呼び、その途中に真田地区があります。真田幸村で有名な真田氏の出身地です。これらの街道は地図上では国道144号と表示され中山道の脇道的な存在ですが、信州の側を上州街道と呼び、上州の側を信州街道と呼ぶほどに信州と上州を結ぶ重要な役割を担った道なのです。さらに古い時代に遡れば非常に重要な役割を担った道であったことは、次章以降で説明します。

「とりい」の「とり」は2章の「景鶴山」の「けいづる」の語源探索で説明した「トゥル」です。「トゥ」が「峰」、「ル」は「道」であって、「トゥル」は「峰の道」すなわち「尾根」です。黒斑山から籠ノ登山・湯の丸山を経て鳥居峠に至り、国道144号を横切って反対側の四阿山の方向に続く尾根、これが「トゥル」です。ただ、このままの「トゥル」では尾根を一般的に表現する普通名詞でしかありません。特定な場所を示すため第三人称形にします。知里Ⅰに合成語「トゥル」はありませんので、「ru」の第三人称形を参考にします。

ru, -we【H】/-ye【H】/-he【K】る（るー）①足跡、跡、道。

「turu」の第三人称形には「-ye」を採用して「turu-ye トゥルイェ」とします。「彼の尾根、尾根のその場所」との意味になります。尾根と国道144号との交差点「鳥居峠」は「黒斑」に至るための重要な拠点であり、縄文の人たちは「トゥルイェ」と第三人称形で呼びました。「とりい」とはこの「トゥルイェ」が転訛した言葉なのです。

これで「黒斑」から「鳥居」までの五つの地名の語源探索は終わります。途中で探索に使う言葉を仮設定したり、少々強引に変化させたりして、部分的には疑問を残したまま進めてきました。しかし、地名物語の完成によって疑問は払拭され、黒斑（くろふ）、車坂（くるまざか）、籠ノ登（かごのと）、湯の丸（ゆのまる）、鳥居（とりい）それぞれの語源は「クルへ」「クルネサク」「カコタン」「オマンル」「トゥルイェ」で正解としてよさそうです。

それでは、どこに住んだ縄文の人たちがこれらの地名の名付け親であり、どのような思いで黒斑山まで登ったのでしょう。

信州街道に沿って鳥居峠から渋川方面へ少し下ったところの吾妻川沿いに田代町(たしろ)があり、付近には近年になって造られた人造湖「田代湖」があります。湖の西の縁を囲むように縄文~平安にかけての「田代森沼遺跡」が発掘されていて、縄文人が生活した跡を残しています。さらに下るとJR吾妻線の万座鹿沢口駅に至ります。1783年天明の浅間山大噴火で山の北側に流出した溶岩は「鬼押出し」と呼ばれる熔岩魂を形成するとともに、熔岩魂先端での爆発が火砕流や岩雪崩(いわなだれ)を発生してさらに北側に流下し、万座鹿沢口駅の南にある嬬恋村(つまこいむら)鎌原地域の村落を埋め尽くしました。図6-1に「鬼押出し」や嬬恋村の場所を示します。

イタリア・ナポリ近郊にあった古代都市ポンペイが西暦79年のヴェスヴィオ火山の噴火による火砕流によって地中に埋もれたことから、鎌原地域は日本のポンペイともいわれます。浅間山に噴火があると、この地域は直接的な脅威にさらされ、ここに住んだ縄文の人たちの浅間山に対する畏怖の気持ちは他の場所に住む人をはるかにしのぐものがあったに違いありません。

万座鹿沢口駅からさらに下り、草津温泉への入り口となる長野原草津口駅に近づくと、外輪原Ⅱ遺跡、草木原遺跡、坪井遺跡、長畝Ⅰ遺跡などをはじめ、吾妻川の両岸には川原湯温泉付近までたくさんの縄文遺跡が確認されています。便宜上、この集落を「縄文草津集落」と仮称し、図6-1に示しました。この集落の住人が「クㇽヘ」「クㇽネサㇰ」「カコタン」「オマンル」「トゥルイェ」の名を付け、地名物語を作った人たちであろうと推測します。浅間山の噴火に直接的な脅威を感じた人たちです。浅間山の神の怒りを鎮めるため、できるだけ近くで祈りを捧げたいと望んだに違いありません。

黒斑山は浅間山の火口を覗き込めるような位置にありながらも噴石の影響が小さく、祈りの場としては最適な場所だったのです。縄文草津集落では時期を選び、人を選んで浅間山に向かったのでしょう。その際、噴石を避け、危険を最小限にする道を選ぶのは当然です。地図も磁石もない縄文時代においては、谷筋や尾根筋が山歩きの道標となります。集落からは遠回りになりますが吾妻川に沿った谷筋の道を長野県側に向かって進み、鳥居峠に至ったところを左に折れ、尾根筋に沿って浅間山に向かう道が最も得策だったのです。

この考え方を背景として、探索した地名を個々に振り返ってみます。

縄文草津集落を出発して「クㇽへ」に向かう人たちは、まず信州街道を上り「トゥㇽイェ」と呼ぶ峠に至ります。そこを左に折れ湯の丸山に向かう道を「オマンル　奥へ行く道」と呼びました。今は峰の一つ一つに「峰、山、丸、岳」などを付して山名としますが、縄文の頃、特別な山以外固有の名称は付けません。「オマンル」も目的地に行くための「奥へ行く道」であって山名ではなかったはずです。時の経過とともに「ゆのまる」という山名に固定化していったのです。

「オマンル」の先が「カコタン　上方にある村（部落）」です。少々強引な語源探索でしたが、結果的には物語の筋にも合致し、正解としてよさそうです。名を付けた縄文草津集落の人たちは自分たちが普段生活する集落を「下方の村（部落）」と考え、「畏怖する神の村」との意味で「上方の村」と呼んだのでしょう。一帯を「カコタン」と呼んだのですが、時とともに呼称が「かごのと」となり、「籠ノ登山」に固定化していった経緯は「湯の丸山」と同じです。

さらに歩を進めた先が「クㇽネサㇰチセ」あるいは「クㇽネサㇰコタン」ですが、「カコタン」の次に「クㇽネサㇰコタン」が続くと、似たような「コタン」が二つ並ぶことになります。「くるまざか」の語源は「クㇽネサㇰチセ」すなわち「神の夏家」とした方がよさそうです。したがって、「カコタン」とは「湯の丸山」

から「高峰高原」にかけての広い地域を呼び、浅間山に近づいた一角に「神の夏家」があると考えると、地名が合理的に配置されることになります。

ここでいう神とはもちろん浅間山の神です。夏、神は「クㇽネサㇰチセ　神の夏家」すなわち「高峰高原」の場所に住み、すぐ隣で頭だけを地上に覗かせている、と彼らは考えました。それが「クㇽヘ　神の頭」の表現です。縄文の人たちは「クㇽヘ」の見える場所すなわち「黒斑山」を訪れ、浅間山に向かって噴火をしないよう神を慰撫する儀式を行ったのです。

縄文の人たちが数千年の時空を越えて現在の私たちに語る地名物語も再確認しましょう。

「浅間山の神を慰撫する目的で縄文草津集落を出発し、街道を山の方に進んで行くと目的地に至る尾根と交差する。そこが彼の尾根「トゥルイェ」（とりい）である。峠を左に折れ、尾根伝いに奥へ通じる道「オマンル」（ゆのまる）を進むとやがて神が住むという山上の村「カコタン」（かごのと）に到着する。浅間山に近づいた村の一角には神の夏家「クㇽネサㇰチセ」（くるまざか）があり、浅間山の神はその先で頭「クㇽヘ」（くろふ）を地上に覗かせている。」

「浅間」と「軽井沢」の語源は「クㇽアサㇺ　神が隣に座っている」「クㇽウㇲイ　神がいるところ」であって、二つの名称で【（山や海は）神が隣に座っている存在であって、その神がいるところが軽井沢】との物語を構成する事例を前章で紹介しました。本章は5つの地名で一つの物語を構成します。縄文の人たちが地名を付けるときの、大きな特徴の一つと考えられます。

10章　「鳥居峠」は縄文往還道の交差点

鳥居峠から浅間山に向かう尾根に並ぶ五つの地名山名の語源の意味を順にたどると一つの物語になり、その物語を作ったのは信州街道沿いにある縄文草津集落に住んだ人たちであることを知りました。鳥居峠から浅間山とは逆方向の尾根伝いに進むと、こちらにも地名山名が描く別な縄文の世界があります。この地名山名の名付け親も縄文草津集落の人たちのようで、今回はこちらを探訪します。図6−1を参照しながら読み進んでください。

その前に、信州街道に残っている縄文の人たちの足跡(あしあと)を街道に沿ったいくつかの地名から探ってみましょう。

田代（たしろ）

街道の頂点は鳥居峠であって、この「とりい」の語源は「トゥルイエ」でした。鳥居峠を群馬県側に少し下ったところに地名「田代(たしろ)」があります。前章で田代森沼遺跡の所在地として説明しましたが、この「たしろ」の語源も縄文に遡ります。尾瀬には「田代」と呼ばれる多くの湿原があり、この「たしろ」の語源は「トシル」でした。

信州街道にある「田代」の語源も尾瀬の「田代」と同じ「トシル」であり、意味も同じ「川岸の下の土が流れて草や木の根などが庇のようにかぶさっている所」であって、魚が隠れているところだったのです。

この辺りは吾妻(あがつま)川の源流に近く、川幅も狭く、小さな支流も多いところであって、「トシㇽ」の意味を有する場所はたくさんあります。田代森沼遺跡やその下方にある縄文草津集落に住んだ人たちが川で魚を獲ったのでしょう。その場所を「トシㇽ」と呼び、後に「たしろ」と転訛した状況は尾瀬と同じです。

八ッ場（やんば）

建設の続行か中止かで揺れた「八ッ場ダム」は縄文草津集落の川下側付近に位置します。「八ッ場」と書いて、なぜ「やんば」と読むのか不思議でしたが、この不思議も縄文草津集落の人たちが付けた名称だったと考えれば解決します。

「やんば」の「ば」は、これまでも何度か出てきた言葉で「川辺」を意味する「ペッパ」や「ナィパ」の「パ」であって、意味は「辺、縁」です。「やん」には「ヤㇺ　冷たくある（なる）」を相当しました。「ヤㇺパ」の逐語訳は「冷たくある・縁（辺）」となり、これが「やんば」の語源となります。「ヤㇺ　ワッカ　パ」が元々の言葉です。「ワッカ」とは「水」であり、「ヤㇺワッカパ」とは「冷たい水の辺」の意味で、言い換えるなら「泉のほとり」です。アイヌではその地域で広く認識されているものや、絶対的な存在である「神」などの語は省略される傾向があることを説明しました。縄文以来受け継がれた習慣です。この場合、「ワッカ」は省略されてもそれと認識できる言葉なので「ヤㇺワッカパ」は「ヤㇺパ」となり、「ヤッパ」とも呼ばれ、縄文草津集落の人たちが生活するための水汲み場あるいは集会場として使用した場所だったのです。

時代が下がって言葉の意味がわからなくなり、「ヤッパ」の呼称に「八ツ場」の字を当て、「ヤㇺパ」の呼称が「やんば」に転訛し、それぞれが固定化していったと考えます。

四阿（あずまや）、的岩（まといわ）

少々寄り道をしました。これから鳥居峠を浅間山とは反対方向の尾根伝いに奥に進みます。この尾根も長野県と群馬県の県境になっていて、鳥居峠を出発してすぐに登る山が「四阿山（あずまや）」で標高2354mあり、周辺では浅間山2568m、黒斑山2404mに次いで高く、鳥居峠以東では最も高い山です。

中国語で「阿」とは棟の意味であって「四阿（シア）」とは四角錐状の屋根を持つ小屋のことであり、庭園などにある休息所を意味します。日本では同じような形の屋根を持つ小屋を「あずまや」と呼び、「あずま」が「東国」を意味し、「や」は「屋根」を意味するので、「あずまや」で「東国風の屋根」となり、形が中国の「四阿」と同じなので、「四阿」を「あずまや」と読ませた、が通説です。しかし、この説が正しいとすれば、「四阿」の漢字が伝わる以前から、日本の東国には四角錐状の屋根を持つ小屋が「あずまや」と呼ばれ、文化として定着していたことになります。中国の宮廷文化に近いと思える屋根小屋文化が、「四阿」の漢字が理解できる以前の日本で、それも東国で、独自に発祥していたということであり、この説は素直には得心できません。「四阿山」は山の形が四角錐状の屋根に似ているところから「四阿」の字を採用して「あずまや」の名前が付けられた、との山名由来説が有力ですが、同様な理由でやはりこの説も得心できません。

ということで、鳥居峠から浅間山とは逆方向の尾根伝いに進む地名の語源探索は「四阿山」の「あずまや」から始めます。

福島県と山形県の県境に「吾妻山」があります。「あがつま」ではなく「あづま」と読みます。複数の山からなる活火山で、記録に残る火山活動として大規模なものはありませんが、降灰や噴気を伴う程度の噴火は昭和以降でも度々ありました。東日本大地震後、この山の火山活動は一層注視されているようです。縄文時代に遡れば、火山活動はもっと活発であったと想像します。東吾妻山から一切経山（いっさいきょう）にかけての一帯は今も強い酸性の噴気があり、周辺は植生に乏しく裸地に近い状況です。このような状況をアイヌ語では「atusa アトゥサ」と云い、知里Ⅰは次のように記します。

> atusa〔複 atus-pa〕アとぅサ《完》裸デアル（ニナル）。—山について云えば木も草もなく赤く地肌の荒れている状態を云う。
>
> atusa-nupuri アとぅサヌプリ【H北】もと「裸の山」の義。東北海道・南千島では熔岩や硫黄に蔽われた火山を云う。

「アトゥサ」の複数形は「atus-pa アッパ」です。「吾妻山（あづま）」は複数の山で構成されているので、元々の山名は「アッパヌプリ」であって、ここから「ヌプリ」が省略されて「アッパ」となり、「あづま」に転訛した、すなわち、「あづま」の語源は「アッパ」ということになります。

「四阿山」の「あずまや」の「あずま」とは「吾妻山（あづま）」の「あづま」と同じであって、語源は「アッパ」です。これに続く言葉は「ヌプリ」でなく「iwa イワ」が用いられ「アッパイワ」となったのです。もし「ヌプリ」であったとすれば、「あずまや」山とはならずに福島県の吾妻山と同様に「あづま」山になっていたでしょう。「あずまや」とは「アッパイワ」から転訛した言葉だったのです。

知里Ⅱは、アイヌ語は母音の重りを嫌い、母音が重なるときは間にy音を入れることが多いと説明します。したがって「アッパイワ」は「アッパイェワ」と発音され、それが「アッパヤ」を経て「アズマヤ」へと転訛したことになります。

「四阿山」の語源「アッパイワ」において、「アッパヌプリ」のように「ヌプリ」ではなく「イワ」を採用した理由には「的岩山（まといわ）」の存在があります。「的岩山」は鳥居峠から「四阿山」に登る途中にあって、付近に弓の的のような形をした岩があるため、これを山名由来としているようです。しかし、この由来説は、付近にたまたまあった弓の的に似た岩を由来に結びつけただけの説であって、後付けの可能性が大です。

「まといわ」の語源をアイヌ語で素直に表現すれば「mat iwa マトゥイワ」です。

知里Ⅰは「mat マトゥ」と「iwa イワ」は次のように記します。

mat まッ　女、妻

iwa イわ　岩山、山。—この語は今はただ山の意に用いるが、もとは先祖の祭場のある神聖な山をさしたらしい。語源は kamuy-iwak-i（神・住む・所）の省略形か。

「マトゥイワ」の意味は「妻なる山」です。「夫なる山」はもちろん「四阿山」であって、二つの山は夫婦（めおと）山だったのです。夫婦山であるがゆえに両方の山名に「イワ」を使ったのです。そして、「イワ」の意味からして、この夫婦山は縄文草津集落などの人たちの先祖を祀る山であったに違いありません。今でも大小二つの岩を大きな注連縄（しめなわ）でつなぎ、夫婦岩として信仰の対象とします。縄文から受け継がれた因習なのです。「四阿山」と「的岩山」が夫婦山であるとの認識は現在ではされていません。しかし、奈良時代まではされていたと思える記述が古事記と日本書紀にあります。このことについては次章で述べます。

ここで一つの疑問が残ります。「あずまや」の語源は「アッパイワ」で、意味は「裸の山」になりますが、「四阿山」の山頂は部分的には岩場で裸地ではあるものの、福島県の吾妻山に見られるような木も草もなく地肌の荒れている状態ではありません。「四阿山」は死火山であって1万年以上も噴火の歴史はなく、縄文に遡ったとしても、地形地象が今とそれほど変わるとは考えられません。なぜ、「アッパ」が使われたのか、このことについては「万座」「草津」「白根」の語源探索の後に説明します。

万座（まんざ）

鳥居峠を出発し、「四阿山」を越え、尾根伝いにさらに奥へとしばらく進むと万座山に至ります。万座温泉や万座スキー場は万座山の裾にあります。鳥居峠を北に向かった尾根筋はこの辺では約90度方向を変え西から東へ向かっています。草津白根山で総称される元白根山・逢ノ峰・白根山の三つの峰が南から来て鳥居峠から続く尾根筋と逆V字型に交わります。交わった峰々の底が万座の温泉宿の集中する場所であって、谷に向かう斜面がスキーのゲレンデです。草津白根山の三つの峰を挟んで「万座」の反対側が「草津」であって、こちらにも温泉とスキー場があり、「万座」以上に全国的に名を知られます。

この地の地歴・地象をもう少し詳しく調べます。草津白根山は活火山で元白根山・逢ノ峰・白根山のそれぞれが火砕丘ですが、熔岩流を伴う最新の爆発は約1万年前とされています。その後、草津白根山の火山活動は、お釜と称される湯釜のある白根山を中心にした地域に限られるようになります。溶岩流を伴わない水蒸気爆発はその後も頻繁に生じ大小の火口が形成され、それに伴う火砕流も生じています。この活動は現在も続いていて、昭和7年にあった噴火は前触れもなく始まり硫黄を採鉱する人たちに多くの犠牲を出したそうです。現在はハザードマップが整えられ、非常時に備えた体制が整えられています。

草津白根山一帯は硫黄臭の強いガスが噴出し、その周囲には昇華した硫黄が付着した岩やガスによる変質作用をうけて黄褐色化した岩石が多くみられます。これらの噴気には硫化水素や酸素分の少ない酸欠ガスなどの有毒ガスが含まれ、ときどきガスによる犠牲者を出します。登山用の地図にも「毒ガス危険」「毒ガス立入禁止」などと表示され、地図に示されない危険な場所もあり、近年でも白根山から草津温泉へ下る通称「振り子沢」と呼ばれるゲレンデでスキーヤーが犠牲になったこともあります。

溶岩流を伴う噴火活動は約1万年前までで、その後は徐々に活動を静めながら現在に至っているとすれば、縄文時代においても地形は現在と大きく異なった状況にはないものの、硫化水素などの有毒ガスの噴気は今以上に激しかったと想像できます。草津白根山地区は硫黄の付着した岩やガスによって黄褐色化した岩石は現在以上に多く存在し、まさにアイヌ語でいう「アトゥサ」の状況にあったと考えられます。そして、狩猟や採集を目的に上ってきて有毒ガスの犠牲になった縄文の人たちも多くいたのではないでしょうか。縄文草津集落に住んだ人たちにとって、この地区は見た目にも恐ろしい場所、安易には近寄り難い場所であったに違いありません。

縄文草津集落の人たちが最も安全にこの地に近づく方法は信州街道を鳥居峠まで登り、そこから「四阿山」を越えて「万座」に続く尾根道を使用することでした。彼らはこの道をたどって万座山付近に至り、そこから眺める草津白根山周辺の景観を「mak-un ta マクンタ」と呼んだのです。

mak-un マクン《完》奥にある（奥に行く）、後ろにある。

ta タ（ター）①《指示代》そこ。②（副、助）そこにある（いる）

「マクンタ」とは「奥にある・そこ」が逐語訳であって、「奥にある」とは鳥居峠を出発点としたときの距離感です。「そこ」との表現には万座山付近の尾根から眺める草津白根山一帯は「見た目にも恐ろしい、安易には近寄り難いところ」との意味が込められています。したがって「マクンタ」とは「奥にある怖いところ」の意味であり、「マクンタ」が「まんざ」に転訛します。「まんざ」の語源は「マクンタ」です。

草津（くさつ）

硫化水素などの有毒ガスが噴気する怖いところの中心となる元白根山・逢ノ峰・白根山の三つの峰は、鳥居峠から続く万座山の尾根から眺めると、万座の谷を挟んだ「向うの峰」になります。「向うの峰」をアイヌ語で表現すると「kus tu クストゥ」です。

kus,-i クシ 川（或は山）の向う。

tu とぅ（とぅー）①峰。＝si-tu. ②岬。＝etu

「クストゥ」が「くさつ」に転訛します。草津といえば温泉、場所は旅館街をイメージしますが、そうではなく万座山の側から元白根山・逢ノ峰・白根山の三つの峰を指し示す言葉が「くさつ」だったのです。「くさつ」の言葉の由来説としては、湧き出す温泉の匂いから、「くそ（臭）うず」が転訛して「くさづ」になったとの説もあります。アイヌ語由来との説もありますが、どのような言葉かは示されません。「クストゥ」がその言葉だったのです。意味は「向うの峰」です。ただし、アイヌ語ではなく縄文語であることを書き添えます。

滋賀県にも草津市があります。琵琶湖南端の東側に位置し、標高５００ｍほどの峰々が背後に連なります。江戸時代は要衝の宿場であって、旧東海道と旧中山道が江戸に向かって別れる所でした。こちらの「くさつ」

の語源も「クストゥ」です。琵琶湖の西岸で比叡山に連なる峰の南麓に大津京があります。この辺りから草津方面を眺めると、琵琶湖の奥の方に近江大橋が小さく見え、その左奥に草津の後背になる峰々がシルエットを作ります。これが「クストゥ」であって、琵琶湖を挟んだ「向うの峰」になります。湖畔に住んだ縄文の人たちは互いに交流があり、「クストゥ」とは湖の西に住む人たちが東に住む人たちの場所を指し示した言葉だったのです。

白根（しらね）

現在、私たちは白根山の火口の縁に立って、白濁した黄緑色の水を底の方に蓄えた湯釜を見下ろすことができます。ただし、立ち入れる場所は限られていて、周辺を歩いて見ることはできません。資料10-1には湯釜を中心に、私たちが立ち入れない場所に湯釜の半分に満たない大小10以上の噴火口が列をなして図示されています。湯釜、弓池は噴火口の中に雨水がたまった火口池ですが、水のない空の状態の噴火口が多くあります。1万年以上も溶岩流を伴う噴火はないことから、縄文時代もここに示された図に近い状態であったと想像できます。

鳥居峠を出て、「四阿山」を越え、万座山を通過して白根山周辺に到達した縄文草津集落の人たちは、水を蓄えているもの、いないもの、大小10以上の噴火口を持つ山を近くに見て「sara-ne nupuri サラネヌプリ」と呼びました。

sara サら《完》空いている、すいている、地があらわれている
ne ね（ねー）（それ）である、（それ）になる、（それ）のようである。

水蒸気爆発した跡の大小の噴火口を「サラ」と表現したのです。「サラネヌプリ」の逐語訳は「空の・ような・山」ですが、「空になった火口のある山」との意味です。「ヌプリ」はなくとも、それと理解できるので省略され、通常は「サラネ」と呼んだのでしょう。「サラネ」が転訛して「しらね」となります。日光白根の「しらね」も語源は「サラネ」です。この山も「空になった火口のある山」だったのです。

現在、私たちは建物など何もない土地を「更地（さらち）」と言います。この「更（さら）」は縄文語「サラ」の「地があらわれている」との意味が今日においてもそのまま使用されている一つの例です。また、新しい物や手がつけられていない状況をやはり「さら」と言いますが、これは「更地」の「更」の転用と考えられ、語源はやはり縄文語の「サラ」です。資料1-1は「空、白」も「サラ」から転じた言葉ではないかと記します。そうかも知れません。

草津白根山を構成する元白根山・逢ノ峰・白根山の周辺は硫化水素ガスなどの影響で、硫黄の付着した岩があり、また、木も草も生育しない領域が多く、福島県の「吾妻山」と同じように「アッパヌプリ」と呼ぶに相応しい山です。しかし縄文の人たちはそうは呼びませんでした。もしそう呼んだとすれば、この山は「しらね山」ではなく「あずま山」になっていたはずです。

「万座」の語源は「マクンタ」であり、この領域を指示代名詞「タ」で表現したように、彼らは「奥にある怖い神がいるところ」に「アッパ」という言葉を山名として使いたくなかったと想像します。忌言葉と捉えたのでしょう。一方で、この場所で犠牲になった多くの人たちを供養したいとの強い気持ちもあり、この二つの気持ちが「マクンタ」への入り口すなわち鳥居峠の近くにある山に「アッパ」を使って、「アッパイワ」「マトゥイワ」と夫婦山として呼び、先祖と共に犠牲者の供養をしたのではないでしょうか。これが、地肌の荒れている状態でもない「四阿山」を「アッパイワ」と称した理由と考えています。
吾妻、四阿を称する山は他にもあります。借用地名もあるでしょうから、それらが「アッパヌプリ」や「アッパイワ」を語源とするかどうかは、個々に検討する必要があります。

縄文草津集落を出た人たちは信州街道を上り「鳥居峠」に至った後、尾根を左に折れ奥に進んで「黒斑山」まで登り、「浅間山」の平穏を祈願しました。また、尾根を右に折れ「四阿山」に登って先祖などの霊を供養し、その先の万座山・白根山まで進み、見た目にも恐ろしい場所、安易には近寄り難い場所を上から訪れました。すなわち、この尾根道は「鳥居峠」を起点に黒斑山から草津白根山までを頻繁に行き来した主要な地方道だったのです。

長野県上田市から「鳥居峠」に向かう道は上州街道であって、途中に真田氏の出身地である真田地区があります。この地区は縄文遺跡が集まる場所でもあります。また上田地区や菅平地区も多くの縄文遺跡があります。これらの遺跡の住人も「鳥居峠」を起点した尾根道を行き来し、「四阿山」「的岩山」は縄文草津集落の人たちと共に先祖供養をする山だったのかも知れません。

一方、信州街道から「鳥居峠」を経て上州街道に続く道、すなわち今の国道１４４号は、峠を越えて地域と地域を結ぶ道であって、縄文草津集落や真田地区・上田地区に住む人たちだけではなく、もっと広範囲の人達が使用した縄文の幹線道路であったと考えられます。そのような意味から、「鳥居峠」は主要な地方道と幹線道路が交差する縄文往還道の交差点だったことになります。

11章　日本武尊が「あずまはや」と嘆いた本当の理由

日本武尊は12代景行天皇の皇子であって、九州熊襲の征伐を天皇から命じられ、役目を果して都に戻ると、続いて東国蝦夷の平定を命じられるなど、西へ東へと日本統一のために大活躍した人物として記紀に描かれます。しかし、実在性は乏しく、景行天皇の時代に日本が統一に向けて大きく前進し、そのために多くの武人が活躍したとすれば、日本武尊とはその武人たちの代表であり総称であると考えます。古事記は倭建命と記しますが、本書では日本書紀に記された日本武尊で統一します。

日本武尊は熊襲の征伐に続く景行天皇の命に不満を抱きながらも東国遠征に出かけます。その際の行き帰りに生じた出来事に「あずま」についての一説があります。

東北へ下向中、三浦半島から房総半島へと浦賀水道を渡ろうとした際、海が荒れ、船が難破しそうになったため、伴っていた愛妾の弟橘媛が入水し人柱となって海を鎮めます。遠征の帰途、弟橘媛を偲んで「あずまはや」と嘆くのですが、その部分を、古事記は「足柄の坂の上で「阿豆麻波夜」と嘆いたため、その国を「阿豆麻」と云うようになった」と書き、日本書紀は「碓日嶺に登り東南を向いて「吾嬬者耶」と嘆いたため、そこより東の国を「吾嬬國」と云うようになった」と書き、表現が少し異なります。

足柄の坂とは箱根の足柄峠、碓日嶺とは長野県と群馬県の県境にある碓氷峠です。本来ならば歌になるはずの日本武尊の心情が「あずまはや」の短い言葉だけで表現されたのは、思いが溢れて歌にならなかったと解釈されているようです。

四阿山（あずまやさん）の「あずまや」の語源は縄文の言葉「アッパイワ」であって、的岩山（まといわ）と共に夫婦山であると、10章で説明しました。そのとき、説明している内容と記紀における「あずま」の一説との間に興味深い類似点があることに気付きました。それは、【「あずまや」と称される「夫婦山」の存在】と【「弟橘媛」を偲んで「あずまはや」と嘆いたとする状況設定】です。つまり「あずま」の一説は、「夫婦山」を「弟橘媛」に置換え、「あずまや」という山の名称を「あずまはや」という嘆きの言葉に置換えて、日本武尊という架空の英雄に演じさせた物語、すなわち、【四阿山という夫婦山の存在が「あずま」の一説を創作させた】ということになるのです。

これは前例のない「あずま」の一説の解釈です。これまで、「あずま」の一説の真偽に疑問があっても、日本の正史である日本書紀に書かれている内容に立ち入るほど異なる解釈を見い出せないため、議論が深まらなかったのではないでしょうか。

ここからはこの解釈の検証作業になります。推理小説を読み解くような気持ちで書き進めますが、フィクションではありません。３章で記した「毛野（けぬ）」の建国、10章で記した「あずまや」の語源や鳥居峠を越える縄文往還道の存在がこの解釈の基本にあります。

まず、日本武尊が活躍したとされる時代を毛野建国の経緯に照らして振り返ります。日本武尊の父親とされる景行天皇の在位を日本書紀は西暦換算で71～１３０年と記し、古事記では前後の天皇の崩年から推定すると３３０年前後になります。資料３-１の推算では３０７～３３６年です。これらの推定や推算から景行天皇の在位は4世紀の初め頃と考えて大きな違いはなさそうです。

3章で述べたように、3世紀後半まで、群馬県と栃木県は「クンネ」と自称してヤマト王権に従わない国であり、日本統一を目指す王権はその国を「クヌ」と呼び、「クヌ」の支配が統一のための大きな関門でした。魏志倭人伝に書かれた「狗奴（くぬ）」国です。3世紀末、王権は武力で「クンネ」を制圧し「けぬ」の国名で配下に置きます。景行天皇が日本武尊に蝦夷征討を命じたのは、国名を「けぬ」と改めて間もない時期に相当し、「けぬ」よりも北に住む蝦夷を征討して日本の統一をさらに前進させようとしている時代になります。その年代を320年頃として表3-1（54ページ）に書き入れました。

時代背景が設定されたところで、図6-1（113ページ）を参照しながら具体的な作業に入ります。図の碓氷峠、鳥居峠、四阿山の位置に注視してください。

「四阿山という夫婦山の存在が「あずま」の一説を創作させた」とするならば、日本武尊が活躍したとされる時代すなわち4世紀の前半において、この物語のストーリーの元になる情報を提供した人たちが四阿山を視認できる場所を往来したことを暗示するもので、これはとりもなおさず、長野～群馬間の行き来には四阿山の裾を通る鳥井峠越えの縄文往還道が縄文時代から引き続いて使用されていた、と想定させるものです。そして、情報を提供した人たちとは、「けぬ」を統治するため朝廷から派遣された役人や、さらに北に住む蝦夷を征討するために送り込まれた軍人が有力な候補者です。

日本で本格的に道路が整備されるのは大化の改新（645年）以降であって、天武天皇（在位672～686）の頃に行政区分としての五畿七道が定められ、七道は行政区分であると同時に都から地方に延びる道路の名称でもありました。最も重視した道路は奈良と九州の大宰府を結ぶ山陽道であり、次に重視した道路が蝦夷対策としての東海道と東山道です。

図6-1に示すように、東山道は松本市付近を北上し、安曇野の付近から東に向かい保福寺峠を経て上田

に出ます。上田から南東に向きを変え、小諸、軽井沢を通って碓氷峠を越えて群馬県（東山道が整備された当時は上毛野（かみつけぬ））に入ります。このように7世紀後半に整備された東山道は長野〜群馬間では碓氷峠越えであって、鳥居峠越えではありません。

ここで、上田から群馬に至るまでの道程を鳥居峠越えと碓氷峠越えで比較してみます。

上田と鳥居峠の標高差は約９００ｍありますが、鳥居峠までの十数㎞の距離を平均的な勾配で上るので大きな傾斜はなく、峠を越えた群馬側はなだらかな下りとなります。逆方向に移動する場合も大きな傾斜はなく比較的容易に行き来が可能です。

一方、上田と碓氷峠の標高差は約４００ｍ、距離は鳥居峠までの倍以上あるので、上りの傾斜は緩いものの時間はかかります。峠を越えて群馬県側に入ると、いわゆる碓氷峠の難所といわれる下りの急勾配です。逆方向への移動はこの難所が上りになってさらに険しくなります。したがって、上田を経由しての群馬への行き来は、碓氷峠越えではなく鳥居峠越えのほうがはるかに容易です。

だから縄文時代はこの道が使われたのであって、4世紀前半においてもこの状況は変わらず、長野〜群馬間の往来には縄文往還道が引き続いて使用されていたと推測します。とするならば、東山道として整備される６５０年以前に、主要道は鳥居峠越えから碓氷峠越えに変更されたことになります。なぜ変更されねばならなかったのでしょう。

この変更理由を知ることは、「あずま」の一説の解釈を検証するためには重要なことです。ただ、困ったことに東山道の歴史は全て碓氷峠越えであって、鳥居峠越えを示す資料は全くありません。いろいろと調べた結果、峠越えの変更を直接的に示すものではありませんが、有力な根拠を得ることができました。それは浅間山の大噴火が4世紀にあったことです。

浅間山の噴火史についての概要は9章で述べました。今の浅間山は約1万5000年前から始まった噴火によってできた山で、大規模な噴火を繰り返し、1000年ほどで現在と同じ位の高さに達します。その後も噴火や火砕流を繰り返すが、山容を大きく変えるような噴火はなく、記録に残る大噴火としては1108年の天仁大噴火と1783年の天明大噴火があります。4世紀の噴火について古文献の記録はなく、資料11−1は降灰物や溶岩流の分析からその事実を明らかにしています。

1783年の天明大噴火は溶岩流が浅間山の北側に流れ出て鬼押出しを形成し、嬬恋村鎌原(かんばら)地区や長野原町の一部を火砕流で埋め尽くしました。図6−1に示すように嬬恋村鎌原地区は吾妻川の流域にあって、縄文草津集落の少し鳥居峠側に位置します。火砕流によって一時的に堰き止められた吾妻川が決壊し、土砂に閉じ込められていた被災者の遺体が下流に流れ着いたとの記録もあります。高台にある観音堂に避難しようとしたが間に合わず、登る石段の足元で火砕流に埋もれてしまった人骨が、昭和54年に行われた発掘調査によって発見されたとの記録もあります。鳥居峠に至る信州街道筋であり、街道は寸断され往来が不能になったであろうことは容易に想像できます。

1108年の天仁大噴火は天明大噴火の2倍の規模であって、山頂には小規模なカルデラが形成され今の前掛山ができました。資料11−1はこのときの噴火の規模、降灰の状況、溶岩流の方向・形などの調査結果をまとめています。鬼押出しの下層にこのとき流れ出た溶岩塊が示されています。火砕流などによる被災状況は記録されていませんが、吾妻川の流域や信州街道筋には天明大噴火のとき以上に大きな被害があったことは想定できます。

資料11−1は降灰物や溶岩流の分析から4世紀にも大噴火があったと記し、天明大噴火とほぼ同じ規模であって、今に残る溶岩流の流域や形状、降灰の範囲や堆積厚さなどを報告します。このときの溶岩流が鬼押出しの岩層の中において天仁大噴火の際の溶岩塊のさらに下層で確認されています。このときの吾妻川流域や信州街道筋における具体的な被災状況は知る由はありません。しかし、天明大噴火の被害状況などから、周辺は甚大な被害を受け、道路が寸断されたことは十分に推察できます。

再噴火の可能性も排除できないため、大和朝廷は鳥居峠を越える縄文往還道の使用を止めざるを得ず、噴火の影響が少なかった碓氷峠を越える道に変更したのです。これが長野～群馬間における主要道が鳥居峠越えから碓氷峠越えに変えられた理由です。

資料11-1は4世紀に生じた浅間山の大噴火の正確な年代を示しませんが、このような状況を考えれば、浅間山の大噴火は4世紀中頃から後半に発生したと推定できます。

結果として、大和朝廷が長野～群馬間の往来に鳥居峠越えを主として使ったのは、「クンネ」を制圧した3世紀末から4世紀後半までの100年に満たない期間です。その後は碓氷峠越えが主要道となり、後年、こちらの道が東山道として整備され、鳥居峠越えは脇道的な存在となって今日まで続きます。

信濃の国府は東山道が整備された7世紀後半に上田（当時の地名は日理（わたり））に設置され、平安初期すなわち800年頃に松本に移ります。図6-1に示すように上田は東山道と上州街道の分岐点に位置し、碓氷峠に向かう道が東山道であり、鳥居峠に向かう道が上州街道です。上田は上州街道すなわち縄文往還道の長野県側の出発点になります。

国府とは大和朝廷が直轄する地方行政府であって、朝廷にとって地理的、政治的に最も都合の良い場所に置かれるはずです。しかし上田は群馬県に近く、長野県の端にあって奈良の朝廷にとって地理的に優れているとは思えない場所にあります。なぜここに国府が置かれたのでしょう。地理的な理由でないとすれば政治的な理由です。それは東山道整備の最大目的である蝦夷対策の他にありません。上田国府は蝦夷征討軍が東北に向かう際の重要な中継基地だったのです。

ヤマト王権が武力で「クンネ」を制圧し「けぬ」として配下に置いたのが3世紀末、仙台市内にあって今は郡山遺跡となっている陸奥国の国府を築くのが7世紀後半、そしてその十数㎞北に蝦夷対策のための前線基地である多賀城を築くのが７２４年です。大和朝廷は毛野国（群馬県・栃木県）から仙台市付近までの直線距離にして２５０㎞ほどを制圧するのに３５０～４００年も要したことになります。常陸（茨城県）はこの間に大和朝廷の支配下に入りますので距離と年数はもう少し短くなります。いずれにしろ数百年間は、朝鮮半島における高句麗・新羅・百済への対応や、いわゆる倭の5王が中国の宋に朝貢して朝廷としての体制固めに追われるなど、東北支配を拡大させる余裕がなかったと思われます。

７２４年に多賀城を築いた後、戦線は徐々に北上し今の岩手県奥州市に胆沢（いさわ）城を築き、坂上田村麻呂が蝦夷の酋長アテルイとの戦いで勝利したのが８０２年です。信濃の国府が上田から松本に移ったのもその頃です。蝦夷征討が画期を迎え、政治的な理由で上田に国府を置く必要がなくなったと判断した大和朝廷は、地理的により有利な松本に移したと考えられます。上田の国府跡も、松本の国府跡もその正確な位置は現在も不明です。図6-1にはおおよその位置を☆印で示しました。

上田は国府が中継基地になったというよりも、重要な中継基地であったが故に国府にしたと表現した方が正確かも知れません。そして中継基地になる前は前線基地であったはずです。ヤマト王権が「クンネ」を「けぬ」として配下に置いたのは3世紀末でした。その時の前線基地が上田であった可能性は大です。上田を発進したヤマト王権軍は上州街道を進み、鳥居峠を越えて「クンネ」に攻め入ります。戦いは王権軍の圧勝で終わります。制圧戦争の一般的なパターンとして、制圧直後より軍が進駐し、統治のための役人を送り込みます。この場合も例外ではなく「クンネ」から変じた「けぬ」へ王権軍は進駐し、さらに北に進むための前線基地とします。このときから上田は中継基地としての役割を担うようになります。

大和朝廷の前線基地となった「けぬ」の中心になる場所は「クンネ」の時代からの中心地であって、図6-1に示す上野(こうずけ)国府付近と思われます。「けぬ柵」と仮称します。ここが国府に定められるのは7世紀後半ですので300年以上も先です。

「けぬ柵」へは統治のための役人や、さらに北進するための軍人が出入りするようになります。奈良の都を出た役人や軍人は後に東山道として整備される道を進んで、「けぬ柵」を目指します。岐阜~長野間の険しい山や峠を越え、諏訪、松本付近を北上し、保福寺峠を経て、前線基地から中継基地となった上田に到着します。そこからは上州街道を登って鳥居峠を越え、下り坂となった信州街道をさらに進みます。そのまま現国道145号を渋川まで下ってから「けぬ柵」に向かう道と、途中から浅間山と榛名山の間を通る現国道406号を下り烏川に沿って「けぬ柵」に向かう道の二通りの道があります。後者は「クンネ」「クルネ」「グンネ」と三つの呼称を持った群馬発祥の縄文集落を通りますので、こちらが縄文以来の主要道であって、大和朝廷の役人や軍人はこちらの道を使用したと考えます。さらに時代を遡れば3章で述べた「倭国乱れる」の時代に濃尾平野地域から竜見町(たつみちょう)式土器を持ち込んだ人たちも、この道を使ったと考えられます。

本章の検討をはじめて間もないころ、友人と車で上田市を訪れる機会がありました。今は北国街道と呼ばれる図6-1に示す東山道を軽井沢方向から来て、真田氏歴史館に立ち寄るため上田市街に入る手前で右折し、蛇行する道を進んでいると、前方に四角錐の形状を連想させる山が見え隠れするようになります。

「四阿山」です。尖った山頂を持ち、そこから四角錐を構成する一本の稜線が右側になだらかに下り、その稜線の左側すなわち車の進行方向に正対する側に大きめの平滑な錐面を有し、稜線の右側に斜め横から見る少し小さなもう一つの錐面を有する、印象的な形状の山です。

奈良の都を出て「けぬ柵」に向かう役人や軍人は上田の中継基地で一休みした後、上州街道を鳥居峠めざして上ります。図6-1からも分かるように上州街道は10㎞以上続く直線的な道であって、延長線上に「四阿山」があります。したがって、鳥居峠をめざす役人や軍人は私が見た山と同じ山を正面にして長い上り坂を歩くことになります。地元の人たちが「あずまや」と呼ぶ夫婦山です。

この四角錐を連想させる印象的な山を見た役人や軍人は、はるばるとやってきた目的地、やっと近づいた目的地に安堵し感慨を新たにしたのではないでしょうか。「あずまや」と称する夫婦山が都に残してきた妻や恋人を思い出させ、同時に、この山が東国の目印になったのです。

彼らは東国務めが終わると奈良の都へ帰ります。そして、「あずまや」と称する夫婦山のことを土産話として話し、「あずまや」を東国の意味として使用したのです。もちろん「あずまや」の語源が「アッパイワ」であるとは知る由はありません。すこし発音し難い「あずまや」から「や」の脱落した「あずま」が都から遥かに離れた「東方・東国」の代名詞として使われ、定着したのです。

「クンネ」が制圧された3世紀末から浅間山の大噴火によって長野～群馬間の主要道が鳥居峠越えから碓氷峠越えに替えられる4世紀後半までの100年に満たない間における「あずまや」にまつわるこれらの話が記紀の編纂される8世紀まで伝承され、日本武尊による「あずま」の一説に仕立て上げられたのです。

日本武尊が「あずまはや」と嘆く場所は、古事記では足柄峠であり、日本書紀では碓氷峠です。なぜこのようになったか、記紀の本文に戻ってその理由を考えてみます。

古事記の編纂は７１２年であって、稗田阿礼が誦習する「帝紀」（天皇の系譜）や「旧辞」（古い伝承）を40代天武天皇（在位６７３～６８６）が太安万侶に命じ、記録撰録したもので、神代から33代推古天皇（在位５９２～６２８）までを記します。

日本書紀の編纂は７２０年であって、舎人（とねり）親王らが古事記や他の資料を参考にして、神代から41代持統天皇（在位６８６～６９７）までの歴史を、漢書・後漢書などの中国の正史を手本として、日本書をめざして編述した日本の正史です。

両書の最大の目的は天皇を中心とする大和朝廷の正当性を知らしめ、後世に伝えることにあります。わずか8年の間隔で同じような歴史書が書かれたのは、古事記は物語性には優れているけれども天皇を中心とする朝廷の正当性を主張する部分において、具体性や迫真性に欠けたのが一因にあったと思われます。

両書には共通する大きな前提が二つあります。

その一つは、日本の始まりを神代（かみよ）にしているところです。国生みの神話から始まり、神武天皇までは神代であって、神代以前の世界は存在しません。

もう一つは日本列島に住んだ民族の分け方です。神代における天津神（あまつかみ）の流れを汲む天孫族の人たち、天津神に従う国津神（くにつかみ）の流れを汲む人たち、天孫族に反抗する人たち、大きくはこの三つに分けられます。

天孫族とは記紀が編纂された8世紀初頭において日本の支配者になっている人たちであって、頂点が天皇です。

国津神の流れを汲む人たちとは日本列島に先住した民族であって、日本統一の初期の段階すなわち2世紀中頃の「倭国乱れる」の時代から「クンネ」が統合された3世紀後半までの間に天孫族の支配下に入り、その後の日本の統一や国防に協力した人たちであって、彼らは天孫族と混血し8世紀初頭の時点では天孫族との区別がはっきりしなくなった人たちです。

天孫族に反抗する人たちとは日本列島に先住した民族であって、最後まで天孫族の支配下に入ることを拒んだ人たちです。熊襲、土蜘蛛、蝦夷などと呼ばれ地方に土着した蛮人として記紀の中に登場します。記紀においては彼らの歴史や文化を全く認めません。

記紀は基本的には同じような資料に基づいてそれぞれが独自に編纂されたものであって、書かれた内容の違いは編者が有する情報量や構成力の違いにあると思っていました。しかし、「あずま」の一説が伝承に基づく創作物語であるとの観点に立てば、オリジナリティーは古事記にあって、日本書紀は古事記のストーリーを踏襲しながら矛盾点を修正し、強調すべき点を補強脚色して書き直した歴史書との見方ができます。

このような点を注視しながら、記紀それぞれに書かれた日本武尊東征時の足跡地名を辿ってみます。

その前に、日本武尊が東北蝦夷を征討したとされる時代背景を再確認します。4世紀の始めであって、大和朝廷が「クンネ」を支配下に置き、さらに北方をめざして前進基地「けぬ柵」を設置した頃であり、この時点では東北蝦夷はまだ征討されていない状況にあります。

記紀の編者は、「あずま」が東国の意味になった経緯を伝承によって知っていたと同時に、8世紀初頭においても東北蝦夷はまだ征討されていない状況にあったことも認識していたはずです。この点にも注視します。

先ず、古事記に記された日本武尊の足跡地名を見ます。

都－伊勢－尾張－相武（さがむ）－焼津－走水の海（浦賀水道）－（荒ぶる蝦夷成敗）－足柄－甲斐－科野（しなの）－尾張－

伊吹山－玉倉部（醒ケ井？）－當藝－杖衝坂－三重村－能煩野（ここで死去）

古事記は、伊吹山を含む尾張以西の地名は多く掲げるものの、東国は相武、焼津、足柄、甲斐、科野の五つの地名を記すだけです。征討についても、対象とする東北の地名は掲げずに「荒ぶる蝦夷等を言向け、また山河の荒ぶる神等を平和して、……」（資料11-2より抜粋）と新聞の見出し程度の内容を記すだけで、次の「あずまはや」と嘆く場面に移ります。

五つ書かれた東国地名にしても、相武（神奈川県）は焼津（静岡県）より都に近いと思い違いをしたまま記述しており、地理的な位置関係を理解していません。

資料7-5は記紀を評して「『古事記』は東国地方の地理を観念的にしか把握していなかったといえる。それに対し『日本書紀』はそれなりに東国に対する認識が向上していた。」と書きます。

古事記において東北蝦夷征討についての記事が見出し的な表現で終わった理由は、東国の地理に不案内だけでなく、記紀編纂当時の東北支配の状況に、記述するほどの実績がなかったからです。

次に、日本書紀に記された日本武尊の足跡地名です。

都－伊勢－駿河－焼津－相模－馳水（浦賀水道）－上総－陸奥（蝦夷を帰順させる）－日高見－常陸－甲斐－武蔵－上野－碓日嶺－信濃－美濃－尾張－胆吹山－居醒泉－尾張－伊勢－能褒野（ここで死去）

尾張より西の地名は古事記とあまり変わりませんが、東国地名は、順序を駿河・焼津・相模と古事記の誤りを修正するところから始まり、続いて上総・陸奥・日高見・常陸・甲斐・武蔵・上野・信濃を列挙し、日本武尊が人を派遣した場所として越（こし）も記します。この足取りは東日本の地名をほとんどカバーしています。ただし、足取りの順序には大きな疑問があります。

日本武尊は常陸の次に甲斐を訪れます。茨城県からいきなり山梨県に至る行程であって、ヘリコプターでも使わなければ不可能な足取りです。「それなりに東国に対する認識が向上していた。」とされる日本書紀でもこの状態です。それに、ここに記された地名は記紀を編纂した当時のものと思える地名です。すなわち、この部分の記述は、日本武尊が訪れた地を順番に知らせることが目的ではなく、８世紀初頭において大和朝廷の支配下に入っている東国地名を日本武尊の時代に置き換えて明示することが目的だったのです。

要するに、「あづま」の一説の前後の記述は、８世紀初頭において、常陸までの東国はすでに大和朝廷の支配下に入っているとの歴史的に確定している事実と、東北蝦夷の征討という歴史的にはまだ確定していない事実を確定したものとし、その両方を明記することに目的があったと思われます。

これを書いた背景には、記紀を編纂した当時の社会情勢が大きく影響しています。

大和朝廷は律令国家としての体制を整え安定した状態にあり、長い間進展しなかった東北蝦夷の征討も仙台市付近に前線基地としての国府を設置した状況にあります。日本書紀を編纂した4年後の７２４年には多賀城を築いています。東北蝦夷の征討はまだ成されていないにもかかわらず、編者は征討も終結に近いと判断し、朝廷の権威を誇示する手段として、もっと古い時代に東北支配は完了していたと歴史の中に明記して後世に伝えたかったのではないでしょうか。しかし、実際の東北平定の画期は８０２年のアテルイの戦いであって、日本書紀の編纂からさらに82年を要しました。結果的には先走った記述だったことになります。

「あずま」の一説は日本武尊が東国遠征した際の一コマとして記載されます。記載の理由は、記紀編纂の時点において蝦夷（えみし）の言葉である「あずま」が「東方・東国」の意味として都では一般に広く定着していたため、その由来を蝦夷とは無関係な言葉として明示したかったからであり、それを東国遠征中における一つのエピソードとして書き加えたのです。

古事記において、編者は「あずま」の語源は知らなくとも、伝承あるいは稗田阿礼の誦習によって、由来は「あずまや」という夫婦山にあると承知していたはずです。承知していたからこそ「あづま」の一説を創作することができたのです。ただ、伝承された由来をそのまま記事としては書けません。というのは、「あずまや」とは朝廷が征討の対象としている民族すなわち蝦夷が名付けた山名であって、彼らは昔からこの地に住み、山に名称をつけるほどの文化を有したという歴史的な事実を間接的に認めることになり、これは自らが書く国生みの神話や蛮族蝦夷などと矛盾します。そこで「夫婦山」を「弟橘媛」に換え、「あずまや」という山の名称を「あづまはや」という嘆きの言葉に換え、日本武尊が東征した際の一項目として書き加えることによって、東国を意味する「あずま」の由来を創ったのです。物語性が優れている古事記の面目躍如たる一面です。

そして、「あずまはや」と嘆いた場所は箱根の足柄峠になっています。東国地理に不案内な古事記の編者は、「あずま」の由来が「あずまや」と呼ばれる夫婦山にあると承知していても、その山がどこにあって鳥居峠と深く関わりのある山であるところまでは理解していなかったと思われます。記述の目的は「あずま」という言葉の由来の創作ですので、物語の筋さえ通れば「あずまはや」と嘆く場所は東国でありさえすれば、どこでもよかったのです。そこで、弟橘媛が入水したと記述した浦賀水道に近い足柄峠を選んだのでしょう。

今も箱根を境に東日本と西日本を分ける習慣があるように、かつて足柄峠は東海道筋における東国支配の要衝であったのかも知れません。

日本書紀では「あずまはや」と嘆く場所は碓氷峠です。

日本書紀の編者は古事記のストーリーを踏襲しながら、自らが書き加えた日本武尊の足取りと矛盾しないように修正を行った結果が碓氷峠なのです。彼らは「あずま」の由来が「あずまや」と呼ぶ夫婦山にあると知っていましたし、山の所在場所も、鳥居峠と深く関わりがあることも知っていたと思われます。「あずま」の由来を素直に記述できない理由は古事記の場合と同じです。

「あずまはや」と嘆く場所を古事記と同様に足柄峠にすると日本武尊の帰路の道順が限られ、編者が記述したいと思っている東国各地の地名を配置しにくくなります。由来の原点である鳥居峠でも差支えなかったはずですが、碓氷峠になりました。記紀を編纂した8世紀初頭において、長野~群馬間は碓氷峠を越える道が東山道として整備されていましたし、こちらが東北蝦夷征討のための主要道になっています。「あずまはや」と嘆く場所は、物語の構成としては碓氷峠が順当だったのです。

もしかすると碓氷峠越えが最初に設定され、その後に各地の地名を順序づけたのかも知れません。これを書いているうちに、むしろそちらの可能性の方が大きいと思うようになりました。


これで、四阿山の存在が「あずま」の一説を創作させた、の解釈を検証する作業は終了です。日本武尊が「あずまはや」と嘆いたとする本当の理由が明らかになりました。

古事記、日本書紀については古くから多くの方が研究されています。ここでは「あずま」の一説とその前後だけを取り上げ、従来とは全く異なる視点で検討しました。3章で記した「毛野」の建国、10章で記した「あずまや」の語源や鳥居峠を越える縄文往還道の存在、すなわち縄文の言葉による地名山名の探索があったためにできた解釈です。

ここまでの結果を踏まえ、四角錐状の屋根を持ち公園などの景勝地に建つ小屋「あずまや」と「四阿山」の「あずまや」との因果関係、および、神社に建つ「鳥居」の起源にも言及します。

「東屋（あずまや）」と「四阿（あずまや）山」の因果関係

「あずまや山」は山の形が四角錐の屋根に似て、このような小屋を東国風の小屋との意味で「あずまや」と呼んでいるところからこの名前が付けられた。中国ではこのような小屋を「四阿」と書くので、ここでも「四阿」と書き、これを「あずまや」と読ませた。というのが従来からの有力な山名由来説です。

「四阿山」の語源や、「あずまや山」が東国の意味になった理由からわかるように、因果関係は全く逆であって、四角錐を想像できる「あずま」が先にあり、後から「四阿」と書く小屋文化の伝来があったのです。「あずまや」の語源は「アッパイワ」、意味は「裸の山」で、縄文に遡る山名です。「あずまや」山は、上州街道側から見ると四角錐を想像できる山というだけで、山全体が四角錐をしていないことは地形図を見れば明白です。

中国では四角錐の屋根を持つ休息小屋を庭園などに建てる「四阿（しあ）」文化がありました。日本にその文化が伝来した時代はわかりません。奈良・平安の頃とします。四角錐の屋根型を想像できる「あずまや山」の存在を知る当時の知識人が、「あずまや」に「四阿」の漢字を当てると同時に、「あずま」が東国の意味として定着していることから、その「あずまや」に日本語風の漢字「東屋」を当てたのが始まりと思われます。

神社に建つ「鳥居」の起源

「鳥居」は神社にとって必要不可欠な付属施設になっていますが、その起源・発祥や名称の由来はわかっていません。日本の神社の使いがニワトリであるとし、そのニワトリが止まる横木が鳥居の原型であるとか、「通り居る門」から鳥居と呼ばれるようになった、などの説もあります。

「鳥居」の名称も形も、原点はここまでに説明した長野~群馬間の鳥居峠にあると考えます。鳥居峠の「とりい」の語源は縄文の言葉「トゥルイェ」でした。意味は「彼の尾根」「尾根のその場所」です。鳥居峠は群馬県と長野県を結ぶ縄文往還道の頂点に位置し、峠の南側は「神が隣に座る」という浅間山の平穏祈願に向かう尾根道の入口であり、北側は先祖を祀る四阿山へ向かう尾根道の入口です。この場所に神がいるところに向かう道の入口としての目印があっても不思議ではありません。縄文時代、この場所に鳥居状の構造物が創られたのではないでしょうか。

鳥居峠越えが主要道で大和朝廷の役人や軍人がここを通過した3世紀末から4世紀後半の頃も土地の人たちの信仰は続き、鳥居状の構造物は縄文以来ずっと受け継がれていました。これを見た役人たちは都に戻った後、自分たちの神を祀る場所の目印として似たものを設置したのです。名称はもともと設置されていた場所の名称「トゥルイェ」をそのまま採用し、徐々に転訛して「とりい」になります。その後、神を祀る場所の目印として普及し、形式も整えられ、現在の「鳥居」になったと考えます。

長野県塩尻市を通る旧中山道の奈良井宿と藪原宿の間に鳥居峠があります。また、赤城山の山頂近くにも鳥居峠があります。峠の名称の由来は、この場所に鳥居が建てられたからとする説が一般的ですが、そうではなく、これらも縄文の人たちが使用した峠であって、彼らがそこを「トゥルイェ」と呼んでいたのです。意味は「彼の尾根」「尾根のその場所」です。

12章　奥鬼怒にある「オソロシの滝」の正体

数年前、鬼怒川の源流である奥鬼怒から尾瀬への入口のひとつである大清水小屋へと歩いたことがあります。川治温泉駅で電車からバスに乗り換え女夫淵（めおとぶち）で下車し、そこから歩き、この日は手白沢温泉に泊りました。翌日、日光沢温泉を過ぎてしばらくすると「オロオソロシの滝」と書いた標識と矢印が現れます。何とも恐ろしそうな名前なので、一度見たり聞いたりすると忘れません。大清水小屋へは矢印の方向に曲がらずに直進します。すると今度は「ヒナタオソロシの滝」の標識と矢印が出てきます。寄り道をしたい気持ちはありましたが、先を急ぐため滝を観ずに通り過ぎました。

帰宅後、名前の由来を調べると「オロ」は「日陰・北」、「ヒナタ」は「日向」、「オソロシ」は「恐ろしい音がする」が通説です。それぞれが「日陰・北」あるいは「日向」に位置し、大雨のときには恐ろしいほどの音を響かせて水が流れ落ちる、との意味だそうです。由来の原点は江戸時代にあると書いた記事もあります。

通説は、一見もっともらしいですが、大雨時に大きな音をさせて流れ落ちるのはどの滝も同じです。それをわざわざ「オソロシ」と付けて名称にするとは、命名の仕方としてはお粗末です。また、「オロ」を「日陰・北」の意味とする辞書は何処にもありません。「ヒナタ」を「日向」としたため、その対語として「オロ」を「日陰・北」と解釈したのでしょう。古くからある名称に日本語の意味を当てはめた〔こじつけ〕であるように思えてなりません。アイヌ語説もありますが、その言葉や意味は示されていません。

尾瀬では多くの地名山名がアイヌ語で説明でき、語源は縄文に遡ると2章で説明しました。尾瀬、奥鬼怒、奥日光は距離的に近く、それぞれに道がつながり、この地区には縄文に遡ると思われる多くの地名山名が残されています。縄文の人たちが往来した証です。「オロオソロシ」「ヒナタオソロシ」も縄文に遡る言葉と考えられ、ここではこの二つ言葉に限って語源を探ります。

「オロオソロシ」の名称から想定されるアイヌ語を知里Iで検索します。

or,-o おㇽ ①内、中。②所。

osirusi オしㇽシ【トカチ】断崖。[o（尻が）sir（水際の断崖）us（についている）-i（もの）]

「オロオソロシ」とはアイヌ語「oro-osirusi オロオシルシ」がそのまま当てはまります。もちろん縄文に遡る言葉です。「オロ」とは「オㇽ」の第三人称形であって、「その（彼の）内・中」と「内・中」を強調した言葉です。「オロオシルシ」で「その内側（は）断崖」との訳になります。語源は間違いないと確信するものの、「その」をどのように解釈するか悩みました。「落下する水」と解釈すれば、「オロオシルシ」は「落下する水の内側は断崖」の意味になりますが、これは滝としては当り前のことです。

これまで見てきたように縄文の人たちは、自然の風景・日々の生活・神への畏敬の気持ち、などを巧みに描写して地名山名にしています。当たり前のような名称は付けません。何か気持ちが込められているはずです。「オロオシルシ」で何を表現したいのか、再訪して現地を確認したいところですが、容易に行ける場所ではないのでネットで調べることにしました。

沢屋とか滝屋とかいって沢登りや滝登りを趣味にする人たちにとって、「オロオソロシの滝」や「ヒナタオソロシの滝」は名の知れた滝のようで、彼らが遠くであるいは直近で観た滝の様子を写真や文章にしてブログで紹介しています。それらを参考にし、2万5千分の一の地図と見比べながら、それぞれの言葉の意味を探りました。

「華厳の滝」のように落ち口から滝壺まで水が一気に落下する滝を想像していたのですが、そうではなく、二つの滝は急な傾斜のある岩肌を水が流れ下る、いわゆる滑滝（なめたき）が階段状に何段にも連続した滝であることを知ります。個々の滑滝の高さは5～30m、滑滝をつなぐ平らな部分は渓流であって、それらがほぼ直線的に縦に並びます。遠目には滝の手前にある木々が視線を点々と遮るため上から下までを連続した一筋としては見られませんが、よく眺めると滑滝部分と渓流部分を見分けることができ、その一筋は直線ではなく微妙に曲がっている様子も分かります。いずれの滝も150m程の落差があり、500m以上離れた展望台から眺めるそれぞれの滝の姿に大きな違いはありません。

「オロオソロシの滝」は南を背にしているので、「日陰・北」はある意味で正解です。しかし、それを「オロ」に結びつける根拠はありません。滝の最上部の上は空が開けていて日の高いうちは滝の部分にも日光が差し込み、ブログにも日の当った写真が掲載されています。

一方、「ヒナタオソロシの滝」は東を向いているので午前中は日が当たりますが、午後になると全くの日陰になります。

それぞれに「日向」「日陰」を名称にするほど陰影に差はないように見受けました。

「オロオソロシの滝」は赤茶色した岩が特徴です。滑滝の部分は幅が広くなったり狭くなったり、長くなったり短くなったり、傾斜が急になったり緩くなったりと複雑に変化する岩肌です。その岩肌の上を飛び跳ねるようにあるいは滑るように、多様に変化しながら流下する水の美しさ・豪快さが滑滝の魅力です。遠くから眺めるだけではこの美しさ・豪快さを肌で感じることができません。

沢屋とか滝屋という人たちは水の流れる岩肌を直に登ります。たまらない快感だそうです。彼らのブログを読むだけでもその感触が伝わってきます。岩肌によっては直接に登るだけの技術を持たない人もあり、その場合は迂回して滝の上に立ち、次の滝に挑みます。彼らは岩に滑らないよう底に鋲の付いた地下足袋や手製の草鞋を履くそうです。ブログには「今回も、ワラジのフリクションはバッチリです」との文がありました。これらの写真を見、文を読んだとき「その内側は断崖」が何を表現しているか、理解できました。

縄文の人たちも手製の草鞋を履いてこの滝を登ったのです。そして、豪快かつ美しい滝の水に直接触れ、快感を味わったのです。「オロ」と第三人称形した「その」とは、岩肌に乗せた自分の足元を強調した言葉と解釈できます。岩肌を流れる水に浸した足には草鞋をつけますが、その裏側は崖面です。したがって「オロオシルシ」とは「水の流れに浸したその足の裏側は断崖」との意味であって、豪快かつ美しい水の流れに身をさらした体感・実感を言い表した言葉といえます。


次は「ヒナタオソロシ」です。

「オロオシルシ」が縄文に遡る言葉とわかりましたので、当然「ヒナタオソロシ」も縄文に遡る言葉と考えねばなりません。「オソロシ」の語源は「オシルシ」です。しかし、アイヌ語に「ヒナタ」はありません。何かが転訛した言葉なのでしょう。

知里Ⅰを検索し、現地の状況と「ヒナタ」に近い音を考慮して、「pira-ka ピラカ」を仮に設定します。


pira-ka（-si）ピらカ　崖の上。

「ひなた」までの音の変化です。

pira-ka ピラカ→ firaka フィラカ→ hinaka ヒナカ→ hinata ヒナタ

p音からh音への変化は2章、7章でも説明したようにp→f（唇子音）→hです。「ピラカ」「ヒナタ」と音だけを聞くと両者に隔たりを感じますが、転訛の過程を順に追えば、それほど不自然ではありません。

「ヒナタオソロシ」の語源は「ピラカオシルシ」になり、訳は「崖の上の断崖」ということになります。滝は階段状になっているので、それを「崖の上の断崖」と表現したのであろうと当初は考えました。しかし、その状況は「オロオシルシの滝」も全く同じです。それが理由ならば「ピラカオシルシ」ではなく「もう一つのオロオシルシ」とでも呼ぶような名称の方が適切であろうと考え、この解釈はボツにしました。すると「崖の上の断崖」で何を言い表したいのか、全く見当が付かなくなります。ここも沢屋さんや滝屋さんがネットに紹介する写真や文章を頼りにします。

掲載された写真を一見して気付くのは滝を構成する岩盤の色の違いです。「オロオソロシの滝」が赤茶色に対して「ヒナタオソロシの滝」は灰色です。岩の質が違っているのでしょう。しかし、岩の色の違いでは「崖の上の断崖」を説明できません。「ヒナタオソロシの滝」を遡上しながらそれぞれの滝の姿を説明するブログの記事と「オロオソロシの滝」の記事を比較しながら読み進みます。場所の違いによる滝の形状の違いは見られるものの、「ピラカオシルシ」を説明できるほどの違いがなかなか見えてきません。

やがて記事は、展望台から見る「ヒナタオソロシの滝」の最上段に位置する滑滝に進んできます。この滝は、高さが30m近い大きな一枚岩の上を二つの方向から岩肌を滑るように流れ出た水が岩盤の中央部で一つに合わさる滝であって、「ヒナタオソロシの滝」の中で最も美しい滝とされ、沢屋さんや滝屋さんの仲間内では「本当のヒナタオソロシの滝」と呼ばれるそうです。ブログの筆者は美瀑と表現し、この美瀑をしばらく堪能した後、下に戻る方向に足を向け歩み始めるそうです。数歩進んだそのとき、美瀑の上に幾筋かの水の流れが見えたそうです。「うわさに聞いたことのある滝」のようでして、確認のため下への戻りを止め、足場の悪い崖面に取り付き迂回するようにして美瀑の上に登ります。

そこに、水平な崖の隙間から幾筋もの水が何段かに亘って大量に噴き出し、水量の多い白糸の滝のようになって崖面を流れ落ちる、見事な滝が現れます。ブログはそれを次のように綴ります。

これは凄い光景です。彼方此方の岩間から噴出した水が、幾筋もの滝となって流れ下ってきます。此処から「ヒナタオソロシ」が始まるのだと思うと感無量です。あまりの素晴らしさに、唖然として見とれてしまいました。(http://blogs.yahoo.co.jp/mtjhs097/1832475l.html より)

「ピラカオシルシ」が表現したかったのはまさにこの景色です。間違いありません。縄文の人たちは、ブログの筆者と同じように滝を登り詰め、この素晴らしい景色に遭遇し、感動してこの滝を「ピラカオシルシ」と呼んだのです。

この部分の滝は遠望することができません。ですから「ピラカオシルシ」が意味する「崖の上の断崖」の最初の「崖」は、遠望できる範囲の滝を指し、「上の断崖」がここで見た滝を言い表していることになります。

「ピラカオシルシ」とは「崖の上の断崖」の意味で、最上部に位置する最も素晴らしい滝だけを指す言葉です。「ヒナタオソロシ」と転訛し、滝全体を指し示す名称になってからも、杣人など特殊の人たちの間では語源通りの言葉として言い伝えられてきたのではないでしょうか。それが「本当のヒナタオソロシの滝」だったのです。近現代になると杣人もいなくなり、下請け、孫請けのような形で沢屋さんや滝屋さんという人たちに伝わります。伝わる過程において、外見上の最上段の滝が「本当のヒナタオソロシの滝」に置換わり、「本当のヒナタオソロシの滝」が「うわさに聞いた滝」に置換わったと想像します。したがって、「ピラカオシルシ」の言葉で縄文の人たちが言い表したかった景色は、置換わる前の「本当のヒナタオソロシの滝」の中に生きていたといえるのではないでしょうか。

「ヒナタ」の語源を「ピラカ」と仮に設定して探索を進めてきました。結果としては仮を外してもよさそうです。「ピラカ」が「ヒナタ」に転訛したということになります。

「オロオソロシ」「ヒナタオソロシ」の語源探索の結果は、縄文の人たちは単に生活のためにのみ行動するのではなく、旺盛な好奇心や冒険心を持って行動もするのだ、ということを改めて認識させてくれました。これまでにない彼らの別な一面を見た思いです。

13章 「金比羅」「日高」「日高見」は兄弟

北海道南部中央には南北に連なる日高山脈があり、山脈の西側は襟裳岬までがかつての日高国です。山田Ⅰは日高地方にある多くのアイヌ語地名について解説します。しかし、「日高」そのものについては所在する位置について記すだけで、語源や意味については何も説明しません。その中で平賀(ぴらか)という地名を詳しく解説している部分があり、その一部を再掲します。

平賀(ぴらか)(日高国門別町) ピラ・カ Pira-ka「崖・(の)上」

カ ka は、「上」「表面の意」。日高本線の富川駅で下車すると、そこはアイヌ文化が栄えた、沙流川の川口である。そこから沙流川筋の首邑平取(ぴらとり)の方に向かって川を遡ると、富川の町並みを外れた辺りで、対岸の長い崖続きが見える。その崖がこの地名のもとになったピラ(崖)で、その崖の「上(カ)」に昔、大きな部落(コタン)が栄えた。その部落の名をいうときにはピラ・カ・ウン・コタン「崖・上・の・村」と呼んだ。

(『山田秀三著作集 アイヌ語地名の研究』第1巻 p.28)

抜粋文中にある平取(ぴらとり)は、8章で説明した横浜の三ツ沢貝塚より発掘した人の頭骨からアイヌ人と縄文人は同じであるとの結論を導いたニール・ゴードン・マンローが、後半生をアイヌ人と共に生活した場所です。

北海道日高国の「ひだか」はこの「ピラカ」が転訛した言葉と考えていました。しかし、そうではなく戊辰戦争（１８６８～１８６９）後、北海道に11の国が新たに設けられ、そのときの一つであると知ります。松浦武四郎が日本書紀に書かれた日高見国をこの地に相当させて政府に上申したことによって付けられた地名だそうです。松浦武四郎とは江戸末期から明治にかけて全国各地を旅した三重県出身の探検家で、北海道、当時の蝦夷へは何度も足を運び『東西蝦夷日誌』を書いています。明治政府では開拓判官となって、北海道という名称をはじめ北海道各地の国名、郡名の選定に携わりました。

山田秀三はこれを周知のこととして、「日高」の語源などに触れなかったと思われます。

ここで書く「ピラカ」は前章で説明した「ピラカ」と同じです。前章では「ヒナタ」に転訛しました。「ピラカ」には変形や転訛した言葉が他にもたくさんあり、縄文地名にとって重要な言葉の一つと考えています。

知里Ⅰは次のように記します。

pira-ka（-si）ピらカ　崖の上。

金比羅（こんぴら）

先ず、「ピラカ」の変形語からです。

「pira-ka ピラカ」の前後を入れ替えた「ka-pira カピラ」も意味は同じ「崖の上」になります。沖縄地方にはアイヌ語と共通する語が多くあるといわれ、「ピラ」もその一つです。石垣島に川平(かびら)湾、川平(かびら)石崎があり、それぞれが崖面に位置し「崖の上」を意味する「カピラ」そのものです。川平姓もあります。地名の「カピラ」から採られたのでしょう。

今の日本語の中には地名人名で前後を入れ替える例を多く見ます。山田・田山、中村・村中、田中・中田、中川・川中、……などたくさんあります。このように地名人名における言葉の前後入れ替えは縄文以来の慣習なのかも知れません。

5章の「kan-rap カンラプ　上方の翼」で説明したように、「上」を意味する「カ」は「カン」とも変形します。ですから「カピラ」は「カンピラ」ともいい、意味は同じ「崖の上」です。ただ、現在のアイヌ語の資料に「カンピラ」は見当たりません。

「カンピラ」、どこかで聞き覚えがないでしょうか。そうです。「こんぴらさん」の「こんぴら」です。「こんぴらさん」とは四国讃岐国（香川県）の象頭山にある「金刀比羅宮」で、海上交通の守り神とされ、漁師・船員が航海の安全を祈願したり、海事関係の殉職者を慰霊したり、など広く崇敬されています。全国にある金刀比羅神社・金毘羅神社・琴平神社などの総本宮とされます。江戸時代は金毘羅参りが盛んに行なわれるなど庶民の間にも信仰が広がりました。「こんぴらさん」と呼ばれるようになったのはこのころです。祭神は大物主命（おおものぬしのみこと）で金毘羅大権現を別名とし、相殿が崇徳天皇です。江戸時代までは神仏混合の社寺象頭山松尾寺でしたが、明治の神仏分離によって神社「金刀比羅宮」になりました。

ここで「金毘羅大権現」について説明します。

平安時代初期、神仏混合の考え方が発展し、仏が神の姿になってこの世に現れるという本地垂迹説が成立します。「権」は「臨時の」「仮の」という意味であって、「権現」とは仏が神の姿になって仮に現れるとの意味の神号です。そして、金毘羅大権現とは仏の化身として現れたヒンズー教の神クンビーラです。大物主命は金毘羅大権現を別名にしたことになっていますので、それは平安時代以降になります。

象頭山松尾寺の起源由来には、祭神である大物主命の神話の世界に起因する説がありますが、神話の世界では非現実的です。修験道の開祖役小角（えんのおづぬ）が象頭山に登った際に「金毘羅の神権」に遭って開山したとする説もあります。役小角は奈良時代の人物ですので、「金毘羅の神権」と「金毘羅大権現」とは別な神でなければなりません。「この山の鎮座巳（すで）に三千年に向（ちか）づく」（金毘羅宮ホームページより）と記した300~350年前の古書もあります。

要するに、起源由来はよくわかっていないのです。「昔から「こんぴら」に相当する地名山名が四国のこの地に存在し、そこで海の安全祈願などの祭祀が永年営われていた。平安時代になると社寺が創建され、「こんぴら」の名に因んでクンビーラ（宮毘羅）が金毘羅となって祀られるようになった」。このように考えれば起源由来は単純明快です。その「こんぴら」に相当する地名が前記した「カンピラ」です。意味は「崖の上」で、縄文に遡る言葉です。

この地に住んだ縄文の人たちは、生活の糧を海の漁労と山野の狩猟・採集に求めました。周囲では最も高く瀬戸内海を見下ろせる位置にある象頭山を自分たちのシンボルとして、また自分たちを見守ってくれる神がいる山として崇敬したのです。漁労の安全祈願や、海山からの恵みへの感謝の儀式も象頭山で営みました。象頭山は岩の多い山なので、この山を「カンピラ」と呼んだのです。したがって、「カンピラ」とは神仏の名称ではなく、縄文の人たちが崇敬した象頭山そのものを指す言葉だったのです。今も象頭山の別名は金毘羅山（こんぴらやま）ですし、琴平山（ことひらやま）とも呼びます。

象頭山海側の山麓には「尾の上遺跡」「池下遺跡」「中村遺跡」「矢ノ塚遺跡」「弘田川西岸遺跡」「国分台遺跡」など、多くの縄文遺跡があり、中には旧石器に遡る遺跡もあります。弥生・古墳以降の遺跡も多くあります。これらの遺跡の住人が象頭山を「カンピラ」と呼んで崇敬した人たちでしょう。

飛鳥、奈良……と時代は変遷し、栄枯盛衰はあったものの、「カンピラ」が「こんぴら」に転訛しただけで縄文の人たちの心は時代を越えて受け継がれ、今があります。その間に、「カンピラ」と語呂を合わせるように、時代を背景にしたクンビーラが金毘羅大権現になって登場します。

金毘羅大権現が現れる以前においても、縄文以来受け継がれてきた「カンピラ」は人々の信仰の対象になっていたことは言うまでもありません。役小角が象頭山で神権に遭ったとされる金毘羅は金毘羅大権現ではなくこの「カンピラ」だったのです。役小角説の真偽はともかく、この説の存在は、金毘羅大権現が出現する以前においても「カンピラ」は健在であったことを示しています。

7章の富士山の浅間神社の祭神について、日本に先住した人たちが崇めた神を祭神としたのでは朝廷に認知されないと説明しました。ここも同様に、社寺を創建するとき「カンピラ」が祭神では朝廷に認められないため、朝廷所縁(ゆかり)の大物主命を祭神として祀り、「カンピラ」を「こんぴら」に置き換え、ヒンズー教の神「クンビーラ」を金毘羅大権現として、大物主命の別名にしたと考えられます。

国内には金毘羅神社、琴平神社、金刀比羅神社など「こんぴら」に関係した大小さまざまな神社があります。四国の金毘羅宮から分霊・勧進したと明記する大きな神社もあれば、小さな祠だけの神社もあります。前者の神社を別にすれば、多くは、かつて付近に住んだ縄文の人たちが「カンピラ」と呼んだ場所を、時代に合わせて「こんぴら」と称して神社にしたのではないでしょうか。

象頭山の別名が金毘羅山であるように、金毘羅山も全国に散在します。近くに住んだ縄文の人たちが「カンピラ」と呼んで慣れ親しんだ山と考えます。

京都大原三千院の近くに標高573mの金毘羅山があり、山頂までの登山コースも整っています。この山はロッククライミングの練習場とするほどの岩場を有する山で、その筋には知られた山です。登山コースも岩でゴツゴツしています。まさに「崖の上」を意味する「カンピラ」そのものです。

浅間山の天明大噴火のとき群馬県嬬恋村の一部は火砕流で埋め尽くされました。その火砕流の流れを遮るかのように金毘羅山があります(図6−1(113ページ)を参照)。浅間山と同時期に造山された山と推定します。この「こんぴら」も語源は「カンピラ」です。近くには草津縄文集落などがあり、集落の人たちは四阿山を畏怖畏敬の山、先祖崇拝の山として崇め、そして金毘羅山は身近な神がいる山として日常的に親しんだ山と想像します。

安曇野の南端に金比良山があります。17章で説明しますが、この山も近くに住んだ縄文の人たちが「カンピラ」と呼んで親しんだ山です。

日高(ひたか、ひだか)

本州には日高地名が散在します。四国にも九州にもあります。「ひたか」であったり「ひだか」であったり、呼び方はそれぞれです。これらの日高の語源の多くは「崖の上」を意味する「ピラカ」が転訛した言葉と考えています。もちろん縄文に遡る言葉です。

まず、音の変化です。

pira-ka ピラカ→ firaka フィラカ→ hitaka ヒタカ→ hidaka ヒダカ

「ピラカ」から「ヒタカ」あるいは「ヒダカ」への転訛に不自然さはありません。

本州、四国、九州に12の日高地名を探し出せました。それぞれの「日高」が「ピラカ」にまで遡れるか、調べます。

①岩手県奥州市水沢区日高西

この地域にはアテルイの戦いの8年後となる810年創建という日高神社があります。大和朝廷によって平定された日高見国を継承するとして創られた神社といわれ、日高西とは日高神社の西側に位置することによる地名です。「ピラカ」とは直接の関係はなさそうです。

②茨城県日立市日高町

明治22年（1889）の町村制施行によって、田尻村と小木津村が合併して多賀郡日高村となり、その後、昭和30年（1955）に日立市に編入されました。日高を採用した理由は分からず、「和名抄」にも常陸風土記にも日高地名は出てきません。ここの日高は村の合併によって新たに作られた地名のようで、「ピラカ」とは関係なさそうです。

③群馬県高崎市日高町

明治22年（1889）の町村制施行により、日高村と他4村が合併して新高尾村になりました。その後さらに合併を繰り返して現在があります。日高は合併の過程で新しくできた地名ではなく、もともと存在した地名とわかります。

約2万3000年前、浅間山の前身である昔の黒斑山が大規模な山体崩壊を起し、崩壊土砂は吾妻川そして利根川に沿って流下して榛名山が創る相馬ケ原扇状地の南東に堆積して前橋台地を形成しました。日高町は扇状地と台地の境界付近に有り、高崎市と前橋市の中間に位置します。台地は雨水によって侵食開削され、川と低地部と台地部に分けられます。低地部には4世紀の浅間山の大噴火による降灰によって埋設された群馬県最古の水田跡である日高遺跡があります。

日高遺跡は関越自動車道建設工事の事前調査によって昭和52年に発見され、資料3‐4に調査結果の概要が記されています。侵食開削された台地の低地部を巧みに利用し、畦（あぜ）によって90～120㎡ほどの面積に区画された水田が並んでいます。弥生後期から古墳時代にかけて継続して使われた水田と考えられ、周辺の微高地には竪穴式住居跡や墓地や井戸も確認されています。井戸からは焦げた米粒が発見されました。

このような状況ですから、遺跡周辺の台地部のどこかに日高の語源となる「ピラカ」と呼ばれた場所があるのではなかろうかと考え、その痕跡を求めて地図を丹念に調べました。遺跡南部の前橋台地部分に日高神社を見つけました。有力な手掛かりになりそうです。詳細な立地地形や遺跡との位置関係は地図からはよくわかりません。後日現地調査によって確認することにして、ネットで日高神社を調べます。

写真と簡単な説明がありました。日高神社は狭い敷地に質素ではあるけれども整った小さな社殿と厳島神社に似た形の鳥居を有し、町の施設らしき建物が境内に面して建てられています。祭神は大日孁命（おおひるめのみこと）と豊宇気毘売神（とようけびめのかみ）です。大日孁命とは天照大神の別名であり、豊宇気毘売神とは天照大神の食事担当で豊穣の女神とされ、それぞれの神は伊勢神宮の内宮と外宮の祭神です。日高神社に伊勢神宮の2神が祀られた理由はわかりませんが、大和朝廷の成立と何か関わりがあるかもしれない、との予感を抱かせました。

日高遺跡と日高神社の位置を図3‐2（61ページ）に書き入れました。いずれも縄文遺跡の空白部分にあるとわかります。竜見町式土器が発見された地域は南側に広がり、上野国府は北側数㎞にあります。

３章で説明したように、群馬県の水田稲作は竜見町式土器を持ち込んだ人たちが高崎駅の近くに住み始めたところから始まりました。２世紀の後半です。その後、水田稲作は日高地区の方向に広がり、さらに上野国府の方向へ広がった、と図3-2の竜見町式土器の発見場所や日高遺跡の位置から読み取れます。

この頃、近畿圏で覇権を確立したヤマト王権の脅威がこの地にも徐々に及びつつあり、水田稲作によって富と力を蓄えた一族あるいは集落が、迫りくるヤマト王権への抵抗勢力の盟主となってクㇴネ国を創設し、さらに、危機感を共有する他の周辺集落や栃木県側の集落も糾合して大クㇴネ国へと成長します。

クㇴネ国創設以降、地区の中心は上野国府付近にあったと考えれば、日高地区は長期にわたって中心にきわめて近いところに位置していたことになります。日高神社の場所で護国豊穣や先祖供養などの祭祀が営われたのではないでしょうか。段丘状の小高い場所にある神社と日高の名称がそれを語っているように思います。この場所は「ピラカ」と呼ばれた祭場だった可能性は大です。意味は「崖の上」です。社殿などはなく、立木と石を組み合わせただけの原始的な祭場であったことは説明するまでもありません。

ここまでを記述してしばらく経った２０１５年４月末の晴れた日、日高神社と日高遺跡を訪れて地形やお互いの位置関係を確認し、上野国府跡とされる宮鍋神社まで歩きました。

日高神社近くの駐車場に車を停め、神社に向かいます。神社に近づき、緩い勾配の道路を少し上るとネットの写真で見たままの神社がありました。由緒書きはなく、神社を初めて訪れただけでは由来も祭神もわかりません。裏に回ると秋葉大神、淡島大神と書いた二つ石碑がありました。これらの神も祀られているのかもしれません。境内の北側はわずかに下り勾配になっていて、日高神社は周辺よりも少し高い場所に位置することはわかりますが、想像していたほどの高台ではありません。

境内北側の下り勾配の先に草の生えた空き地が広がります。空き地の先をJR上越線が東西に走り、線路を越えると日高遺跡です。空き地の左側を関越自動車道が南北に走り、この自動車道を工事する際の事前調査によって日高遺跡が発見されました。関越自動車道に沿う一般道を北に歩き日高遺跡に向かいます。JR上越線の踏切の手前右側に「史跡日高遺跡」の大きな石柱が現れ、簡易な柵が設けられていました。日高神社から見えた草の生えた空き地の入口です。日高遺跡は踏切の先と認識していたので意外に思いながらも、確認のため柵の脇を通って空き地に入りました。高さ2mほどの方形盛土が数カ所にあるものの、全くの空地です。草の生えた方形盛土の上に立って北側を眺めると線路の向こう側に整備中の敷地が広がっています。日高遺跡を遺跡公園として整備していたのです。

遺跡公園は整備中にもかかわらず中に入ることができ、案内標識や遺跡を説明するパネルが既に設置してありました。火山灰によって埋没した水田は、関越自動車道に並行するように、一部は自動車道の下に細長く図示されています。水田は既に埋め戻されていますが、敷地内でもそのあたりは少し低地になっているように見えました。水田の地層断面を説明するパネルは地表から2m以上も掘り下げた位置に4世紀の水田地層を示しています。

環濠集落の存在を示すパネルもありました。水田を耕作した人たちが住んだ場所です。環濠集落はJR上越線を跨がって存在しました。上越線の南側の部分が日高神社から見えた草の生えた空き地で、「史跡日高遺跡」の石柱が建っていたところです。環濠集落は日高神社の直ぐ下方に位置していたのです。この場所に環濠集落の存在を知ったことは今回の現地調査における最大の収穫です。

水田と環濠集落と日高神社の高さ関係を整理すると、水田が最も低地であり、少し高くなって環濠集落となり、さらに少し高くなって日高神社があることになります。日高神社は環濠集落のすぐ南側に位置します。

集落に住んだ人たちはクンネ国の創設以前よりこの場所で祭祀を営んだであろうと想像でき、「日高」の語源が「崖の上」を意味する「ピラカ」である状況は揃ったようです。

日高遺跡を見た後、日高神社から上野国府までの距離を実感するため国府跡とされる宮鍋神社まで歩きました。これが国府跡かと思うほどこぢんまりした神社であって、木立で囲まれたテニスコート1面の広さもない境内に、高さ50㎝程の石造りの祠と祠よりも大きな賽銭箱が置いてあります。中央に大きな楠が1本あるのが特徴です。せっかくの参拝なのでいつもより少し多くのお賽銭を入れ、日高神社に戻りました。真南へ一直線の道であって、普通に歩いても1時間かからず、その近さを実感した戻りでした。

3章で書いたように、上野国府の場所は国府になる以前は大和朝廷の「けぬ柵」であり、さらにその前はクンネ国の中心であったとすれば、日高遺跡の環濠集落に住んだ人たちはヤマト王権に対する抵抗勢力としてのクンネ国の創建に大きく関わった人たちではなかろうか、との思いを強くしました。日高神社から上野国府までを歩いた時間距離の近さがそうさせたのです。そして、彼らは大和朝廷の配下に入った後も「けぬ」国の運営に関わったのではないだろうか。日高神社に伊勢神宮と同じ神が祀られている現実がそれを語っているように思います。

少し横道に逸れます。日高遺跡公園内の水田の地層断面を示すパネルに不可解な説明が書かれていました。水田を埋設した火山灰について「3世紀後半頃の浅間山の大噴火で降下」と説明します。資料11-1の記述と異なるので、後日メールで問い合わせたところ、「最近はこの噴火の発生を「3世紀後半頃」とする研究論文が多くなっているので、それに従った。」との回答でした。4世紀が明確に否定されたのであればともかく、そうではないのに遺跡公園という公的な場所で、偏った説だけを表記するのは適切でなく、「3世紀後半頃～4世紀」と書くべきである、と伝えました。その後の状況は確認しておりません。

少々長くなりましたが以上の結果より、高崎市日高町の「日高」の語源は「ピラカ」として間違いなさそうです。「ピラカ」は縄文にまで遡る言葉であり、日高遺跡の環濠集落に住んだ人たちは弥生末期の時点でも縄文の言葉を話していたことになります。

④埼玉県日高市

日高市は秩父山地の麓にあります。続日本紀の霊亀2年（716）条に「駿河・甲斐・相模・上総・下総・常陸・下野の七ケ国の高麗人1799人を移して高麗郡を設置した」（日高市ホームページより）とあり、古い歴史を有する町です。

江戸時代からあった36村が明治22年（1889）に合併し高麗村・高麗川村・高萩村の3つの村になります。昭和30年（1955）に高麗村と高麗川村が合併して日高町になり、翌年、高萩村も合併します。日高の名称は住民のアンケートによって決まりました。高麗村と高麗川村の「高」と住民がシンボルとして親しんでいる日和田山の「日」を組み合わせた結果とされます。したがって、この日高は「ピラカ」とは関連がない地名になります。

ただ、ここで注目したいのが市民のシンボルであり、ここの日高地名の由来にもなっている日和田山の存在です。秩父山地の先端が日高地区に最も近づいたところにある山で標高305m、比高約210mであって、麓には高麗神社や曼珠沙華（彼岸花）が一面に咲くことで知られる巾着田があります。周辺には旧石器時代の遺跡もあり、昔から人が住んだ場所です。

日和田山はハイキングコースも整い、東京近郊という地理的な条件にも恵まれ、シーズン中はハイカーでにぎわいます。コース内はむき出しの岩が多く、小さな崖をよじ登らねばならないようなところもあります。山の裏側には京都三千院近くの金毘羅山と同じようにロッククライミングの練習に使われる岩場があります。日和田山は、これまでに説明してきた「ピラカ」の意味である「崖の上」と呼ぶにふさわしい条件がそろっています。

縄文の昔から近くに住んだ人たちのシンボルとして存在し、「ピラカ」と呼ばれた山ではないでしょうか。「ピラカ→フィラカ→ヒナタ→ヒワダ」の転訛に不自然さはありません。

また、日和田山は山頂付近に「金刀比羅神社」が鎮座します。前面が開け、巾着田方向を広く見渡せ、巾着田からは肉眼で神社を見ることができます。鳥居と社はともに岩の上に建ち、こちらも「カンピラ」の意味である「崖の上」と呼ぶにふさわしい条件がそろっています。

日和田山はかつて「ピラカ」とも「カンピラ」とも呼ばれた山だったのではないでしょうか。であるとすれば、アンケートによって付けられた地名「日高」は住民の皆さんの意識しない先祖返りだったことになります。

⑤長野県上水内郡中条村日高

現在の長野県長野市中条日高。ＪＲ川中島駅の西方約８㎞、犀川が支流と合流する二股のところに突き出すような小高い山であって、比高は１７０ｍ（標高６３５ｍ）ほどです。域内には縄文後期の遺跡があり、語源は「ピラカ」にありそうですが、古い地名としての日高が確認できません。

⑥愛知県刈谷市日高町

刈谷市は知多湾の入り江の奥に位置しており、洪積台地と台地が侵食された平野部から成ります。台地端からの湧水も豊富で、魚介類が豊富に採れ、昔から人の住む地域であったようです。日高町は逢妻川に向かって突き出た台地にあって、周囲には芋川遺跡（縄文中期）、八ツ崎貝塚（縄文早期後半）、天子神社貝塚（縄文後晩期）、山神遺跡（縄文中期）があり、少し離れて本刈谷遺跡（縄文晩期）があります。

地形や遺跡の状況は、「ピラカ」である条件を満たしていると判断できますが、「日高」の古い地名を見つけられないため、可能性があるとの表現に留めます。

⑦和歌山県日高郡日高町

紀伊水道に面した、昭和29年（１９５４）に3つの村が合併してできた新しい町です。日高郡は日高町よりも古く明治29年（１８７９）に行政区画として設置されます。それ以前から日高が存在したかは分かりません。山が海岸に迫る場所であって、「ピラカ」に相当するところはたくさんありますが、「ピラカ」と「ひだか」をつなぐ根拠を見出すことができません。

⑧和歌山県伊都郡かつらぎ町日高

紀伊水道に注ぐ紀の川を河口から30㎞ほど遡ったところにかつらぎ町は位置し、中心を中央構造線が東西に走ります。紀の川流域から3㎞ほど南に入った標高約５００ｍの山の上に日高があり、今も集落が存在します。近くには全国丹生神社の総本社である丹生都比売（にうつひめ）神社や高野山があり、いずれも「紀伊山地の霊場と参指道」の構成資産の一つとして世界文化遺産に登録されています。

日高は古い歴史が感じられ、場所も「ピラカ」の意味の「崖の上」にあって状況は整っていますが、「日高」の古い地名を見つけることができないので、ここも可能性があるとの表現に留めます。

⑨兵庫県川西市日高町

川西市日高町は大阪湾から猪名川を約12km北上したところに位置し、大阪国際空港（旧伊丹空港）の４kmほど北になります。川西市の中心街に近く、ほとんど桜が丘小学校が所在するだけの狭い領域です。町名の由来は知ることができず、地形的にも「崖の上」ではなく、「ひだか」と「ピラカ」が結びつきません。

⑩兵庫県豊岡市日高町

兵庫県の日本海側に円山川が注ぎ、円山川の河口付近には有名な城崎温泉があります。円山川を海岸から南に約15km入ったところに海抜４〜６m、南北約14km、東西約４kmの豊岡盆地があり、周囲は１００〜６００m程の山地丘陵に囲まれます。盆地は日本最後のコウノトリの生息地で、現在も野生復帰が試みられていることで知られます。

豊岡市の中心部はこの盆地にあり、日高町は盆地の南西部一帯とその西に広がる山地丘陵を含む地域です。「日本後紀」の記録によって、盆地の南西部は８０４年に但馬国府を設けた場所として知られていましたが、近年の発掘調査によって詳細な位置が盆地の最南端にある祢布ケ森（にょうがもり）遺跡であると判明しました。いずれも日高町です。

かつて、豊岡盆地は日本海の入江であって盆地と山地の境界部分から縄文時代の貝塚が発見されていますし、周囲の山地丘陵地帯からも縄文の遺跡が発見されています。

明治22年（１８８９）町村制の施行によって気多郡日高村が発足し、その後合併を繰返して現在の日高町があります。日高はそのとき創られた名称か、以前より続いてきた名称か、わからないまま情報を集め、上記の結果が得られたので、これだけ条件がそろえば地名「日高」は縄文に遡り、語源は「ピラカ」に違いなかろう、と思いながら、改めて1889年以前の日高を調べました。

「和名抄」を見ます。気多郡に日高郷はなく、似た名称として高田郷、日置郷、高生郷があります。さらに調べを進めると、1889年発足の日高村はこの3つの郷が合併した村で、「日高」は郷名の頭の一字を組み合わせた名称であると判明しました。この「日高」の語源は「ピラカ」ではありません。情報収集は徒労でしたが、興味深い勉強ができました。

⑪高知県高岡郡日高村

昭和29年(1954)に日下村、能津村、加茂村の一部が合併して日高村になりました。「日本」と「高知県」から1文字ずつ取って村名にしたとのことですので、「ピラカ」とは関係ありません。

⑫大分県日田市日高日高町

日田市は大分県と福岡県との県境の近くに位置し、筑紫川の支流である三隅川と花月川が合流する標高90mほどの地点にある日田盆地に拓かれた街で、周辺の山地を包含します。瀬戸内海側に向かって山を越えると湯布院や別府の温泉地があります。

以前は日田郡であり、合併を繰り返して日田市になりました。現在の日高地区には日高町、大部町、小ヶ瀬町、古金町、桃山町がありますが、合併以前は三芳村大字日高、三芳村大字大部などであり、日高は一つの狭い地域の名称でした。

「和名抄」は「豊後国日高郡日田郷」を記します。「日高」と「日田」の立場が現状と逆転しているので、少々ややこしくなっています。そして「日高」には「比多」のルビを付けます。

現存の「豊後国風土記」は「日田郡郷伍所」とあり「日高郡」を記しません。池邊彌は「豊後国風土記」や他の古書を比較検討し、「和名抄」は編述する際の参考資料に差し違いがあった、と解釈して日高郡に換えて日田郡を書き「和名抄」の修正を図ります（資料13−1、資料13−2）。

一方、西別府元日は資料13−3で次のように書き、現存の「豊後国風土記」は初稿のものから変化していることを示唆します。

「豊後国風土記」は、1200年以上の時間の流れのなかで、さまざまにその目的が変化しながら伝写されてきた。中央からみた地域把握の手段から、地域に生きるための地域理解の手段・素材への変化ととらえることができるのではないだろうか。（資料13−3 p.59,60）

このように「和名抄」に記された豊後国の「日高郡」は存在そのものに謎があり、解決されないまま現在に至っています。ここの「日高」の語源を探るには、この謎にも応える必要があります。

群馬県にはかつて「クンネ」「クルネ」を公称とし「グンネ」を通称とする一つの縄文集落がありました。公称の一つである「クンネ」は別集落を形成し、やがてヤマト王権への抵抗勢力としての盟主に成長します。王権は「クンネ」を滅ぼして「けぬ」に改め、後に「毛野」と記される国名になります。その後、「毛野」は「上毛野」「下毛野」に分けられ、さらに「上野」「下野」と改称し、「上野」が現在の群馬県です。

もう一つの公称である「クルネ」は「車評（くるまのこうり）」となって大和朝廷に登録されます。「和名抄」は「上野国群馬郡群馬郷」を記し、郡名の「群馬」に「久留末」のルビを付けます。「群馬郡」は「車評」が書き改められた地名ですので「群馬」と書いても「久留末」のルビを付けるのですが、「群馬」の漢字表記は通称の「グンネ」にその根拠があります。ここまでのことは3章の「毛野」建国の歴史の中で詳しく説明しました。

日田盆地においても「毛野」より小規模ではあるものの、より古い時代に同じような建国の歴史があったと考えられます。

かつて日田盆地の周辺に「ピラカ」と称する縄文集落がありました。「ピラカ」の意味「崖の上」が示すように日田盆地周辺の段丘部あるいは山地に住む人たちで、狩猟採集が主な生活の手段でした。この地に水田稲作の技術が伝わるのは群馬県より早い時代でしょう。ピラカ集落の人たちはいち早くその技術を習得して未開の日田盆地を水田として開拓し、ピラカ集落を拡大して富と力を蓄えていったのです。2～3世紀になってヤマト王権による圧力が強まると、ピラカ集落を盟主として周辺の集落が集結し、王権への抵抗勢力としての「ピラカ国」を結成します。結成はしたものの王権に対抗できる軍事力はなく、間もなく「ピラカ国」は滅ぼされます。山中に逃げゲリラ的に王権に反抗する住人もいて、彼らが日本書紀や豊後国風土記で土蜘蛛と称される人の一部になります。

地名として残った「ピラカ」は言葉の意味がしだいにわからなくなるとともに「ひたか」へと転訛します。やがて域内では、「ひたか」の「か」が無声音化した「ひた」も広く使われるようになります。公称が「ひたか」、通称が「ひた」というわけです。

大和朝廷は8世紀になると、行政区分としての「郡郷里(ぐんごうり)」を整備し直します。旧ピラカ国に相当する地域を郡と定め、郡名は公称の「ひたか」を「日高」と記し、通称の「ひた」を「比多」としてルビを付します。通称「ひた」の発祥は日田盆地の中心付近であったためそこが「日田郷」となります。この結果が「和名抄」に記載された「豊後国日高郡日田郷」です。もともとの縄文集落「ピラカ」は現在の「日高町」付近にあったと推定します。

これで和名抄に記された「豊後国日高郡日田郷」についての謎は解決します。この地の「日高」の語源は縄文の言葉「ピラカ」に違いありません。

以上で、本州・四国・九州にある12の日高地名の検討は終わります。「日高」の語源を「ピラカ」とするのに、全く関係ないとされる地名は①②④⑨⑩⑪、地形や縄文遺跡の存在などから可能性は高いけれども決め手を見つけられない地名は⑤⑥⑦⑧、確実と思える地名は③⑫となりました。いずれにしても、「崖の上」を意味する縄文語「ピラカ」が転訛して「ひたか」あるいは「ひだか」となって「日高」と表記されている地名は、本州・四国・九州にそれなりの数で存在すると考えてよさそうです。

前章の結果を合わせると縄文の言葉「ピラカ」は、変形あるいは転訛して「こんぴら」「ひたか」「ひだか」「ひなた」「ひわだ」と多様な言葉になって現在に生きているとわかりました。

日高見

次は、日本書紀に書かれ、北海道の「日高」の由来にもなっている「日高見国」の「日高見」の語源探索です。日本書紀に書かれた「日高見国」は大和から見た東方（関東・東北）を指すとします。そしてこの場合の「日高」は「日が高い」で「日の出」の意味になり、「日高見」とは「日の出を見る」と解釈するのが一般的なようです。他にもいくつかの説がありますが、いずれも漢字「日高見」をどのように解釈するかの相違です。

漢字「日高見」を出発点にしたのでは、どのように解釈しても従来説の域を出ません。呼称「ひたかみ」で出発する必要があります。「ひたかみ」の「ひたか」の語源は縄文の言葉「ピラカ」です。この延長線で考えれば容易に答が出ます。

「pirakaピラカ」は「崖の上」ですが、「piraka-siピラカシ」と「-si」を付けることによって第三人称形になり、「彼の崖の上」との意味になります。「ひたかみ」の語源はこの「ピラカシ」です。「ピラカ」から「ひたか」への転訛はこれまでに説明済みです。最後の「シ」が「み」に転訛したのです。そして、この「シ」には特別な思いが籠っていることはこれまでに説明してきました。

この地方に住んだ縄文の人たち、あるいは列島を追われて東北地方に移り住んだ蝦夷といわれる人たちが、「ピラカシ」と呼び、シンボルとしてあるいは身近な神が住む場所として崇めた山です。

この「ピラカシ」と呼ぶ山は日本書紀の日本武尊東征の記述からすれば東北地方のどこかです。地図で探しました。それらしき山名は見当たりません。東北蝦夷の平定後に名称が換わったのかもしれません。北上川の「きたかみ」は「ひたかみ」の転訛ともいわれるので、北上川の上流部を中心に「ピラカシ」と呼ぶにふさわしい山を探しました。

盛岡市の北方20㎞ほどのところに岩手山があります。岩手県のシンボルであり深田久弥が選ぶ日本百名山の一つでもあります。形が富士山に似て美しい山です。この山の麓に育った石川啄木が「ふるさとの山に向ひて　言ふことなし　ふるさとの山はありがたきかな」との作を残しました。

この山が「ピラカシ」と呼ばれた山であると考えます。この山の存在が「ひたかみ」となって大和朝廷に伝わり、「日高見国」として古書に記載されるようになったのではないでしょうか。

「金比羅」「日高」はともに「崖の上」を意味する「カンピラ」「ピラカ」が語源であり、「日高見」は「ピラカ」の第三人称形「ピラカシ」が語源であって意味は「彼の崖の上」となりました。3つの名称は兄弟の間柄だったのです。

14章　安曇野・穂高・涸沢に潜む縄文の未知

縄文時代、浅間山の東麓の一角は「kur us-i クルウスイ」と呼ばれました。意味は「神がいるところ」です。「クルウスイ」は「かるいさわ」へと転訛して今の「軽井沢」になります。また、「kur us-i クルウスイ」は「kurusi クルシ」とも呼ばれ、「クルウスイ」の付近を水源とする川は「クルシ」から転訛した「からす」が名称となり、「烏川」となりました。これらの語源の探索をしているとき、安曇野にも「烏川」があることを知ります。この「からす」の名称も同じ状況で付けられたとするならば、こちらの烏川の上流方向にも語源となる「クルウスイ」の縄文地名があるはず、というところまで6章で書きました。

本章は安曇野の烏川上流方向に「クルウスイ」の地名を探すところから始まります。

安曇野は北アルプスの東側山裾に広がる平野で、古くは安曇と呼ばれ地元の人達は安曇平と呼んでいましたが、臼井吉見の小説「安曇野」によって有名になり、この名称が定着した、とのことです。

北アルプスの正式名称は飛騨山脈であって、明治10年にイギリス人冶金技師ウィリアム・ガウランドが槍ヶ岳に登った際に「Japan alps」（日本アルプス）と表現したのが始まりです。長野県、富山県、岐阜県にまたがり3000m級の山々が南北に連なる山塊であり、北から白馬岳、五龍岳、鹿島槍ヶ岳と続き、黒部峡谷を挟んで並行するように剣岳、立山があり、さらに南に下って燕岳、大天井岳、槍ヶ岳、穂高連峰、焼岳、

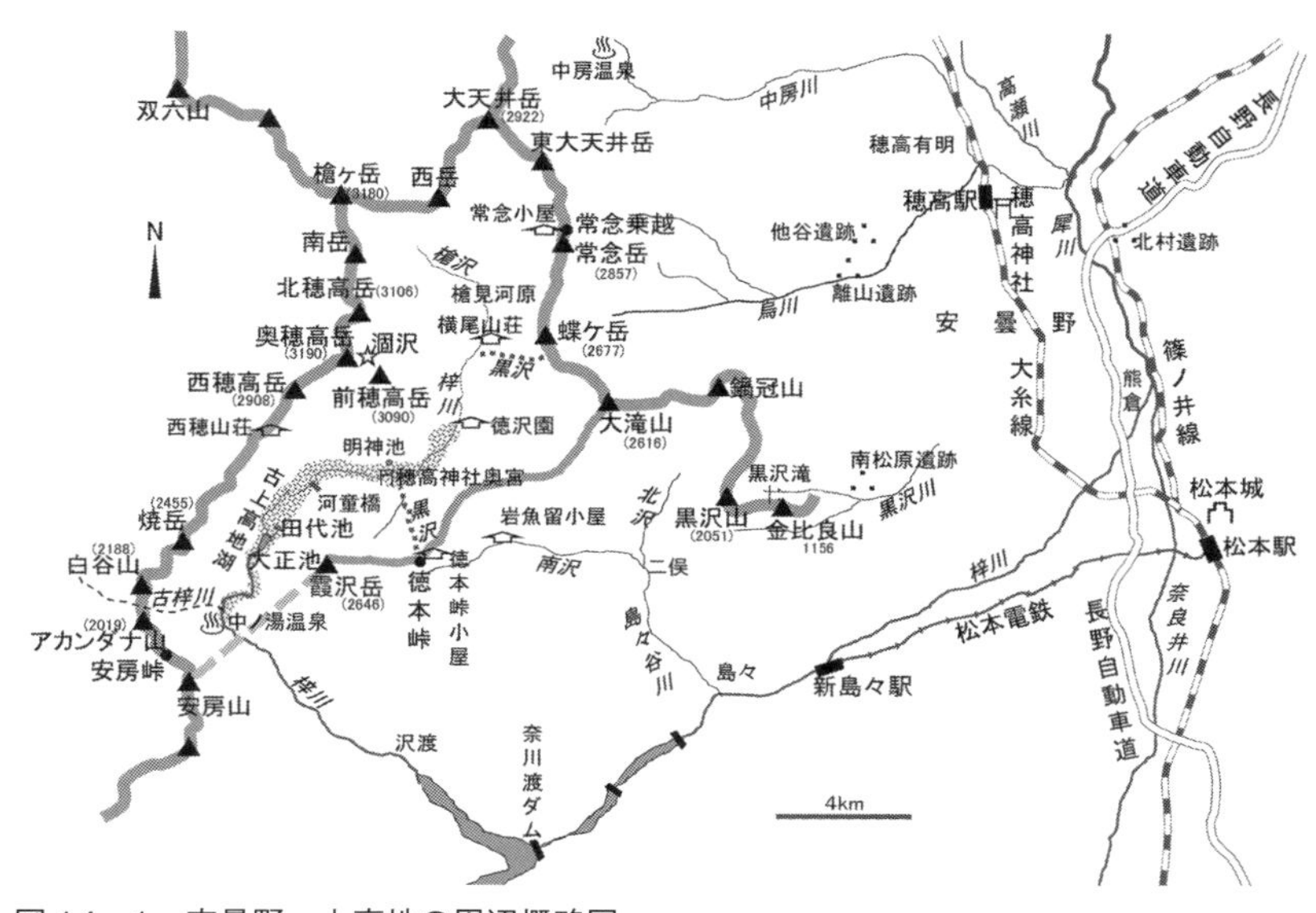

図 14−1　安曇野・上高地の周辺概略図

常念岳、蝶ヶ岳など、私たちがよく見たり聞いたりする名峰といわれる山々が並んでいます。

穂高連峰などの懐に抱かれた上高地は常念岳とその南にある蝶ヶ岳を挟んで安曇野の反対側にあります。

図14−1に安曇野・上高地周辺の概略図を示しました。烏川は常念岳・蝶ヶ岳の東側山腹を水源として沢水を集め、東に流れ下り、安曇野の扇状地を形成しながら中房川と合流し、さらに犀（さい）川に合流します。その後、千曲川を経て信濃川となり日本海に注ぎます。

烏川の「からす」の語源となる「クルウスイ」の地名を水源である常念岳・蝶ヶ岳の東側山腹に探そうとして地図を広げますが見つかりません。群馬県の烏川では鼻曲山など標高約1500mの山を越えた先の浅間山の麓に「クルウスイ」がありました。同様に、こちらも常念岳・蝶ヶ岳を越えて上高地の側に烏川を延長してみました。

その先には横尾山荘があり、さらにその先に「涸沢」があります。上高地の奥にあって、多くの高山植物が自生し新緑や特に紅葉がすばらしく、シーズン中は登山客でにぎわい、テレビでもたびたび紹介されるあの「涸沢」です。図14－1に☆印で示しました。大きな地図で確認してください。「涸沢」は烏川の延長線上に正確に位置します。

「からさわ」と「かるいさわ」、よく似た地名です。「からさわ」の語源も「kur us-i クルウスイ」であるとすれば、安曇野の烏川の「からす」はこの「クルウスイ」から転じた「クルシ」が語源ということになります。

「クルウスイ」から「からさわ」への音の変化を確認します。

kur us-i クルウスイ→kurusuwi クルスウィ→karasawa カラサワ

「からさわ」の語源が「クルウスイ」ならば、「涸沢」とは「神がいるところ」の意味になり、ここへは縄文の人たちが出入りし、彼らはそこに「神」を見ていたことになります。今も多くの登山客を魅了する「涸沢」にこのような縄文の未知が潜んでいようとは全くの初耳です。またしても予期しない展開になってきました。ここからはこの未知に迫ります。

まず、上高地周辺の地理の勉強をかねて、梓川に沿って「涸沢」まで遡ります。

私たちが上高地を訪れるとき、一般には梓川に沿った道路を専用のバスやタクシーで河童橋の少し手前にある上高地バスターミナルまで入ります。途中、島々を過ぎた頃から梓川の渓谷は深くなり、特に奈川渡ダムを過ぎてからは短いトンネルや梓川の左右を行き来する道路橋が多くなり、よくもこんなところに道路を通したなと感心すると同時に、この道路がなかったらいかに大変かを伺い知ることができます。中の湯温泉からは長い釜トンネルがあります。トンネルを抜けると上高地の入口であり、ほどなく大正池、そしてバスターミナルが近づきます。

大正池からは下車して歩けます。田代池から河童橋、少し奥に入って明神池の辺りまではなだらかな上り勾配をした梓川沿いの林道であり、普通の旅行支度で歩く人を多く見かけます。本格的な登山の支度をして周辺の山に向かう人、あるいは山から下りてきた人も混じります。さらに梓川に沿って、木立の中の道を1時間ほど歩くと徳沢です。ここまで来ると一般の観光客はだいぶ少なくなり、さらに1時間ほど歩くと横尾山荘の地点に至ります。山荘付近左側の梓川を横切る方向には壁の高さ約６００ｍ、斜度70度、幅１５００ｍに及ぶ屏風岩と名付けられた断崖があり、「涸沢」へはこちらの道を進みます。登山道の勾配はきつくなり、屏風岩を反時計方向に回り込むように進むと、屏風岩に隠れるように「涸沢」があります。奥穂高岳の直下にあり、横尾山荘からは3時間ほどの距離です。明神池からは5時間以上を要し、標高は２３００ｍ位であり明神池との標高差は８００ｍにもなります。

「涸沢」は2万年ほど前まで続いた氷河期に山を下る氷河が山肌を削ったカールと呼ばれる窪地です。「涸沢」とは沢の水が涸れてしまうところから名付けられた地名である、との説もありますが、夏まで雪渓が残っているようなところで水が枯れることはありません。かつては「唐沢」とか「空沢」と記されたこともあるようです。

私たちが「涸沢」を目指すとすれば通常は梓川を遡り横尾山荘を左折する道を辿ります。安曇野に住んだと思われる縄文の人たちも梓川を遡ったのでしょうか。図14-1に見るように、「涸沢」は「烏川」の延長線上に正確に位置しています。梓川を遡ってこの位置関係を知るには高度な測量技術が必要になります。縄文の時代にそれほどの技術を有していたとはとても考えられません。彼らは「烏川」の延長線上を直線的に進み、3000m級の山を越えたのです。山の上でそれぞれの位置を目視で確認しながら「涸沢」を目指したに違いありません。そしてその山深いところに神が住むにふさわしい場所があることを知っていたのです。

それでは、縄文の人達は「涸沢」の地で、どのような神を見たのでしょう。軽井沢の場合は火山である浅間山に神を見て、その麓の一角に「クルウスイ」の地名が付けられました。上高地の付近で火山といえば焼岳(やけだけ)があります。焼岳は大正4年に大規模な水蒸気爆発を起こし、梓川を堰き止め、今の大正池を創りました。今でも山頂には蒸気を激しく吹き上げる噴気孔があり、山頂周辺の地表ではあちらこちらから小さな蒸気が上がり、地面に手を触れると温もりを感じる状態です。縄文時代の焼岳の火山活動は現在よりも活発だったと推測しますが、地域における存在感は浅間山には到底及びませんし、また、焼岳と涸沢は位置的にも距離があり、ここに「涸沢」の主(ぬし)としての神を見るには無理があります。

おりよく、安曇野の温泉に泊まり、翌日は上高地を散策する旅行の誘いが友人からあったので、二つ返事で誘いに乗り、現地調査を兼ねることにしました。JR穂高駅で下車し、歩いて10分足らずの距離にある穂高神社本宮のお参りが旅の始まりです。

穂高神社本宮には本殿として3つのお社があり、中殿に「穂高見神(ほたかみのかみ)」、左殿に「綿津見神(わたつみのかみ)」、右殿に「瓊瓊杵神(ににぎのかみ)」が祀られています。神社の由緒には、「穂高見神」は奥穂高岳の山頂に降臨した神で、上高地の明神池の畔にある穂高神社奥宮の主祭神であり、奥穂高岳の山頂には「穂高見神」を祀る嶺宮が鎮座している、と書かれています。これまで上高地には数回訪れ、奥宮の参拝や明神池巡りをした経験はあるのですが、当時は主祭神についての関心は全くなく景色の幽玄さだけに心を奪われていたため、祀られている神はこの旅行で初めて知りました。大きな収穫です。

奥穂高岳山頂に「穂高見神」が鎮座しているのであれば、その直下が「涸沢」ですので、「穂高見神」が「涸沢」すなわち「クルウスイ」の主と考えられます。ただそのためには、「穂高見神」が縄文にまで遡る神でなければなりませんし、「ほたかみ」の語源は縄文語でなければならないということになります。

「穂高」は「穂高見」から「見」が脱落しただけとの説がある一方、「穂高見」の意味はというと、これは明らかでありません。「ホ、タカ」は古語で「高い高い」という重ね言葉であるとの説もありますが、これも定説ではありません。「ほ」は「稲穂」の「穂」であるとの説もあります。資料14‐1は「穂高」について「古代は常念岳などを含む広範な連峰を意味する普通名辞が特定の穂高に固定していったのではないか」との説を紹介します。「ほたか」の語源や意味を直接に説明する説ではありませんが、示唆に富んだ説と受け止めました。

安曇野・上高地には「穂高見神」、「穂高神社」の他に、「穂高神社奥宮」、「穂高岳（穂高連峰の山々）」、安曇野の平野にある地名「穂高」、などいろいろな「穂高」が常念岳・蝶が岳を挟んで存在し、それぞれの関連性が理解できていないため頭の中が混乱しています。

「穂高」についての混乱を整理するため、それぞれの歴史を概観します。

「穂高岳（嶽）」の歴史資料への登場は、正保3年（1646）の正保国絵図に「保高嶽」と書かれたのが最初です（資料14‐1）。また、1724年に信濃国（長野県）松本藩主水野忠恒の命により編纂された「信府統記（しんぷとうき）」（資料14‐2）は「穂高嶽」と記し、位置や形状などを説明します。

現在は奥穂高岳、西穂高岳、北穂高岳などそれぞれの峰に名が付けられていますが、明治になるまで穂高連峰は「穂高岳（嶽）」で総称されていました。1909年に日本人で初めて槍、穂高連峰の縦走を行った鵜殿正雄が各峰々に北、西、東等の名称を付したのが始まりで、その後日本陸軍の陸地測量部が1930年の修正地図に付けた名称が現在に至っているようです。「穂高嶽」は「穂高大明神の山」として言い伝えられていましたが、明神岳が独立した嶺として地図表示されるようになったのも1930年頃です。

安曇野にある地名「穂高」については、「信府統記」に「穂高與（組）」の記載があり、その「穂高與（組）」には10村以上が属し、その一つに「保高村」があります。「穂高」「保高」の地名は少なくとも江戸期には存在したとわかります。

穂高神社や穂高見神については資料14-3に由来などが記されているので、要約します。

穂高神社の左殿に祀られている綿津見（わたつみ）神は海を司る神で、「漢委奴国王」の金印が出土したことで知られる北九州の志賀島を本拠地とした海人族の安曇（あずみ）（阿曇とも書く）氏により崇められた。安曇氏は何らかの理由により全国に散り、一部がこの地に定住し、開拓に貢献した。それ故、ここに安曇の地名が付けられた。

『古事記』や『新撰姓氏録』に記載されるように穂高見神は綿津見神の御子神にして奥穂高岳の山頂に降臨した海神である。穂高の名称は穂高見神に由来する。ここに住んだ安曇氏は穂高見神や綿津見神を祖神として崇め、その神を祀った神社が穂高神社であり、現在では全国に散った安曇族の本拠地とされている。ただ、安曇氏がこの地に住み始めた年代や穂高神社が創建された年代は明確でない。

この記述を素直に受け入れてしまえば、本章はこれ以上進展しません。富士山の浅間神社の由緒や記紀における「あずま」の一説で見たように、この種の説には真実の部分もあれば脚色された部分もあります。気に掛かる部分を選び出し、丁寧に考察を重ねれば脚色部分の矛盾点などが浮かび上がり、そこから隠れた真実が見えてくるはずです。

「ほたかみ」は縄文に遡る言葉にならねばならない、との視点から前記の要約を眺めたとき、最大の疑問点は、「『古事記』や『新撰姓氏録』に記載されるように穂高見神は綿津見神の御子神にして奥穂高岳の山頂に降臨した海神である。」の部分です。穂高見神が歴史に登場する最初の場面であり、それぞれの古書におけるこの部分の記述を確認します。

『古事記』（712年編纂）神代編
「綿津見神は、阿雲連等の祖神と似ち拜く神なり。故、阿雲連等は、その綿津見神の子、宇都志日金拆命の子孫なり」
『新撰姓氏録』（815年編纂）
「安曇連、綿積神命の児、穂高見命の後なり」

『古事記』は「綿津見神の子、宇都志日金拆命」と書き、『新撰姓氏録』は「綿積神命の児、穂高見命」と書き、両書で異なります。いろいろ調べましたが、「宇都志日金拆命」と「穂高見神」が同一神であると明記した古書はありません。にもかかわらず、資料14-3は「宇都志日金拆命」と「穂高見神」は同一神として解説します。ここが問題です。

そうではなく、次のように解釈した方が両書の記述に忠実です。

『古事記』が編纂された712年の時点において、「穂高見神」は古事記のストーリー中には存在せず、

「綿津見神」の子はあくまでも「宇都志日金拆命」であり、『古事記』編纂の７１２年から『新撰姓氏録』編纂の８１５年までの間に、「綿津見神」の子を「穂高見神」にしなければならない何らかの事情が生じ、結果として『新撰姓氏録』は『古事記』の記述を修正して「穂高見神」を「綿津見神」の子として記載した。

それでは、「穂高見神」を「綿津見神」の子としなければならない事情とは何だったのでしょう。７章で、「あさま神」と「木花之佐久夜毘売命」を同一神として祀ることが富士山浅間神社創建の条件であったと説明しました。同様に、「穂高見神」を「綿津見神」の子としなければならない事情とは穂高神社の創建そのものにあったと考えます。

由緒では穂高神社の創建時期は明確でないとしますが、おおよその年代は推定できます。

和名抄には奈良時代初め（７１３年頃）の地名が記されていて、安曇郡があり、その下に高家（たきべ）、谷原（やはら）、前科（さきしな）、村上（むらかみ）の４つの郷名が記載されています。ここに安曇郡が明記されているということは、７１３年の時点で安曇族がこの地に定着してから多くの年数が経過した証です。一方、江戸時代には存在している「穂高」の地名は郡名にも郷名にもありません。穂高神社が所在する場所の地名が「穂高」になったと考えれば、神社と地名は併存するはずであり、「穂高」の地名が和名抄に記されてないという事実は、７１３年（古事記編纂の翌年）の時点では穂高神社はまだ存在していないことを暗に示しています。

「信府統記」には、文徳天皇（在位８２７～８５８）が穂高神社の若宮社に祀られている信濃中将（別名ものぐさ太郎）に命じ、光仁天皇（在位７７０～７８１）の時代に義死鬼という東夷によって壊された神社を再造営させた、との記述があります。

和名抄に記された郡郷名と「信府統記」の記載事項とを考え合わせれば、穂高神社の創建は713年から『新撰姓氏録』編纂時の815年の間となります。この間のある時、「穂高見神」を祀る神社を創建あるいは再建しますが、その際に次のような状況が想定されます。

安曇野の地において穂高見神は綿津見神以上に地元の人たちに崇められた神でした。綿津見神は大和朝廷ゆかりの神として認知されていましたが、「穂高見神」は認知された神ではなく、祭神として神社を創建しても朝廷の庇護を得られません。朝廷ゆかりの神とするため、綿津見神の子「宇都志日金拆命」と「穂高見神」の置換えを企図し、その結果『新撰姓氏録』では、穂高見命が綿津見神の子として記載されるようなったのです。

俗っぽく表現すれば、地元で昔から人気のある「穂高見神」を日の当たる場所に出すため、よそ者ではあるが朝廷に認知されている綿津見神は実子の「宇都志日金拆命」を廃嫡し、「穂高見神」を嗣養子として迎え入れた、となります。

「宇都志日金拆命」と「穂高見神」を同一神とする考えは、『古事記』と『新撰姓氏録』の記述の違いを都合よく繕おうとする後世の人たちによる脚色ということになります。

富士山本宮浅間神社の創建は806年とされます。坂上田村麻呂がアテルイとの戦いで勝利したのが802年、信濃の国府が上田から松本に移ったのもその頃です。松本と「穂高」は目と鼻の距離です。穂高神社の創建を713~815年と100年ほどの幅を持たせましたが、松本に国府が移ったのと同時期の800年代初頭ではないかと推定します。大和朝廷が蝦夷対策に非常に敏感になっている時代であり、「あさま神」にしろ「穂高見神」にしろ、先住した人たちが崇めた昔からの神はそのままでは認知しなかったのです。

穂高神社の由緒の記述内容からは、さらにいくつかの疑問が生じます。

①　安曇族が北九州時代から崇めていた綿津見神は記紀の神話にも登場するほどの神であるにもかかわらず、安曇野に進出した安曇族は綿津見神だけでなく、なぜ「穂高見神」が必要だったのか？

②　神社名は「綿津見」でなく「穂高」であり、穂高見神が綿津見神よりも大きく祀られる理由は何か？

③　海神であるべき穂高見神が降臨した場所はなぜ奥穂高岳の山頂なのか？

④　安曇族が安曇野に入るまでここは無人の原野であったかのように記述するが、先住の人がいたのは確かであり、その人たちとはどのように関わったのか？

これらの疑問に応えるには、安曇族とは如何なる民族で「綿津見神」とは如何なる神であるか、また「穂高見神」とは如何なる神であるか、それぞれの本来の姿を知る必要があります。

安曇（あずみ）・綿津見（わたつみ）

まず、安曇族と綿津見神を知る作業から始めます。

後に安曇連（あずみむらじ）となる一族は、九州博多湾の志賀島（しかのしま）にある志賀海（しかうみ）神社の祭神として鎮座する海神綿津見神の末裔であって、安曇野に進出した安曇族もその一部とされます。したがって文献資料で安曇族をいくら遡ったところで行き着く先は綿津見神でしかありません。私たちが知りたいのは綿津見神以前の安曇族です。手掛かりは「安曇」「綿津見」の言葉にあります。広辞苑を見ます。

あずみ　：「阿雲」アヅミ　姓氏の一。
わたつみ：「海神、綿津見」（ワダツミとも。ツは助詞「の」と同じ、ミは神霊の意）
　①海をつかさどる神　②海
わた　：「海」（ワダとも。朝鮮語pata（海）と同意。一説に、ヲチ（遠）の転）うみ。

これらは飛鳥奈良時代以降に作られた歌や文書を基にして成立した解釈であって、私が求めるものと異なります。「安曇」「綿津見」は古い言葉です。縄文に遡る言葉であると捉え、その語源を探ります。「安曇」「綿津見」との漢字表記からは言葉としての類似性はあまり認識できません。濁音を清音に換え、「あつみ」「わたつみ」とひらがなで表記すると、視覚的にも音の響きも両者が近づいてきます。ローマ字表記すると「atsumi」「watatsumi」であり、「watatsumi」は「wat ＋ atsumi」となります。すなわち「わたつみ」とは「wat ＋あつみ」の語構成になります。
安曇族は海人族ですので、「海」に関係し「あつみ」の音に近いアイヌ語を知里Ｉで検索します。そのものの言葉がありました。

atuy アとぅぃ　海。

「あずみ」までの音の変化を見ましょう。
atuy アトゥィ→ atsuwi アツウィ→ atsumi アツミ→ azumi アズミ

もちろん「アトゥイ」は縄文の言葉です。「あずみ」とはもともと「海」を意味する「アトゥイ」が語源であり、安曇族は「海の民」との意味から自分たちを「アトゥイ」と呼んだのです。アツミ、アズミと転訛し、受け継がれ、現在にまで続いている言葉です。渥美半島の「あつみ」、熱海の「あたみ」なども、「アトゥイ」が語源であって、近くに住んだ縄文の人たちが残した地名と考えられます。

「わたつみ」を「wat ＋あつみ」とした時の「wat」に相当するアイヌ語を探します。10章で「四阿山（あずまや）」と「的岩山（まといわ）」は夫婦山であって、「まといわ」の語源は「mat iwa マトゥイワ」で「妻なる山」を意味すると説明しました。「wat」とはこの「mat」の転音です。すなわち、「わたつみ」とは「mat atuy マトゥアトゥイ」が語源だったのです。

音の変化は次のようになります。

mat atuy マトゥアトゥイ→ matatuy マタトゥイ→ watatsuwi ワタツウィ→ watatsumi ワタツミ

「マタトゥイ」が当時の実際に近い発音であったと思われます。意味は「妻なる海」です。北九州の志賀島を含む福岡市周辺が出身地とされる安曇族は漁場となる福岡湾あるいは志賀島の北側に広がる玄界灘を「妻なる海」と称し、崇めたのです。「わたつみ」とは福岡湾あるいは玄界灘そのものを指した言葉だったのです。

「妻なる海」との表現も縄文の人たちの女性観を視るようで興味深いものがあります。現在は「母なる大地」とか「母なる海」のように「母」を用いる場合が多く、大地の恵みや生命の誕生を表現しますが、「妻なる海」となると〈豊漁〉が〈子宝〉を、〈荒海〉が〈恐妻〉を連想させ、生活感があります。

志賀島からは「漢委奴国王」の金印が出土しました。この金印に刻されているように志賀島を含む博多の周辺すなわち安曇族の出身地は「奴」の国でした。魏志倭人伝で「末盧国」「伊都国」の次に記された「奴国」です。多くの書物は「奴」に「な」と仮名を付けます。なぜ「な」なのでしょう。辞書で「奴」を引くと訓読みは「やつ」であり、音読みは「ヌ、ドゥ」です。金印は漢で造られたもので奴国からの使者の発音を聴いて「奴」の漢字を当てたと考えれば、当時、志賀島周辺は「な」ではなく「ぬ」と呼ぶ国であったはずです。そして、「あずみ」「わたつみ」の語源が縄文に遡るのであれば、奴国の「ぬ」も縄文に遡ると考えられます。4章で説明した「ぬかべ」の語源「ヌへペッ」の「ヌ」が思い浮かびます。「豊漁」の意味です。

志賀島周辺に住んだ縄文の人たちは、自分たちを「アトゥィ　海の民」と呼び、漁をする海すなわち玄界灘を「マタトゥィ　妻なる海」と崇め、住むところを「ヌ　豊漁」と名付けたことになります。「海の民」と「妻なる海」の間に子供「豊漁」が生まれた、との考えではないでしょうか。この名称の付け方にも、縄文の人たちの発想の豊かさ、表現の巧みさが現れています。それぞれが「安曇」「綿津見」「奴」の語源であり、これが海人族としての安曇族の原点であり、綿津見神の正体です。

「奴国」に住んだ安曇族がなぜ信州の安曇野に移り住むようになったのでしょう。資料14-3は千曲川や犀川やその支流に遡上する鮭を追ってきたのであろうと記します。しかし、魚の量も種類も豊富な玄界灘を漁場とする民族が、はるか彼方の安曇野までわざわざ鮭を追って移住するとはとても考えられません。

表3-1（54ページ）の「250頃　卑弥呼没」以前の時代に注目します。この頃の歴史解釈はいろいろと論争があるところですが、「安曇」「綿津見」「奴」の語源が縄文に遡るとの視点に立てば、奴国と安曇族に関しては今までにない角度から歴史を眺めることができます。

「漢委奴国王」の金印が志賀島の畑の中から発見されたのは江戸時代であり、漢書地理志は西暦57年に「奴国」が「後漢」に遣わした使者に印綬を与えたと記します。この事実から57年当時、「奴国」は相応な国力を有し、独立性を維持していたと考えられます。

一方、魏志倭人伝は「奴国」は女王卑弥呼に従う国の一つとして記載します。「150年頃　倭国乱れる」を考えあわせると、2世紀の後半に奴国は邪馬台国すなわちヤマト王権の傘下に組み入れられたと推定できます。金印は志賀島の田んぼの片隅で若干の石に囲まれ安置された状態で発見されたとのことです。奴国が亡びる際、いつの日かの再興を願って関係者が埋蔵したのでしょう。武力で制圧されたか、恭順したかは不明ですが、結果として奴国の住人である安曇族の立場は大きく変化します。

卑弥呼の時代、邪馬台国すなわちヤマト王権の東国支配域は広がり、女王に従わない国の境界は狗奴国でした。3章で記したように狗奴国とは自称クンネ国で後の毛野国（群馬・栃木県）であって、安曇野のある長野県のすぐ東に位置します。戦いに敗れた奴国安曇族はその一部の人たちがヤマト王権の東国支配域拡大のための最前線に戦士集団あるいは入植者集団として送り込まれたと考えるのが筋です。

「夷には夷を」が王権の考え方であり、送り込まれた先が王権の支配地域になって間もない安曇野だったのです。年代は奴国がヤマト王権の傘下に入った後で卑弥呼が魏に遣使した239年より以前と考えられるので、2世紀末から3世紀初になります。

移住した安曇族が先ずなすべきことは先住民対策です。力で押さえつけるか、共生するか、二つに一つです。多勢に無勢、共に縄文以来の血を受け継ぎ、話す言葉も同じとの同族意識もあり、さらに前線業務への協力も得なければなりません。共生を選択するより道はありません。

安曇族は自分たちの神である「マタトゥイ」と共に、地元で古くから大切にされ、後に穂高見神になる神も敬いました。このようにして安曇族は新天地に根付いていったのです。

安曇族の本来の使命はヤマト王権の東国支配域拡大のための前線業務であり、対象地域は信濃の東半分から後に毛野国となるクンネ国、そして越国（新潟県）が想定されます。図6-1（113ページ）に示すように安曇野からは後に整備される東山道が近く、上田が前線基地になる以前はここが上田を攻略するための前線基地であった可能性が大です。3章で述べたように、王権は3世紀末に武力で「クンネ国」を制圧し「けぬ国」として配下に置きますので、時代的には整合します。

安曇族は地元対策においても、前線業務においても大きな成果を挙げ、また、志賀島に残った安曇族もヤマト王権の海軍戦士として朝鮮半島対策や国内の海岸線に住む夷族対策に成果を挙げたと思われます。これらの成果に対して大和朝廷は「安曇連」の氏姓を与えて報います。安曇氏の誕生です。さらに、彼らの神である「マタトゥィ」は「わたつみ」と転じ、「綿津見神」と記されて朝廷ゆかりの海神として神話の中に位置づけられたのです。

この時点で、穂高見神は安曇野の地元で崇敬されてはいるものの、中央では認知されていない神であり、このことが綿津見神の子を「宇都志日金拆命」とした古事記の記述へとつながります。

ここまでの説明で前記した①～④の疑問に半分くらいは応えられたのではないでしょうか。残りの半分は穂高見神そのものに関わる疑問になります。穂高見神は穂高神社の由緒にあるような安曇族に関わる海神ではなく、先住の人たちが敬った神であろうところまでは理解できました。しかし、その実体はまだわかりません。穂高見神とはいったい何者でしょう。「ほたか」「ほたかみ」の語源を明らかにすることによってその実体に迫ります。

穂高（ほたか）

犀川を挟んで北アルプスの反対側から安曇野の方向を眺めると、手前を梓川から続く犀川が左から右へと視界を横切るように流れ下り、その後方に安曇野が広がります。さらにその後ろに3000m級の北アルプスの山々が常念岳を中心にして安曇野を見下ろすように、あるいは包み込むように居並びます。新緑のころは、頂に残した雪の白と安曇野の緑が際立ち、この地方の代表的な景色を演出します。

安曇野に住んだ縄文の人達も同じ景色を眺めました。北アルプスの山々は彼らにとって狩猟や採集などの日常生活の糧を得る場所であると同時に、畏敬の対象でした。彼等は親しみと感謝の気持ちを持って北アルプスの山々を眺め、そこに神の存在を意識します。

前章で縄文語「pira-ka ピラカ」は「崖の上」を意味し、変形あるいは転訛して「こんぴら」「ひたか」「ひだか」「ひなた」「ひわだ」と多様な言葉になって現在に残されていると説明しました。単に位置や場所を示すだけの「崖の上」でなく、地域のシンボルとして、また、地域を見守ってくれる身近な神の存在を意識した「崖の上」という意味です。

「ほたか」も「ピラカ」からの転訛です。安曇野に住んだ縄文の人達は、北アルプスの山々を「ピラカ」と呼んだのです。

pira ka ピラカ→fi taka フィタカ→fo taka フォタカ→ho taka ホタカ

p音は「p」→「f（両唇音）」→「h」の変化であって、2章の「ひうち」や7章の「ふじ」の語源で説明しました。「fi」→「fo」は母音の変化です。「ピラカ」から「ほたか」までの音の変化に不自然さはありません。今は槍ヶ岳、穂高岳、王天井岳、常念岳、蝶ヶ岳などと頂の一つ一つに名前を付けますが、縄文の頃は総称して「ピラカ」だったのです。

「ピラカ」と対になる興味深い地名がここ安曇野にあります。

「信府統記　旧俗伝・安曇筑摩両群」の項に「有明の里は景行天皇12年まで湖であった」という意味の記述があります。「和名抄」に安曇郡はあっても「有明」は郷名にもありません。地名の安曇は安曇氏に因んでつけられた名称ですので、「ありあけ」とは「あずみ」になる以前の地名であったと考えられ、「ありあけ」も縄文に遡る可能性が大きくなります。

現在も穂高地区のすぐ北側に有明地区があります。この有明は明治7年に周辺の7村が合併した際に付けられた村の名称であって、昔あったとされる名称を復活させたものです。その後さらに町村合併を繰り返して穂高町となり、安曇野市となりますが、この時の村の所在場所が現在の有明地区です。

「ありあけ」の語源を探るため知里Iを検索します。

ar- アル　対をなして存在する（と考えられる）ものの一方をさす。一方の、もう一方の、他方の、片割れの

aka アカ　魚体の背線。地形では尾根（山稜）をさす。

「ar aka アルアカ」で「山稜と対をなして存在するもの」の意味となります。「山稜」とは北アルプスの山々です。北アルプスの山々を対象に「対をなして存在する」との表現ですので、視点は裾に広がる安曇野にあります。「アルアカ」とは安曇野の平野そのものを指していることになります。「ピラカ」と「アルアカ」は

対語だったのです。すなわち「穂高」と「有明」は対語ということになります。

九州に有明海があります。この「ありあけ」の語源も「アルアカ」と思われます。有明海の周辺には１０００ｍ級の山々が湾を囲むように並び、これらの山々の対語が「アルアカ」です。視点は平野ではなく有明海そのものにあるようです。

東京の埋立地にも有明があります。こちらは新たに付けられた借用地名であって「アルアカ」とは関係ありません。

「穂高」と「有明」のそれぞれの語源は「ピラカ」と「アルアカ」であって、その二つの言葉が対語であると認識できたことは、お互いの言葉の存在をより確かなものにします。安曇野に住んだ縄文の人たちは北アルプスの山々を総称して「ピラカ」と呼んだのです。

本章の冒頭で、かつては北アルプス全体を「穂高」と呼んだようだ、との由来説を紹介しました。この説が正解だったことになります。

穂高見（ほたかみ）

安曇野に住んだ縄文の人たちは、親しみと感謝の気持ちを込めて北アルプスの山々を「ピラカ」と呼び、そこに神の存在を意識しました。その神のいるところが「クルウスイ」と呼んだ「涸沢」です。「涸沢」は奥穂高岳の直下にあって隔絶された清浄清涼な地です。「神がいるところ」として申し分のない環境があります。

彼らは夏場の狩猟採集を目的として、目の前にある常念岳・蝶が岳などの３０００ｍ級の北アルプスの山を越え、上高地に入ります。中に入った彼らは、南は田代池付近から北は槍ヶ岳の麓までを活動範囲としました。このことについては16、17章で詳しく説明します。

山越えの際、安曇野からは直接見ることのできない穂高連峰の山々を一望します。彼らは安曇野から見る北アルプスの山々と同様に、「ピラカ」で総称しました。でも、奥穂高岳は直下に「涸沢」すなわち「神がいるところ」があって、その目印であり、象徴的な存在でもあったので、特別な思いを込めて「ピラカ」の第三人称形を用いて「ピラカシ」と呼び、周辺の山々と区別したのです。意味は「彼の崖の上」です。「ピラカシ」が「ほたかみ」に転訛します。

pirakа-si ピラカシ→firaka-si フィラカシ→fotakami フォタカミ→hotakami ホタカミ

「穂高見神」の「ほたかみ」とは、神の名称ではなく奥穂高岳そのものを指した言葉だったのです。ちなみに、この「ピラカシ」は「日高見」の語源とした「ピラカシ」と同じ言葉です。

「穂高見神」を主祭神とする穂高神社奥宮は明神池の畔にあります。奥宮がいつからこの場所で「穂高見神」を祀っているかは明らかにされていません。安曇野に住んだ縄文の人たちが崇めた神が「涸沢」にあり、彼らが3000m級の山を越え上高地へ日常的に出入りしていたことを考慮すれば、祭場としての原点は縄文にまで遡ると考えられます。

浅間山の麓にある「クルウスイ」すなわち「軽井沢」も横浜の昔の海岸際にある「クルウスイ」すなわち「軽井沢公園」も、縄文の人たちはここを神聖視して人は立ち入らず、別な場所に祭場を設けました。それぞれの浅間神社があるところです。ここ「涸沢」の地も同じです。縄文の人たちは「涸沢」すなわち「クルウスイ」には祭場を設けず、明神池の畔を祈りの場所としたのです。祈りの対象は「涸沢」に住むとする北アルプスの神であって、その象徴として「ピラカシ」と呼ぶ奥穂高岳です。明神池の畔からは目の前にそびえる明神岳に遮られて奥穂高岳を直接には見ることはできません。真うしろにあることを認識して、祭場としたのです。当初は古木と石を組み合わせただけの原始的な祭場であったことはいうまでもありません。

安曇野には縄文直系の子孫が住み、「ピラカ」「ピラカシ」「クルウスイ」の言葉を使い、縄文時代と同じような祭祀を営んでいたに違いありません。ヤマト王権になって安曇族が施政権者になり、しばらくすると次第に「ピラカ」「ピラカシ」「クルウスイ」の言葉の意味がわからなくなり、「ほたか」「ほたかみ」「からさわ」へと転訛します。ただし、明神池の畔で行う穂高の神に対する祭祀の慣習は受け継がれ、このことによって「ほたかみ」が「穂高見神」の概念へと移行していったと考えられます。

ここまでの記述で「穂高見神」の正体が明らかになりました。前記した①~④の疑問には全て応えられたのではないでしょうか。

それでは、「涸沢」を「クルウスイ」と呼び、「烏川」を「クルシ」と呼び、「北アルプス」の山々を「ピラカ」と呼び、「奥穂高岳」を「ピラカシ」と呼び、「有明」を「アルアカ」と呼んだ安曇野の縄文の人達は何処に住んでいたのでしょう。

先に、友人に誘われて安曇野・上高地を旅行したと書きました。このときに宿泊したホテルのすぐ近くに「穂高郷土資料館」がありました。そこを訪れ、「烏川」の北岸に縄文時代の離山（はなれやま）遺跡および他谷（たや）遺跡があることを知ります。資料館には遺跡から発掘された土器などが展示されています。これらの遺跡の住人が対象とする縄文の人たちであろうと思い、帰京後、資料を調べました。

資料14-4によると、この地域では1972年の時点で、縄文中期（約5500~4500年前）の遺跡が36、後期（約4500~3300年前）の遺跡が19、晩期（約3300~2800年前）の遺跡が4、発掘されています。ただ、本格的に発掘調査した遺跡は少なく、地表面採集による資料が多いですが、縄文人の生活の痕跡は多くの遺跡に残されています。離山遺跡はゴルフ場の敷地造成に伴い１９７２年緊急に調査されました。烏川の河畔で安曇野の扇状地の高いところに位置し、縄文後期から晩期にかけての、この地域における最大級の集落です。全体の一部が発掘されただけですが、配石遺構とそれに伴う住居跡が多数発見され、また、土器片・石棒・石剣・土偶なども多数出土しています。

資料14-5によると他谷遺跡は離山遺跡の近くの川下側にあり、２００１年整備事業の際に緊急調査されました。これも集落の一部が発掘されただけですが、竪穴住居跡45軒、墓壙54基以上のほか、掘立柱建物・配石遺構・土器捨場などが確認され、かなり大規模な集落です。

また、梓川を挟んだ対岸の中央高速道路の明科トンネル付近には３００体以上の人骨が発見された縄文後期の北村遺跡があります。離山遺跡・他谷遺跡・北村遺跡の場所を図14-1に示します。この地区には他にも縄文中期から晩期にかけての多くの遺跡が存在します。

その後、ここに住んだ人達はいなくなったのではなく、水田稲作技術の伝来、習得などによって形態を変えながら生活し続けたのはいうまでもありません。大きく環境が変わるのはヤマト王権の進出であり、安曇族の入植です。すなわち、安曇族が進出する以前にこの地に先住した人たちは、「離山遺跡」や「他谷遺跡」などに住んだ縄文の人たちの子孫なのです。「クルウスイ」「クルシ」「ピラカ」「ピラカシ」「アルアカ」は、これらの遺跡に住んだ縄文の人達が日常会話の中で交わした言葉なのです。明神池の畔で最初に祭祀を営んだのも彼らです。

あらためて「涸沢」「烏川」「穂高」「有明」などの地名を見ると、縄文時代にタイムスリップしたような、生きている当時の人と接しているような不思議な感覚です。写真14-1は上高地バスターミナル付近の梓川

写真14－1　上高地バスターミナル付近の梓川河畔から（2010.10.17　筆者撮影）

河畔から奥穂高岳方向を眺めた景色です。明神岳・前穂高岳・吊尾根、みな「ピラカ」です。奥穂高岳だけが特別に「ピラカシ」と呼ばれました。「クルウスイ」すなわち「涸沢」は吊尾根の裏側になります。よく見かける写真ですが縄文時代が身近になったような気持ちになります。

安曇野にも「烏川」があることを知り、その「からす」の語源は「クルシ」ではなかろうか、ならば「クルウスイ」の地名があるはずだ、というところから出発して語源探索を進めてきました。「クルウスイ」とは上高地の奥にある「涸沢」であると説明することができました。過程において、「穂高」「穂高見」「有明」さらに「安曇」「綿津見」「奴」の語源にまで遡るという遠回りを余儀なくされましたが、未知とされる日本の古代史を垣間みることができ、また、安曇野に住んだ縄文の人たちの行動や北アルプスの山々に対する想いを知ることができ、内容の濃い遠回りであったと実感しています。

15章　「さわ〈沢〉」は縄文の方言、その意味は？

私たちは、「さわ〈沢〉」を昔からある日本の言葉と思い、多くは谷川の意味として使用します。

広辞苑は「さわ」を次のように説明します。

さわ【沢】サハ　㋑低くて水がたまり、葦（あし）・荻（おぎ）などの茂った地。水草の交り生えた地。
㋺山間の比較的小さな渓谷

さわ【多】サハ　㋩多いこと。あまた。たくさん。

㋑㋺㋩は説明のため便宜的に付けた記号です。

国語辞典（資料15−1）は「くぼんでいて、草の生えている湿地」、「山間（アイ）の、源流に近い谷川」と㋑㋺と同様な意味を記します。ただし、㋩は記さず、古語に分類しています。

㋩の意味として広辞苑は漢字〈多〉を書いて「さわ」と読ませますが、万葉集をはじめとする古書は漢字〈沢〉（実際は〈澤〉ですが、ここではすべて〈沢〉と表記します）を用います。かつては㋩の意味でも〈沢〉が使われましたが、言葉の意味を汲んで〈多〉を当てたのは、比較的最近のようです。

明治時代、㋩についての興味深い使用例があります。明治31年12月、上野公園にある西郷隆盛の銅像の除幕式が挙行された際、病床にあった勝海舟からメッセージが届けられました。

君まさば語らんことの沢なるを南無阿弥陀仏我も老いたり

勝海舟はこの1ケ月後に亡くなります。

中国語としての漢字〈沢〉の読みは「タク」であって、意味は「草地と水たまりがつながる湿地」、すなわち㋑です。㋺㋩の意味はありません。その他に「つや、うるおい」の意味があり〈光沢、贅沢〉などとして使われます。

㋺㋩は日本独特な使い方なのです。日本語「さわ」は㋑の意味から漢字〈沢〉を採用し、㋺㋩の意味も共有させた、ということになります。

「さわ」の語源説はたくさんあり、資料15-3は次のような説を紹介します。

㋑㋺については

・生物が繁茂するところから、サハ（多）の義
・サカハ（小川）の義
・サケハナル（裂離）の義
・いつも風があたり、波がサハガシキところからか

㋩については

・サオホ（真多）の転か
・ものの多いのは前に進むときなどにサハル（障）ところから

・ソレハソレハ沢山の意から
・シバシバの意から転じて多数になったもの

多くの研究者が語源を探り、試行錯誤の結果としてそれぞれの説を主張したのでしょう。㋑㋺の語源は同じとし、㋩の語源は異なるとする説が多いようです。いろいろな説はあっても、有力な説はありません。「軽井沢」の語源を探索しているとき、地図上で「軽井沢」という谷川を探しました。「軽井沢川」はあるのですが、谷川としての「軽井沢」は見当たりません。にもかかわらず〈沢〉が付いています。ナゼなのか、との疑問はこのときに始まります。

「かるいさわ」の語源は「クルウスイ」であるとわかりました。意味は「神がいるところ」です。その後、「涸沢」の語源も「クルウスイ」とわかりました。「さわ〈沢〉」の語源が見えたのはこの頃です。

アイヌ語「us-i ウスイ」とは、「us …がある、…が群在する」に「ところ」を意味する「-i」がついて「…がある（いる）ところ、…が群在するところ」の意味になり、北海道や東北地方では、〈牛、臼、碓、石〉が付く日本語地名としてたくさん残っていることはすでに説明しました。「クル」を主語とした「クルウスイ」は「神がいるところ」の意味であって、「軽井沢」や「涸沢」の語源であることも説明しました。

「クルウスイ」から「かるいさわ」「からさわ」への音の変化をもう一度見てみましょう。

kur us-i クルウスイ→ kuru u suwi クルウスウィ→ karu i sawa カルイサワ

kur us-i クルウスイ→ kuru suwi クルスウィ→ kara sawa カラサワ

「us-i」の「u」は直前にある無声の子音「r」を有声音化するために使われて「kur」が「kuru」となり、そこから「karu」「kara」へと転じています。「us-i」から「u」のなくなった「s-i」は「suwi」となり、そこから「sawa」へと転じます。「sawa」とは「us-i」が転訛した結果であるとわかります。したがって「sawa」のもともとの意味は「…がある（いる）ところ、…が群在するところ」となります。

縄文の人たちは狩猟や採集を目的として野へ、山へ出かけます。多くの種類の野草を食糧や薬として使用しました。野草は種類ごとに生育する場所が異なりますし、また、通常は群生します。たとえば「ぜんまい」ならば、繁茂の場所は毎年ほぼ決まっていて「sorma us-i ソルマウスイ　ぜんまい・群生する・ところ」と呼ばれ、そこへ採集に出かけます。「us-i」が転訛して「sorma sawa ソルマサワ」になります。「群生する・ところ」を意味する「sawa」はもともとの意味がわからなくなったころ、言葉のニュアンスから㋩の「多い、たくさん」を意味する「さわ」に転じたのです。

そして、そのような場所は必然的に水辺が多くなり、もともとの「…が群生する・ところ」の意味を離れ、地形そのものを示す㋑の解釈にも転じたのです。

狩猟、採集のため山の奥深くに入る場合もあります。植物ならばキノコなどの採集、動物では熊や鹿や猪などの狩猟です。山中深くに入る場合、多くは谷川を遡ります。谷川が道標なのです。目的とするものによって、その場所はだいたい決まり、たとえば鹿の狩猟ならば、谷川を遡って「yuk us-i」（鹿・いる・ところ）と呼ばれる鹿の猟場に到着します。「yuk us-i」は前記したような音の変化を経て「yuku sawa」となります。時の経過とともに「sawa」はもともとの「…がある（いる）ところ」の意味を離れ、遡った谷川そのものを指す言葉「さわ」として独立したのです。㋺の解釈の成立です。

現在、地名や姓として使用される〈沢〉はたくさんあり、その〈沢〉は㋑㋺の意味で理解される場合がほとんどですが、「…があるところ」の意味で捉えると〈なるほど〉と思える〈沢〉もたくさんあります。例えば、柿沢、福沢、金沢などの〈沢〉も㋑㋺の意味として捉えられていますが、柿などの木は環境さえ整えば水辺から離れた場所でいくらでも生育します。福沢、金沢の〈沢〉は何が㋑㋺の解釈に関係するのか全くわかりません。これらの〈沢〉は私たちが気付かないうちに、「…があるところ」の意味として使われているのかもしれません。すなわち、柿沢、福沢、金沢は「柿あるところ」「福あるところ」「金あるところ」となるわけです。

尾瀬ヶ原にある至仏山の「しぶつ」の語源は「シプッ 大きな口」でした。従来の由来説に関連して至仏山の北東斜面を「渋沢」が流れ下っていることを紹介し、この〈沢〉は谷川の意味であるとして説明しました（2章参照）。しかし、現時点では「渋沢」の語源は「シプッウスイ」から転訛した「シプッサワ」であると思っています。意味は「大きな口があるところ」です。

尾瀬には「シボ沢」があることも8章で紹介し、〈沢〉を谷川の意味として説明しました。この〈沢〉の語源も「ウスイ」であり、「シボサワ」とは「入江状の地形があるところ」の意味になります。

「かるいさわ」「からさわ」は「さわ」を「…があるところ」の意味として用いる地名の特殊事例ではなく、一事例なのです。

ここからは「…がある（いる）ところ、…が群在するところ」の意味の「sawa」をカタカナで「サワ」と表記します。「サワ」は縄文時代より使われている言葉ですが、縄文語を受け継いだとするアイヌ語にはありません。何処で使われたのでしょう。

北海道・東北地方には「…がある（いる）ところ、…が群在するところ」の意味の「ウスイ」を〈牛、臼、碓、石〉と表記する日本語地名がたくさん存在します。一方、本書でこれまでに取り上げた「サワ」地名は長野県・群馬県の「涸沢」「軽井沢」であり、横浜にも「軽井沢」がありました。尾瀬には「渋沢」「シボ沢」がありました。17章で述べるように安曇野・上高地にも「サワ」地名があります。

これらのことから、「サワ」が使われた地域は長野県を中心とする関東甲信越地方と推定できます。すなわち、「サワ」とは「ウスイ」から転訛して長野県を中心とする関東甲信越地方で使用された縄文の方言ということになります。

ただ、「ウスイ」の全てが「サワ」に転訛しているのではなく、群馬県には碓氷郡の語源「ウスイ」や鬼石（おにし）の語源「オニウシ」があり、「軽井沢」の語源「クルウスイ」から転じた「クルシ」などもあるので、いくつかの呼称が併存したと考えられます。

ヤマト王権は2世紀末から3世紀初めに安曇野（長野県）に進出し、3世紀末には毛野（群馬県）を支配下に置きました。それぞれ3章や14章で説明したところです。ヤマト王権から代わった大和朝廷は長野県・群馬県に武人や役人を入れ代わり常駐させます。彼らの中には、地元で頻繁に使用される「サワ」を「…がある（いる）ところ、…が群在するところ」の意味として正確に理解する人と、正確に理解せずに言葉のニュアンスから㋑㋺㋩の意味に捉える人がいたはずです。

彼らは奈良の都に帰任した後、「サワ」を状況に応じて便利に使用したと思われます。このようにして関東甲信越地方で使用されていた「サワ」は都でも使われるようになったのです。信濃、毛野が大和朝廷の支配下に入って間もない3、4世紀の頃になります。時の経過と共に使った人の意図と関係あるなしに関わらず、やがて㋑㋺㋩の意味の「さわ」が都で定着します。5、6世紀の頃と思われます。

漢字が中国から伝わり訓読みが確立するのが6、7世紀ですので、㋑の意味から漢字〈沢〉が当てられるのもその頃です。〈沢〉に㋺㋩の意味も兼用されるようになったのは語源が一つだったからです。歌に使われ、谷川の名称に使われ、全国的に広まるのはその後です。

㋺の意味の〈沢〉と同様な意味の言葉に「たに」があり、漢字〈谷〉を当てます。〈谷〉の音読みは「コク」、意味は「山の低くくぼんだ所。また、川の源となる水が流れ出るくぼみ」ですので、「さわ」㋺と同じです。

広辞苑は「たに」を次のように記しますので、漢字〈谷〉と同じ意味です。

たに【谷、渓、谿】地表の隆起部の間にある細長く凹んだ地形。

資料15-2は次のように記します。

たに　語源は「垂り」で水の垂れ集まるところの意。方言にタン、ターニなど同源と思われる言がある。

一方、資料1-5は、「高句麗語では〈谷〉のことを「たに」と呼び、〈呑〉〈旦〉と書いた。」とします。漢字〈呑〉〈旦〉に〈谷〉の意味はありません。〈呑〉には〈上から下にぐっと押し下げる〉の意味があり、渓谷が山を切り開くさまを〈呑〉に見たのでしょう。〈旦〉は重箱のように物を積み重ねるさまを描いた字であり、渓谷が切り開いた山肌が積層状を呈することから、この字を採用したと考えます。いずれにせよ、かつて韓半島には〈谷〉を意味する「たに」に似た発音をする言葉があったということです。

鏡味完二は、語尾に〈沢〉と〈谷〉がつく川名を日本全国の5万分の1地形図などから拾い出して白地図にプロットした興味深い分布図を資料15-4に示します。

〈沢〉の分布は、日本アルプスを境にして西日本には全くなく、アルプスより東側の中部・関東・東北と北海道全域を含めた東日本だけにあります。その偏りは驚くほど見事です。図には「著しい東北日本型分布。九州に分布なし」との説明書きがあります。

〈谷〉の分布は〈沢〉の分布とは全く対照的になります。日本アルプスを境に西日本に多く、東日本では極端に少なく、それも日本アルプスから東に離れるほどまばらになり、東北地方と北海道は点々とわずかにあるだけで、図には「著しい西南日本型分布。〈～沢〉と異なるのは、東北日本にも若干〈～沢〉と混在すること。九州属島及び伊豆七島に分布なし。」との説明書きがあります。

そして、鏡味は「「たに」の語源は朝鮮古語「tan」にある」とし、そのうえで、「文化的には西日本が東日本より常に優位にあり、人の流れも西から東であったため、〈谷〉が〈沢〉を侵食した」と考察します。

鏡味は、谷川の意味として〈谷〉が用いられる以前は〈沢〉が全国的に分布していた、ということを前提にして考察しています。しかし、〈沢〉は「ウスイ」から転訛して長野県を中心とする関東甲信越地方で使用された「…がある（いる）ところ、…が群在するところ」という意味の縄文の方言「サワ」が語源であって、谷川の意味の「さわ」が全国的に広まるのは6、7世紀以降ですので、この考察は間違っています。

それでは「～谷」が西日本に偏在し、「～沢」が東日本に偏在する理由は何でしょう。

古代の日本は韓半島から水田稲作技術を持って渡来した民族が覇権を握り、ヤマト王権を経て大和朝廷が成立します。「たに」の語源は、資料1-5や資料15-4が記すように、朝鮮古語の「タニ」に近い言葉と考えられるので、ヤマト王権あるいは初期の大和朝廷にはこの言葉が存在しました。

西日本は東日本より早くヤマト王権の支配下に入った後、その施政権が及ぶ地域の谷川の名称の一部が「たに」に置き換えられ、また新たに設けられる名称として「たに」が付けられるのは必然です。谷川の意味の「さわ」が全国的に広まるのは6、7世紀以降であり、このころの西日本は既に「たに」が広く使用されています。そのため、「さわ」の出る余地がありません。その後も新しく付けられる名称は先例にならって「たに」を採用するので、結果として西日本には「〜谷」が偏在するようになったのです。

「たに」になる以前に使われていた谷川を意味する縄文以来の言葉は次の章で説明する「コッ」あるいは「コチ」です。

ヤマト王権が覇権を握ったとき、関東甲信越地方には「…がある（いる）ところ、…が群在するところ」の意味の「サワ」がすでに存在しました。この「サワ」が都に伝わって谷川の意味の「さわ」に転生したとき、谷川の意味として使用する言葉としては、それ以前の「たに」と新しい「さわ」の二つが都にはあったことになります。

関東甲信越地方の谷川に新たに名称を付けるとき、すでに存在する「サワ」にならって、「たに」ではなく「さわ」が採用され、結果として関東甲信越地方に「〜沢」の名称が多くなります。したがって現在の沢地名には「サワ」と「さわ」が混在していることになり、その判別は簡単ではありません。「軽井沢」などの地名で見たように「〜」の部分が縄文の言葉で解釈でき、「沢」を「…がある（いる）ところ、…が群在するところ」と訳すことによって意味の通じる言葉となるならば、「〜沢」は縄文の地名である可能性が極めて高くなります。

東北地方は「…がある（いる）ところ、…が群在するところ」の意味では「ウスイ」から転じた「ウシ」が多く使われ、〈牛・臼・碓・石〉と表記する日本語地名がたくさん存在します。ヤマト王権やその後の大和朝廷によって関東甲信越地方を追われた縄文末裔の人たちが「サワ」を持ち込んだ可能性はありますが、現地では同じ意味の「ウシ」が広く普及しているため受け入れる余地は多くなかったと思われます。そして、谷川の意味としての「さわ」が伝わるのは大和朝廷による東北の平定が終わった後です。東北蝦夷の征討は724年の多賀城建設によって最終段階に入り、802年のアテルイの戦いで終了します。その後、管理のための役人が入れ代わり常駐することになり、彼らが地名表記の役割を担います。

この地方では谷川の意味としては「ナィ」が広く使われており、「～内」で多くの地名になっています。注目は、臼内沢、浮内沢、梅内沢のように〈内〉の後に〈沢〉が続く谷川名があることです。管理の役人は〈内〉の意味が理解できないため、〈内〉の後に〈沢〉を付け「～沢」として名称としたのです。「～谷」としなかったのは、この時点では関東甲信越地方の谷川の多くが「～沢」で表記されていたからであって、東国という一括りのなかで「～沢」を採用したのです。

これが関東甲信越以東の東日本に「～沢」が偏在する理由です。

北海道にも「～沢」はたくさんあります。しかし、アイヌ語に谷川を意味する「さわ」はありませんし、「…がある（いる）ところ、…が群在するところ」の意味の「サワ」もありません。江戸・明治以降、頻繁に出入りする本州の人たちが、谷川の意味の「～沢」を持ち込んだためです。

「～谷」と「～沢」の分布は日本国の成立を物語る貴重な資料、ということができます。

16章　地形も地名も縄文に遡る「上高地」

安曇野に住んだ縄文の人たちは自分たちを見守るように居並ぶ北アルプスの山を越えて「上高地」に入り、狩猟や採集を行い、明神池の畔で北アルプスの神に祈りを捧げ、「ほたか」「ほたかみ」「ありあけ」などに転訛する言葉を残しました。次の章で述べるように、他にも縄文の言葉を語源とする多くの地名をこの地に残しています。

このような「上高地」ですので、形成の歴史を知り、縄文の時代はどのような状況にあったかを確認する必要があります。「上高地」の語源も縄文に遡ります。本章はこれらについて記述します。上高地・安曇野周辺の概略図は図14−1（225ページ）を参照して下さい。

現在、私たちはバスなどを利用し釜トンネルを通って、容易に上高地を訪れることができます。釜トンネルの最初の開通は昭和2年頃で、その後、2度の大規模なトンネル付け替え工事を経て現在の姿になったのが平成17年です。釜トンネルが開通する以前、上高地に入るには野麦街道を島々まで進み、そこから島々谷川に沿って山に入り、岩魚留（いわなとめ）を経て、徳本峠（とくごう）を越え、明神池近くの白沢出会・徳本峠入口に出るルートが一般的でした。

明治10年にイギリス人冶金技師ウィリアム・ガウランドが槍ヶ岳に登った際に使った道も徳本峠越えです。近代上高地の開拓者で、狩猟や山岳信仰のための登山だけでなく山に登ることの楽しみを日本人に教え、梓川沿いの崖に記念のレリーフが取り付けられているウォルター・ウェストンが上高地に入ったのが明治24年であり、彼が辿ったのもこのルートです。高村光太郎・智恵子夫妻も大正2年にこのルートで上高地に入っています。登山地図に記載されるルートタイムは島々～上高地間で、入り約9時間、出約8時間、それぞれほぼ1日の行程です。

いまの上高地は、大正池の最も川下側の標高が約１４９０m、徳沢の標高が約１５５０m、梓川を９km遡っても標高差は60mであり、周囲を取り巻く急峻な山地に比較して非常に平坦です。この平坦な地形は、周辺にある火山の噴火によって梓川が大規模に堰き止められ、それによってできた堰止湖の埋積、侵食が繰り返されたことによって形成されました。

原山智は北アルプス全体の造山の歴史は２７０万年前に遡るとし、資料16-1で詳しく説明しています。そして、上高地形成の詳細を探るため大正池付近で深さ３００mのボーリング調査を行いました。その結果を解析し、上高地が形成された経緯を資料16-2にわかり易くまとめています。原山はボーリング調査以前にも地形の成立ちについては資料16-3、４にまとめており、それらに書かれた文や図表を読みつなげると上高地形成の歴史はおおよそ次のようになります。

かつて、梓川は釜トンネル南口の中ノ湯温泉付近から焼岳の南にある白谷山とアカンダナ山の間に峡谷をつくって岐阜県側の新平湯温泉に向かい、神通川となって富山湾に注いでいました。中ノ湯温泉の南側は霞沢岳から安房山へと連なる尾根であって、現在の梓川の流路となっている松本市の方向へは流れていませんでした。当時の梓川を古梓川と仮称し、図14-1に破線で示します。

梓川の第1次堰止めは約1万２０００年前に発生します。

アカンダナ火山が噴火し、岐阜県側に通じる峡谷を埋め尽くして古梓川を堰止め、背後に長さ約12km、最大幅約２㎞、最大水深約５００ｍにもなる巨大な堰止湖を創りました。水面の最上流部は徳沢にまで達します。図14-1に点の網掛け模様で示しました。これを古上高地湖と仮称します。霞沢岳と安房山をつなぐ尾根は中ノ湯付近で標高約１５５０ｍの鞍部を形成していて水位はここまで上昇します。

満水となった古上高地湖は霞沢岳と安房山の間の鞍部から水が溢れ、岐阜県側ではなく松本方面へと流れ出し今の梓川の河道を創ります。古上高地湖ができた直後の大正池付近の水面は現在より約60ｍ高く、水深は約３６０ｍでした。その後の５０００年間で古上高地湖は流入する土砂によって埋積され、現在の上高地の原形ができあがります。このときは平均で年間37㎜埋積した計算になります。

第２次堰止めは約４０００年前です。

焼岳の噴火によって下堀沢を流下した溶岩が今の大正池の少し下流側で梓川を堰き止め、新たな堰止湖を作ります。この時点では霞沢岳と安房山の間にある鞍部は水流によって１００ｍ以上削られ、それに伴う河床の侵食によってボーリング調査が行われた地点における梓川の河床は現在よりも１１０ｍほど低い位置にありました。この堰止湖はその後約５００年で埋積され、上高地はますます平坦化します。この時の埋積は平均で年間２６５㎜にもなります。

第３次の堰止めが大正４年です。

焼岳の水蒸気爆発によって中堀沢を流下した土砂が梓川を堰止め、大正池を作ります。このときの河床は４０００年前の堰止めによる埋積とその後の侵食によって現在の池畔より35ｍほど低い位置にありました。大正池ができた直後、堰止湖の水面は半日で標高１５００ｍの河童橋の足下に達したそうです。したがって、最大水深は約45ｍということになります。満水後、堤が決壊し水位は徐々に低下しますが、それ以上の水位低下を防ぐため吐き出し口を補強し、当初より10ｍほど低くなった状態で水位が保たれ、現在があります。

大正池の埋積は今も進行していて、自然のままにしておくと池がなくなる運命にあります。

このように1万2000年前から3回の大きな堰止めによる堰止湖の形成、その後の埋積・侵食がいまの上高地を創りました。この他にも梓川の堰止めは何度か発生し、そのひとつが田代池一帯を作った堰止めです。田代池の成り立ちについても原山が資料16-5にまとめているので要約します。

現在、田代池の周囲には長径数m～数十mの小丘が点在し、小丘上には背丈のある樹木が繁茂します。この小丘の地質分析結果や周囲の地形から、小丘群は梓川の対岸にある玄文沢の山体崩壊によって生じた流山（ながれやま）であるとし、田代地域の成り立ちを次のように推定しています。

① 古梓川の埋積による平坦面の形成
② 八衛門沢などからの流入土砂による沖積錐の形成。梓川の北側への流路シフト
③ 玄文沢の山体崩壊による梓川本流の堰き止めと流山地形の形成
④ 堰止め湖の崩壊と、梓川流路の北側への固定
⑤ 田代池一帯の後背湿地化

②については次のように詳細を説明します。

古上高地湖が埋積された後、霞沢岳から下る八右衛門沢などから流出した土砂が田代地域の北側に沖積錐（傾斜のやや急な小規模な扇状地）を創り、これが梓川の流れを北方に寄せると同時に梓川本流が田代地域に侵入するのを防ぐ堤防の役割を果たします。この沖積錐は、その裾に近い位置に上高地帝国ホテルがあることから容易に認識できます。

原山は田代地域の形成は古上高地湖が埋積された７０００年前以降とするだけで、第２次堰止めとの前後関係を示しません。玄文沢の山体崩壊が梓川を堰止めた場所は大正池の最上流部付近にあって、分流した梓川が一本に集約してくる流域地形として現在も残されています。この地形から判断すると、玄文沢の山体崩壊は第２次堰止湖の埋積が終了した３５００年前以降と考えられます。

それでは、安曇野に住んだ縄文の人たちは上高地形成の歴史とどのように関わっていたのでしょう。14章で説明した「離山遺跡」や「他谷遺跡」の遺跡年代は縄文中期から晩期（約５５００〜２８００年前）です。付近には数は少ないものの縄文早期（約1万２０００〜７０００年前）の遺跡もあります。この時期は第1次堰止めによって古上高地湖ができ、その埋積が終了する時期に一致します。したがって、遺跡の住人は水を満々と蓄えた古上高地湖を見ていたことになります。アカンダナ山の噴火が古梓川を堰き止める瞬間にも遭遇したかも知れません。その後、古上高地湖が埋積され、埋積層の上を流れる梓川が河床を侵食し大正池付近の標高が今より約１１０ｍも下がりました。この付近の景観は現在とはだいぶ異なり、峡谷であったと想像できます。この過程を彼らは何世代にも亘って見続けました。

第２次の堰止湖ができる瞬間、彼らは間違いなくその場に居合わせたことになります。古上高地湖の最奥部は徳沢でしたが、第２次の堰止湖の最奥部は資料に示されていません。この最奥部を知ることは、この地に残された縄文地名の探索に大いに関係しますので、堰止湖の大きさを推算します。堰止めの場所は現大正池の少し下流側です。

古上高地湖の埋積速度は毎年37㎜であったのに対し、第２次の堰止湖のそれは毎年２６５㎜と大きく異なります。毎年の土砂の流入量を一定と仮定するなら、埋積速度の違いは堰止湖の面積の大きさの違いによります。第2次の堰止湖の幅を古上高地湖と同じ平均2㎞と仮定して長さを計算すると約1700mとなり、おおよそ大正池と田代地域を合わせた程の湖となります。幅を古上高地湖の半分の1㎞と仮定すると長さは3400mとなって河童橋付近までが湖となります。したがって、第2次堰止め湖の最奥部は最大でも河童橋付近までであり、ここより上流側はこの時点で現在に近い地形になっていたと推定できます。

いずれにせよ縄文時代、上高地は形成の途上にあり、ときどき地形を大きく変えたことがわかりました。そのような上高地に安曇野にある「離山遺跡」や「他谷遺跡」などに住んだ縄文の人たちは出入りしたのです。彼らはこの地を何と呼んだのでしょう。

ここからは「かみこうち」の語源探索になります。

横山篤美の資料16‐8によると、「上高地」の地名が文献に登場するのは江戸時代であって、1646年「松本御領分絵図」に「上河内川」と書かれたのが最初で、次いで寛文期（1661〜1673年）の「信州筑摩郡安曇郡画図」に記された「上河内山用木出ル」であって、いずれも「上河内」と記します。文書としては享保9年（1724）、松本藩主水野忠恒の命により、家臣鈴木重武・三井弘篤が信濃一円の地理・歴史に関する事柄を編述した『信府統記』（資料14‐2）が最初です。『信府統記』は現在の私たちが「上高地」と称するところを先の絵図と同様に「上河内」と書きます。しかし、穂高大明神と記述するところでは「神合地」となり、「カミガッチ」とカナが付けられています。穂高岳や明神池周辺を神の領域と考えて「神合地」としたようですが、「此裏通リハ上河内ナリ、或ハ神合地トモイフ」との記述もあり、通常は「上河内」であり、特別な場合に「神合地」と記したと理解できます。

松本藩は上高地一帯を藩有の山林とし木材の伐り出しを行いました。伐り出すための職人を御用杣（ごようそま）と呼び特定の人の権利あるいは義務としました。御用杣は入り四か村と呼ばれた島々村、稲垣村、大野川村、大野田村に住んだ男たちで、伐り出しの管理を行う藩の役人と共に初夏に入山し、秋の彼岸までに下山したようです。伐採した木材は梓川を松本まで流下させ、炭、薪、板材などとして利用しました。

御用杣の長を元締と呼び、彼らは元締文書として木材の伐り出し量・必要な人足・費用等いろいろな記録を残しています。文書の中では「上高地」が使われ、また、藩の公式文書でも「上河内」が使われました。しかし、「上河内」が使われるのは１８００年頃までであって、１８１８年からは一斉に「上高地」に換わり、以降、現在に至るまで「上高地」です。ただし「上河内」や「上高地」は正式な文書に書かれるだけで、杣がメモとして書き留めた手控え書などでは「上口」の文字が見え、１８２８年に槍ヶ岳を初登頂した播隆上人自筆の見取り図にも「上口湯屋」（現在の上高地温泉付近）があります（資料16-7、8）。

江戸時代、「上高地」は「カミガッチ」あるいは「カミグチ」と呼ばれ、これが昔から受け継がれた呼称と考えられます。

河内、高地などの地名について、鏡味完二は資料15-4で、次のように記し、地名の分布図を示します。

この部類の地名には川内（カッチ）・甲（カッ）地・水内（ミノチ）・合（カッ）地・河内・郷地・勝子・高地・高知などの字が宛ててある。訓み方も地方によって大差があり、集落名をも考慮に入れて見ると中部、近畿、中国から九州北部はコウチが多く、東北にカッチ、四国にコチとカチ、中部以南九州にコチが卓越している。……〈河内〉を川の意味として語尾に用いる例は中部地方の赤石山地に多い。（鏡味完二『日本地名学　上』p.199）

ここに示されるように、全国には河内、高地などの名称は山間の地名や谷川名に数多く用いられているとわかります。高知県の高知（こうち）、奥多摩にあって今はダムの底にある小河内（おごうち）、大阪の河内（かわち）なども含まれます。その他に、上高地が「カミグチ」と呼ばれ「上口」と表記されたように「〜口」で表される地名も含まれると思っています。本書ではこれらの地名をコチ地名と総称します。

鏡味はコチ地名の語源やその意味を書きません。一般的には、「川の上流の渓谷でやや開けた平らなところ」がその意味であり、「カワウチ」が「カッチ」「コウチ」などに転訛して各地のコチ地名になっている、との説が有力です。横山は資料16-8で「上高地」の「高地」もこの意味であって、「上」については「この土地では杣仕事で、上高地以外の山を総称して下山（しもやま）とよび区別したことから対称の呼び方であった」と説明します。

山間の対象となる地に「河内」の漢字を当て、それを「カワウチ」と読ませたのが地名の始まりである、との説は結果を原因とするような考え方です。川の上流地形を表す名詞にコチの発音に近い言葉が古くから存在し、それが転訛してカッチ、ガッチ、コウチなどの多様なコチ地名になった、と考えたほうが自然です。この考え方にしたがって知里Iを検索します。ありました。

kot, -i こッ　凹み、凹地、凹んだ跡、沢、谷、谷間。

北海道で「コッ」の使用事例として知られる地名は千歳空港に近くにある「支笏湖（しこつこ）」です。山田Iは「千歳」の由来と関係させて興味深く説明しています。

昔、鮭漁の多かった千歳川の谷間をシコツ（Shi-kot 大きい・谷間）と呼び、また土地の名としても使われた。そのシコツ（千歳川）が流れ出してくる湖なので、シコット（Shikot-to シコッの湖）と呼ばれたのであろう。

後に和人がきて、シコツの漁場を支配するようになった。シコツは死骨に通ずるから悪い、といって、和人としてはおめでたい「千歳」に改名した。それで川の名も千歳川となったが、奥にある湖の名には改名前の名が残り、支笏湖として有名になった。（山田秀三著作集『アイヌ語地名の研究2』p.216）

「コッ」の第三人称形は「コチ」であり、この「コチ」がコチ地名の語源です。〔コチ→コウチ→カワチ→カワウチ〕の転訛になり、「カワチ」のあたりで「河内」の漢字が当てられ、その読みとして「カワウチ」の呼称が生まれた、と考えるべきでしょう。従来説と全く逆の転訛です。〔コチ→カッチ→ガッチ→グチ〕〔コチ→コウチ→ゴウチ〕の転訛もあります。

第三人称形は地名に思い入れがあったり、地形が特徴的であったりする場合に用います。安曇野に住んだ縄文の人たちは、奥穂高岳を第三人称形の「ピラカシ」で呼んだように、上高地も「コッ」の第三人称形「コチ」で呼んだのです。意味は「彼の谷川」です。

「コッ」が第三人称形の地名にならず、〔コッ→コ→ゴ〕などと転訛して日本語地名になった事例もあるはずですし、これをコチ地名と区別しコ地名と呼ぶことにします。鏡味はコ地名を扱っていません。「コ」「ゴ」は一音節であるため、コ地名として分離・認識することが難しいのかもしれません。コ地名としては語尾が「小・子・古・郷・骨」などと表記される地名が候補になり、具体名としては「上小・米子・根子・宮古・徳郷・蛇骨・白骨」などが想定されます。本書では「徳郷」についてのみ次章で説明し、他は別な機会に検討することにします。

前章で、西日本ではヤマト王権成立後に谷川を意味する言葉が「～谷」に置換わったとし、置換わる以前の言葉は「コッ」あるいは「コチ」であったと説明しました。関東甲信越地方では「…があるところ、…が群在するところ」の意味の「サワ」はありましたが、谷川の意味の「沢」が使われるのは6、7世紀以後です。西日本でも東日本でも、「～谷」「～沢」に置換わる以前の谷川を意味する言葉は「コッ」あるいは「コチ」だったのです。

それでは「上高地」の「かみ」の語源は何でしょう。従来説は「下」の対語としての「上」との考え方が一般的です。

「かみこうち」の「こうち」が縄文に遡るならば、「かみ」も縄文に遡ると考えるのが筋です。「かみ」には「カムィ」を想定しました。アイヌ語の「神」は「カムィ」ですが、縄文の神は「クル」ですので、この場合の「カムィ」は意味が異なります。

知里Ｉは「カムィ」を次のように書きます。

kamuy. -e【H】/-he【K】カむィ ①神。②（古くは）魔

ここでの意味は②の「魔」です。

上高地の中に入った縄文の人たちの活動の場は、南は田代地域から北は槍ヶ岳の麓までと広範囲に及び、この範囲では今も土石流の痕跡が多くの場所で見られます。縄文時代の上高地は大きく地形を変えたときも

あり、また、氷河期からの氷も多く残っていたため氷雪解けや降雨による土石流や鉄砲水は現在より多く発生し、梓川は流路の定まらない激しい流れだったと想像できます。彼らはこれら自然の猛威を「魔」と捉え、ここを「カムィコチ」と呼んだのです。意味は「彼の魔の谷」です。すなわち、「上高地」の語源は縄文の言葉「カムィコチ」だったのです。

「カムィ」を「魔」の意味とするもう一つの地名を紹介します。

3章で群馬県に利根川の支流のひとつに神流川（かんながわ）があると説明しました（図3-1を参照）。正確には烏川が利根川の支流であって、神流川はその烏川（からすがわ）の支流になります。そして、この3本の川はほぼ一か所で合流します。さらに、烏川はここより数km上流で鏑川（かぶらがわ）と合流しますので、利根川は埼玉県との県境に近いところ数kmのうちに多くの支流が合流して大利根川となり、地形的にはこの付近は大きな氾濫原になっています。

江戸時代に整備された中山道はこの氾濫原を横切るように通ります。しかし、中山道の位置から神流川の上流方向10kmほどのところに中山道姫街道と称する迂回路が用意されていました。以前の往還道である鎌倉街道です。また、奈良時代における上野国府（群馬県前橋市に所在）から武蔵国府（東京都府中市に所在）に向かう東山道武蔵路（とうさんどうむさしみち）は利根川の北側を川沿いに館林市付近まで下り、そこで利根川を渡った後、直線的に武蔵国府を目指します。

このように古い街道は、烏川や神流川が利根川と合流する地点の通過を避けています。ここは、降雨時にはそれぞれの川筋の区別が付けられないほどの「暴れ川」だったのです。

当然、この状況は縄文にまで遡ります。烏川の「からす」の語源は「クルウスイ」から転じた「クルシ」でした。鏑川の「かぶら」の語源は「カンラプ」でした。いずれも縄文の言葉です。神流川の「かんな」の語源は、やはり縄文の言葉「カムィナィ」だったのです。「暴れ川」を意味する「魔の川」です。複数の川が合流する広い範囲をこのように呼びましたが、時代が下って意味が理解できなくなった「カムィナィ」は「かんな」に転訛し、狭い範囲の川名や地名に固定化していったのです。付近には藤岡市に合併する以前の神流村があり、「かんな」は川名だけでなく地名としても今に残っています。

17章　安曇野・上高地に残る縄文地名を散策

安曇野・上高地における縄文の世界や安曇族にまつわる古代史の世界が、14章、16章での縄文地名の探索によって、かなりはっきりと見えるようになりました。この地には興味深い縄文地名がまだまだたくさん残っています。これらを散策し、さらなる未知の世界を覗きたいと思います。以下、図14-1（225ページ）を参照しながら読み進んでください。

黒沢（くろさわ）

「黒沢」というと「七人の侍」や「羅城門」などで名を知られる映画監督の黒沢明を思い出す方も多いのではないでしょうか。他にも黒沢を姓とする人は多く、私たちにとっては馴染みのある名前です。縄文語を語源とする言葉の対象になるとは全く予想していませんでした。

「黒斑山」の「くろふ」の語源が「クルヘ」であって、「黒」の語源が「クル神」であったこと、「…がある（いる）ところ、…が群在するところ」を意味する縄文の方言「サワ」が存在したこと、これらを知っている「黒沢」の語源は「軽井沢」や「涸沢」と同じように「神がいるところ」を意味する「クルウスイ」ではないか、と思うようになったのが発端です。

音の変化を見ます。

kur us-i クㇽウㇲイ→ kurusuwi クルスウィ→ kurusawa クルサワ→ kurosawa クロサワ

十分に可能性のある転訛です。

本章を書き進めるため上高地の地図を眺めているとき、地図上に二つの「黒沢」があることに気付きました。一つは徳本峠(とくごう)から上高地の徳本峠入口へ下る沢であって、もう一つは蝶ケ岳から横尾に下る沢です。徳本峠から下る沢は、途中で白沢と合流し名前も白沢となった後、徳本峠入口まで流れ下り梓川に合流します。「黒沢」の語源は「クㇽウㇲイ」ではなかろうかとの思いは持っていたので少々気掛かりな存在になりましたが、近くには「クㇽウㇲイ」の語源を有する「涸沢」があり、この場所にもう一つ別な「クㇽウㇲイ」があるはずはないと考え、縄文ではなくもっと新しい時代に付けられた借用地名であろうと決めつけ、ほとんど素通りでした。

蝶ケ岳から下る二つ目の「黒沢」に気付いたとき、徳本峠から下る「黒沢」を思い出し、ここにも「黒沢」があると自覚はしたのですが、やはりこの場所に別な「クㇽウㇲイ」があるはずはないとの思いから深入りはせず、上高地の中にある他の地名の語源探索を先行しました。

しかし、限られた地域のそれほど離れていないところに、語源が「クㇽウㇲイ」になるかも知れない二つの「黒沢」が頭から離れません。他の地名の語源探索をしながらも、ときどき互いの位置を再確認したり、沢には水が流れているとかいないとかを考えたり、あれこれと漠然と思案する日が続きました。

そんなある日、「烏川」を川上側に延長したその先に「軽井沢」や「涸沢」があったことを思い出し、漠然とした思案は〔もしかしたらこの二つの「黒沢」は3匹目のドジョウになるかもしれない〕との期待に変わりました。五万分の一の地図を取り出し、徳本峠から下る「黒沢」を川上側ではなく川下側へ延長します。

曲がらないよう慎重に目で追います。その先に……「涸沢」がありました。安曇野に住む縄文の人たちが「クルウスイ」と呼ぶ「涸沢」です。定規を当てて確認します。間違いありません。明神岳山頂のわずか右側を通り、前穂高岳の頂をかすめ、その先に確かに「涸沢」があります。地図上で10cmほどの距離しかない蝶ケ岳から下る二つ目の「黒沢」に急いで移動し、こちらも川下側に延長しました。その先にはやっぱり「涸沢」があります。

〔もしかしたら〕との期待は見事に的中しました。この事実は偶然ではありません、完全に意図されたものです。安曇野に住んだ縄文の人たちはこの二つの沢が「涸沢」すなわち「クルウスイ」に向いていることを知っていて「クルウスイ」と呼び、訛って「くろさわ」になったのです。二つの黒沢を図14-1（225ページ）のそれぞれの場所に少し太い点線で示しました。この図からも二つの「黒沢」は共に「涸沢」に向いていることがわかります。ぜひ、大きな地図で確認してみてください。

この時点で「黒沢」の語源は「かるいさわ」「からさわ」「からす」と同じ「クルウスイ」に違いない、との確信を得ました。

安曇野に住んだ縄文の人たちは北アルプスの神を畏怖畏敬し、その神が住む「涸沢」すなわち「クルウスイ」に想いを寄せていたということを14章で知りました。二つの「黒沢」の存在は、その「クルウスイ」に寄せる彼らの想いは、私たちの想像をはるかに越える感情であったことを教えてくれるような気がします。

安曇族が安曇野に進出する以前に先住した人は、「離山遺跡」や「他谷遺跡」などに住んだ縄文の人たちの子孫であって、「涸沢」に寄せる想いをずっと受け継いできた人たちです。安曇族が自らの神とする綿津見神（わたつみのかみ）に増して先住した人たちの神である穂高見神（ほたかみのかみ）を崇めた理由は、北アルプスの神に対するそれほどまでの彼らの気持ちを安曇族が真摯に受け入れたためではなかろうか、と改めて思います。

また、二つの「黒沢」は安曇野に住んだ縄文の人たちが「涸沢」を目指して上高地の出入りに使用した道でもあったのです。江戸時代に杣が使い、明治時代にウォルター・ウェストンたちが使った徳本峠越えは縄文以来の道だったということになります。

安曇野側から横尾に入るにはまず蝶ケ岳を目指して登ります。登る道は現在も登山道として使われている烏川に沿った道が想定できます。蝶ケ岳からは、現在使われている尾根道ではなく、「涸沢」に直線的につながる沢道が使われたと想像します。縄文の人達は、夏の早朝に集落を出発し、2677mの蝶ケ岳を越え夕方には上高地に到着します。中に入った彼らは数ケ月間滞在して、獣や魚を獲り、それに乾燥や燻製などの保存加工を施したのではないでしょうか。もちろん明神池の畔で彼らの神を祀る儀式を行うことも忘れません。

帰りは収穫物で大きな荷物になります。徳本峠を越える道は上高地から出る際に多く使われたと想像します。集落までの距離は長くなりますが、徳本峠の標高は約2100mであり、重い荷物を背負っての行動は蝶ヶ岳を越えるより、容易なはずです。つまり、彼らにとって徳本峠入口は上高地への表玄関、横尾は裏玄関に相当したというわけです。

安曇野の南端で梓川の北側に黒沢川があります。黒沢山に水源を有し、安曇野の扇状地を形成する川の一つで、「信府統記」にも記されている古い名称の川です。この「黒沢」の語源も「クルウスイ」と考えられますが、こちらの「クルウスイ」は「涸沢」とは異なりそうです。

黒沢山の手前に金比良山があります。この山は13章で説明した「こんぴら」です。黒沢川の左岸、南小倉の辺りに、縄文中期（約5500〜4500年前）の南松原遺跡があり、そこから竪穴式の住居跡が発見されています。この遺跡の住人が金比良山を「カンピラ」と呼び親しみ、祖霊などを祀った人たちと思われます。金比良山の裏側で黒沢山の山裾に黒沢不動尊や黒沢滝があります。この辺りが遺跡の住人に「クルウスイ」と呼ばれた場所であって、「クルウスイ」の意味がわからなくなった後に、ここを水源とする川の名称が黒沢川となり、うしろにある高い山が黒沢山と呼ばれるようになったと考えられます。

◇

江戸時代、上高地は松本藩直轄の木材の伐り出し場でした。そのための常設の杣(そま)小屋が14ケ所あったと資料16-7は記します。南から田代、湯川、越後川、宮川、徳吾、古池、徳沢、長平、横尾、わさび野、わさび沢、熊倉沢、一の俣、二の俣です。これらの杣小屋があった場所を現在の地図で確認します。

田代は田代池の付近、湯川は上高地温泉付近、越後川は河童橋付近、宮川は明神池の付近といわれます。徳吾は今の徳本峠入口付近であり、江戸時代は徳吾あるいは徳郷と書かれました。徳吾には杣小屋の他に役人用の小屋もあり、木材の伐採・搬出などの管理事務所的な役割を果たしたようです。現在の上高地は河童橋付近が観光の中心になっていますが、江戸時代は徳吾周辺が拠点であり、縄文時代においては表玄関でした。徳吾は縄文以来の長い間、上高地の中心であったというわけです。

古池は古池沢の出口付近です。徳沢、横尾、わさび沢、一の俣、二の俣は現在の地図にも同じ名称で示されていて、長平は長塀に代わっています。

わさび野、熊倉沢は地図に表示されていません。記載順序から、わさび野は横尾とわさび沢の間、熊倉沢はわさび沢と一の俣の中間で上高地に入って槍ヶ岳が初めて見える槍見河原の辺りと推定します。それぞれのおおよその位置は図14-1で想定できます。

これらの地名は江戸時代にはすでに存在したそれなりに古い地名です。この中から縄文に遡ると考えられる地名をこれまでの経験を頼りに選び出すと「たしろ」「とくご」「とくさわ」「よこお」「くまくらさわ」です。次は、この5つの地名を語源探索の対象にします。

田代池と徳沢は以前に旅行で訪れた経験があり、地形に対するおぼろげな記憶はあるものの、地名に関心を持つ前のことであって、そのときの記憶だけを頼りに語源探索を進めるには材料が足りません。また、「とくご」については縄文の人たちが上高地への出入りに使用した徳本峠越えの道の状況や周辺の自然環境を知る必要があります。このため2泊3日の現地調査を実施しました。電車で新島々の駅まで行き、バスに乗り換え、大正池で下車し、調査の開始です。

以下、調査結果を踏まえながらの記述になります。

田代（たしろ）

調査の旅の初日は快晴です。バス停で下車し大正池の縁を歩きながら、池の中で立ち枯れている木は梓川が堰き止められる以前は葉を茂らせていたのだなと思い、さらに縄文まで遡ればこの地は深い峡谷であったなと思いを巡らせながら調査は始まりました。

先ず、玄文沢の山体崩壊によって梓川が堰き止められたとされる場所を確認したいと思いました。大正池と田代地域の境界付近における広い河原の中で梓川が幾本かに分流し、それがまた一本に収斂（しゅうれん）しているところです。

定められた通路を歩いていると林の切れ目から広い河原を眺められる場所に出ました。ちょうど確認したいと思っていた付近です。そこには自然環境の保護と称して「立入り禁止」の縄が張られ、河原に出ることはできず、もちろん川面を見ることもできません。最初の目的はかないませんでした。

田代池とその付近一帯へと移動して行きます。ここは木道が設けられ、その範囲内での観察になりますが調査に支障はありません。代表的な観光スポットである田代池は地域の一部であって、多くは写真17－1のような小川や、どこが水源かわからないようなたくさんの小さな水の流れと雑木が複雑に入り交じる湿地帯です。前に来たときは田代池ばかりに関心が向かい、このような景色は記憶にありませんでした。

田代地域は対岸にある玄文沢の山体崩壊がこの地形を創ったと前章で紹介しました。そして、霞沢岳から下る八右衛門沢が創る沖積錐が自然堤防の役割を果たして、梓川本流が田代地域へ侵入するのを防いでいます。このことによって田代一帯は梓川が上流から運ぶ土砂の堆積しない環境と急流に晒(さら)されない環境を維持できたのです。

写真 17－1　田代地域（2011.10.15　筆者撮影）

田代池の脇には「この池は、正面に見える六百山や霞沢岳などから砂礫層を通って湧き出てくる伏流水によって養われています。……」の掲示板が立っています。この掲示板にあるように、一帯は梓川本流からの水の供給がなくとも、豊富な湧水に恵まれています。このような環境が長期にわたって維持され、結果として田代池を含む湿地帯が形成されています。

尾瀬ヶ原の湿原も田代です。上高地の田代と外観で比べたときの決定的な違いは、尾瀬は背の高い木が全く生えていないのに対し、上高地の田代地域は水辺のぎりぎりにまで背の高い雑木が多く茂っていることです。

尾瀬は水辺で成長した湿性の植物が枯れ、水中に倒れ込み数千年に亘って積み重なった泥炭層が湿原を創っています。泥炭は背の高い木の自重や木に加わる風雪荷重を支える強度が足らないため、大きな木は育つことができません。

一方、上高地の田代は玄文沢からの流れ山である小丘と小丘間にある水が田代一帯の地形を作りました。流れ山は泥炭と違って岩・砂・土から成りますので木の自重や風雪荷重に耐える強度が有り、大きな木が生育できます。写真17-1からもその様子を見ることができます。このように成因と外観が全く異なるにも関わらず、いずれも「たしろ」と呼ばれます。

本書に田代の地名が登場するのは上高地が3度目です。最初は尾瀬ヶ原の湿原であり、2度目は長野と群馬の県境にある鳥居峠から群馬県側に少し下ったところの地名です。その際に「たしろ」の語源は縄文語「トシル」と説明しました。意味は「川岸の下の土が流れて草や木の根などが庇のようにかぶさっている所――そういう所に昼間は魚が隠れているので漁の上では注意すべき地形」です。詳しくは2章を参照してください。

上高地の田代もまさにそのような地形であって、写真17-1に見られるように、川辺や池の縁は草や木の根などが庇のようにかぶさって水面に張り出しています。安曇野の地から時節を限って上高地に狩猟や採集が目的で入った縄文の人達はここの「トシル」で岩魚（いわな）などの魚を獲っていたのです。ここの「たしろ」の語源も「トシル」です。

調査の旅は、その後、田代橋を渡り、梓川の右岸を川上に向かって歩きます。杣の常設小屋があったとされる湯川の上高地温泉付近を通り、ウェストン卿のプレートが埋め込まれたところや越後川の河童（かっぱ）橋を過ぎ、宮川の明神池がある穂高神社奥宮を経て、1日目の宿である明神館には日が暮れる頃に到着しました。この地が、江戸時代の杣たちが拠点とした「徳吾」であり、縄文の人たちが上高地への表玄関とした場所です。

私が上高地の歴史について最初に勉強した資料が明神館のホームページであって、この日は夕食後、明神館の主（あるじ）からホームページの作成に用いた資料や上高地に関するその他のことをいろいろと聞かせていただきました。

徳沢（とくさわ）

「徳沢」の語源説というようなものはなく、「徳沢」という沢の名称がそのまま地名になっているというのが一般的な認識です。

上高地という狭い地域の中に「徳本」「徳沢」と「徳」を共有する二つの地名があることに注目しました。漢字の「徳」ではなく、「とく」の発音です。同時に、「徳沢」の「沢」は15章で説明した縄文の方言「サワ」であるとしました。したがって、「とくさわ」とは「（とく）があるところ」の意味になります。

「とく」の語源は知里Iを検索します。「タㇰ」がありました。

tak,-u たㇰ　かたまり、塊、球、玉石、川の中のごろた石。

上高地の中は、梓川の河原も、流れ込む沢もゴロゴロした石の多いところであって、景観を表現する言葉として「タㇰ」は妥当な言葉です。「とく」の語源として「タㇰ」を設定します。「とくさわ」の語源は「タㇰサワ」となり、意味は「ゴロタ石があるところ」となります。とはいっても上高地の中は「ゴロタ石があるところ」ばかりです。なぜ「徳沢」の地に限ってこのように呼ばれたのか、これを説明しなければなりません。

「徳沢」付近は、土石流などで山から押し出された拳大から人頭大の石が少し盛り上がって扇状地のように広がり、足を取られないよう注意しながら歩いた、との以前の記憶が残っていて、縄文の人たちはこの状況を「ゴロタ石があるところ」と呼んだのではなかろうかと思ったのですが、おぼろげな記憶を頼りにするわけにはいきません。

ここから二日目の調査です。

この日は「徳沢」を往復した後、次の宿泊地である徳本峠小屋へ行くだけですので、時間的に余裕のある行程です。天気は初日に続いて快晴。宿を出ると間もなく「徳本峠入口」です。「徳本峠」の矢印標識があり、矢印に従って右折するとこの日の最終目的地である徳本小屋に向かいます。まずは直進し「徳沢」を目指しました。1時間ほど歩くと「徳沢」です。

写真17－2　徳沢における沢の工事（2011.10.16　筆者撮影）

おぼろげな記憶にあった、扇状地のようなゴロタ石の広がりが見当たりません。記憶違いかなと思いつつ道の山側にある沢を見ると、ゴロタ石が左右に分けて積み上げられ、沢の中央が10ｍほどの幅で少し掘り下げられています（写真17–2）。今後発生すると予想される土石流の流路を固定するために行った工事のようです。田代地域における河原への「立入り禁止」の縄張りと比較して、それぞれの自然に対する矛盾した対応に釈然としない気持ちを抱いたことを思い出します。

このことはともかく、想定した景観が見当たらないのは、私の思い違いか、工事によって消滅したかのい

写真17－3　徳沢付近の梓川（筆者撮影　2011.10.16）

ずれかです。

縄文の人たちは、自然の風景、日々の生活、神への畏敬の気持ちなどを鋭い観察眼と豊かな表現力で地名にします。周辺を観察しているうちに、当初「ゴロタ石があるところ」と想定し、今回の調査で見当たらなかった景観は、地名に採用する景観としては彼らの感性にそぐわないのではないか、と思うようになったのです。

しかし、それに替わる景観を簡単に見出せるはずはなく、とりあえず「ゴロタ石があるところ」に関係ありそうな風景をたくさん撮影し、これらの写真と頭に焼き付けた印象とで後日判断することにしました。

帰宅後、「タク」の意味を知里Ⅰで再確認し、「川中のごろた石」と「川中の」がついていることを改めて認識しました。そこで梓川を撮影した写真を中心に見直し、写真17－3を選び出しました。徳沢から明神館の方向へ戻りはじめて間もなく、梓川の河原に向けて突き出た高台のような場所があり、そこから川上側に向けて撮影した徳沢付近の梓川です。ゴロタ石だらけの河原の幅は大きく、川が分流している様子が見て取れます。

ここは、約1万2000年前、アカンダナ山の噴火が古梓川を堰き止めてできた巨大な古上高地湖の最上縁に位置するところです。写真に見る河原を満々と水を湛える湖面と境界となる湖畔に置き換えると1万2

000年前の景色が再現できます。河原の幅いっぱいに分流する景観は古上高地湖の最上縁であったことと因果関係があるかも知れません。

大雨や氷雪解けの水は川の流れの位置や方向を変えました。しかし、全体的な景観は縄文以来維持されてきたと想像します。河原の幅いっぱいに分流するため浅瀬も多く、その浅瀬を選んで歩けば川を横切るには恰好（かっこう）な場所です。安曇野から上高地に入った縄文の人たちはここで梓川の対岸に渡り、また戻ったのではないでしょうか。活動の場を広げ、より多くの収穫物を得るため、非常に重要な場所だったのです。

彼らはこだわりのある地名には第三人称形を用います。「タク」の第三人称形は「タク」であり、他の多くの「ゴロタ石がある所」と区別するため、ここを「タクサワ」と称したのです。意味は「彼の川中のゴロタ石があるところ」となります。「とくさわ」に転訛し、「徳沢」の漢字が当てられるのは後年です。

二日目の調査の旅はまた「徳本峠入口」に戻ります。

穂高見神を主祭神とする穂高神社奥宮を、縄文の人たちが北アルプスの神をこの場で祀ったことに思いを馳せながら、お参りしました。嘉門次小屋でイワナの塩焼きの昼食を済ませ、徳本峠小屋へと向かいます。縄文の人たちが「クルウスイ」と呼んだ「黒沢」が下方に見え隠れする沢に沿った道を2時間ほど登ります。徳本峠小屋に到着したときはまだ日も高く、小屋の近くにある「てんぼう台」と称する高台から観た穂高連峰の雄姿は絶景でした。

深田久弥が『日本百名山』に書いた「峠に立った時、不意にまなかいに現れる穂高の気高い岩峰群は、日本の山岳景観の最高のものとされていた。その不意打ちにおどろかない人はいなかった。」を実感した瞬間です。

おりしも、NHKテレビが穂高連峰を取材している場に居合わせ、私たちの頭越しに「穂高の気高い岩峰群」を映像に納めるシーンへの協力を依頼されたのも、思い出に残る一幕でした。

徳本（とくごう）

江戸時代、「徳本」は「徳郷（とくごう）、徳吾（とくご）」と書かれ、木材の伐り出しを行う杣（そま）たちの拠点でした。上高地には八右衛門、善六、長七など人の名前のような沢名や山名が多くあります。杣が伐り出した木材は梓川を松本まで流下させますが、釜の辺りは川幅の狭い岩場であり、木材が岩に掛かり滞留する場合もしばしばあったそうです。滞留を解消するのも杣の仕事であり、急流の中での作業は危険と隣り合わせのため殉職した杣も多く、その杣の名前を付けたのであろうと、資料16‐8は説明します。「徳吾」も殉職した杣の一人であった、とするのが従来からの有力な地名の由来説です。

徳本峠の名前は明治20年頃、日本陸軍編纂の地図に現れたのが最初で、正式に地図に記載されたのは大正になってからのようです。「徳本」へ到る峠なので徳本峠になったが定説です。かつて、島々宿においては徳本峠を単に峠と称したようです。「徳本」の漢字についても由来説はいくつかあって定かではありません。「徳本」の名称には謎がいっぱいです。

語源探索は「とくご」で行います。

徳本峠越えは安曇野に住んだ縄文の人たちが上高地への出入りに使用した道です。とすれば、「とくご」の語源は殉職した杣の名前ではなく、縄文に遡る言葉と考えるのが自然です。

「とく」は「徳沢」の「とく」と同じで、語源は「タㇰ」、意味は「川中のゴロタ石」です。残りは「ご」です。16章で説明した「コッ」としました。意味は「沢、谷川」です。音の変化は〔コッ→コ→ゴ〕になります。すなわち、「とくご」の語源は「タクコッ」であって、意味は「ゴロタ石の谷川」となります。「とくご」とはもともとは谷川の名称であり、それが地名になった、ということです。

それでは、縄文の人達は、何処を「ゴロタ石の谷川」と呼んだのでしょう。「とくご」に関係しそうな谷川は、島々宿〜徳本峠間の「島々谷川」とその上流の「南沢」、それと徳本峠〜上高地間の「黒沢」です。「黒沢」は前記したように縄文の人たちが「クルサワ」と呼んだ沢ですので対象からはずれます。とすると「島々谷川」か、あるいはその上流の「南沢」ということになります。

「徳沢」の場合と同様に、上高地の沢は全て石がゴロゴロしています。彼らはなぜこの沢に限って「ゴロタ石の谷川」と呼んだのでしょう。「とくご」の語源を「タクコッ」とするからには、これを説明せねばなりません。

調査旅行の三日目は、徳本峠から島々まで下り、縄文の人たちが「タクコッ」と呼んだであろう場所を自分の目で確認し、その理由を見出すことが目的です。

朝6時半、徳本峠小屋を出発。出るとすぐに細い急な下りがジグザグと続きます。30分ほど下るとせせらぎの音が聞こえ、しばらくすると写真17-4のような土石流によって押し出されたゴロタ石と流木が散乱する中をわずかな水が流れる谷川に出ます。島々谷南沢の源頭に近い場所です。

ここからはこの谷川に沿っての下山になります。谷川には流木や丸太でできた簡易な橋が渡されていて、ときどき左右の縁を変えながらも谷川から離れることなく、ゴロタ石に足を取られないよう気を配りしながら下ります。写真17-5のように以前に使われた丸太の橋も残されていて、使用する橋の位置もときどき変わることがわかります。流れる水の量は下るにしたがって少しずつ増えます。

岩魚留小屋で一休みし、再出発した30分後が写真17-6です。登山道から外れたところで流木や倒木がそのまま橋となっています。水の量も増え、谷川の幅も少し広がります。

この後、谷川の水量はさらに多くなり左右に渡る頻度は少なくなるものの、ゴロタ石に足を取られないよう気をつけながら谷川の脇を歩く状況は変わりません。流域の石が少し大きくなってきます。大雨時などに小さな石はより下流へと押し流されてしまい、大きな石が残っているためと思われます。谷川の縁に突き出して設けられた廊下状の木製桟橋もあります（写真17－7）。

この辺より下流になると、谷川の幅はさらに広がり水量も多くなるので丸太の橋はなくなり、より高い位置に鉄やコンクリートでできた橋が架けられています。このような場所でも縄文の頃は川面に近いところに丸木を渡したと想像します。

写真17－4　南沢の源頭付近（筆者撮影　2011.10.17）

写真17－5　使用済みの丸太の橋（筆者撮影　2011.10.17）

さらに下ると二俣です。ここまで下ってきた南沢と、北方から流れ下る北沢がここで合流して、名称は沢から川に変わり島島谷川になります。水量はさらに増え、川幅も大きくなります。島々宿までの約6㎞の間に何度か左右を変えるものの、川の直ぐ脇を歩く状況は最後まで同じです。この間の橋は自動車も通りま

写真17－6　流木・倒木の橋（筆者撮影　2011.10.17）

写真17－7　廊下状の桟橋（筆者撮影　2011.10.17）

すので、これまでの橋とは比較にならないほどしっかりした構造になります。

三日目の調査をまとめます。語源の意味である「ゴロタ石の谷川」から、谷川周辺には山のようなゴロタ石の存在を想像していたのですが、写真に見るようにゴロタ石はそれほど多くはありません。上高地に流れ込む谷川で、ここ以上に石がゴロゴロしている谷川はそれこそゴロゴロあります。

下山中、急傾斜の場所は徳本峠小屋から南沢の源頭に出るまでのわずかの距離であって、そこから島々まではずっと緩傾斜が続きます。緩傾斜の間は、峡谷・渓谷というより幅がそれほど広くない河原であって、河原と谷川の区別がはっきりしないような中で谷川の左右の縁をときどき変え、ゴロタ石を踏んだり跨いだりしながらつまずかないように注意して歩く、という状況です。特に、南沢の源頭から岩魚留小屋までの間はその印象を強くしました。

縄文の人たちは、自ら谷川に流木や倒木の橋を渡し、谷川の中や縁にあるゴロタ石を踏んだり跨いだりしながら、私が歩いた同じ道を行き来したはずです。廊下状の木製桟橋が架けられたところなどは水に足の半分を踏み入れながら歩いたと想像します。

巨大でも多くもないゴロタ石であっても、生活のため踏んだり跨いだりして行き来しなければならない距離の長い道であり、谷川だったのです。彼らにとって非常にこだわりのある谷川なのです。彼らはここを他のゴロタ石の谷川と区別するため、「徳沢」の場合と同様、「タㇰ」の第三人称形「タク」を使い「タクコッ」と呼んだのです。意味は「彼のゴロタ石の谷川」です。

「タクコッ」が「とくご」の語源であって岩魚留小屋の付近から南沢の源頭までを「タクコッ」と呼んだと思われます。「タクコッ」が「とくご」に転訛する頃に、谷川の呼称が峠の名称に変わり、さらにこの道を使って上高地に入った場所を「とくご」と呼ぶようになるのは、はるか後のことです。「徳吾」「徳郷」の字が当てられたのはさらに後の時代であり、その後「徳本」になった、ということになります。

横尾（よこお）

「横尾」も比較的にポピュラーな名称であって、私にも「横尾」姓の友人がいます。それだけに上高地の中に「横尾」があっても語源が縄文にあるとは想像しませんでした。しかし、江戸時代の資料にも地名として記載され、周囲に多くの縄文地名が残っている現実もあり、改めて「横尾」の漢字を見るとこの文字の意味が理解できず、「よこお」の発音に対する当て字的な雰囲気を感じ、語源探索の対象に選びました。

2章で、知里Ⅱにおける「アイヌ語本来の発想法（e-, o-, ko- について）」の表題の中から、

yuk o-san nay ユㇰ オ サンナィ　鹿（が）・そこへ・出てくる・沢

を紹介しました。
「よこお」とは「ユㇰオサンナィ」から「サンナィ」が脱落し、「ユㇰオ」だけが残った言葉と考えます。三内丸山遺跡の「さんない」は「ユㇰオ」が脱落し「サンナイ」が残った言葉であろうと、記しました。したがって、「よこお」も「さんない」ももともとの言葉は「ユㇰオサンナィ」であって、残る言葉の前後が入れ替わったことになります。
アイヌ語「yuk」について、知里Iは次のように記します。

yuk, -i ゆㇰ：鹿。〔語源は i-uk「獲物」の義で、もとはクマもシカもムジナも云ったらしいが、今は日常語ではシカだけを云う。〕

「ユㇰ」のもともとの意味は鹿ではなく獲物です。したがって、「ユㇰオサンナィ」の意味は「獲物が・そこへ出てくる沢」となります。「横尾」は安曇野に住む縄文の人たちにとって上高地の裏玄関に相当する場所です。同時に、獲物のよく獲れる場所でもあったのです。「ユㇰオ」が「よこお」になり「横尾」の漢字が当てられたことになります。

熊倉沢（くまくらさわ）

対象とする言葉を「熊倉」とせずに「熊倉沢」と「沢」までを含めた理由は、この「さわ」は「…がある（いる）ところ、…が群在するところ」の意味の「サワ」であると考えたからです。また、「くまくら」の「くま」

はアイヌ語「kuma クマ」がすぐに思い浮かびました。「クマ」のもともとの意味は「横になった棒」ですが、そこから派生して、「棒のように横たわっている山」の意味にもなります。縄文地名にとって注目すべき言葉の一つと考えています。「くら」の語源は「クル 神」です。したがって、「くまくらさわ」の語源は「kuma kur us-i クマクルウスイ」となり、直訳は「横になった山の神がいるところ」です。

語源は想定でき、直訳もわかりました。しかし、その表現するところが理解できません。「横になった山の神がいるところ」とは何を表現しているのでしょう。これまでもこのような地名の表現から想像もしなかった事象が出現し、縄文の人達の発想の豊かさ、表現の巧みさを知ることになって何度も驚かされました。今度もその類かも知れないとの期待と、最後まで行き着けないのではないかとの不安が入り交ります。

「熊倉沢」は位置の説明も地図上の表記もありません。資料への記載順序を頼りにして槍見河原付近と想定しました。この想定が正しいならば、「横になった山の神」とは槍ヶ岳に関わる神であろう、と検討対象の枠を狭めます。

安曇野に住んだ縄文の人達が上高地に入る時に蝶ヶ岳を越えて横尾に至るルートを使用すれば、蝶ヶ岳の頂上付近から槍ヶ岳を望めます。また、上高地の中に入ってからは狩猟のために移動して槍ヶ岳の裾まで行き、下から槍ヶ岳を見上げることもできます。私も彼らと同じように、槍ヶ岳を蝶ヶ岳と同じ高さの目線から眺め、そして槍ヶ岳の裾から見上げ、「横になった山の神」を探すことにしました。

上高地から徳沢、横尾を経由して槍ヶ岳に登った経験と、燕岳から大天井岳を経て常念岳まで歩き槍ヶ岳を反対側の峰として眺めた経験があります。その際、気まぐれに撮影した写真をパソコンから取り出し、じっくり見直しました。

槍見河原は上高地から槍ヶ岳を目指す際、最初に槍ヶ岳を見ることのできる場所です。木立の間に槍の

写真17－8　槍沢ロッジから見た槍ヶ岳（2007.9.25 筆者撮影）

写真17－9　坊主岩小屋と槍ヶ岳（2007.9.26 一緒に登山した小池氏撮影）

三角形部分が見えるのですが、私が槍ヶ岳に登ったときは雲で穂先の一部が欠けていました。全部が見えたとしても、槍の穂先だけでは「横になった山の神」には想いが至りません。登山の初日に宿泊した槍見ロッジからは夕方であったためシルエットになった槍ヶ岳が見えました。ここも槍見河原と同様に三角形の穂先だけです（写真17–8）。

翌日、山頂を目指します。登山道の周辺にある木々や岩に隠れて槍ヶ岳はなかなか見えません。森林限界を越え、岩影から解放されると突然その姿を現します。青空を突き刺すように聳え立つ槍ヶ岳の雄姿を仰ぎ見、天空が開けた解放感も手伝って〔槍ヶ岳はすぐそこだ〕と喜び勇んだこと、しかし、槍ヶ岳になかなか到着せずこの間が非常に長かったことを思い出します。

ここは、梓川の源流となる槍沢の源頭でもあります。少し進むと播隆上人が槍ヶ岳を登頂する際に寝泊まりした坊主岩小屋があり、播隆窟とも呼びます。坊主岩小屋を眼前に据え槍ヶ岳を仰ぎ見た景色が写真17–9であって、このときの雰囲気がよく表われています。坊主岩小屋は氷河によって運ばれた巨石が氷河消滅の際に積み重なってできたもので、中の空間は数人の人が横になれる広さがあり、写真に見るように播隆上人と思われる像が置かれています。

「横になった山の神がいるところ」とは、この坊主岩小屋のことだろうか、と一瞬思いました。そうであるとすると、山の神がこの岩小屋で寝泊まりしていることになりますが、なぜ神が寝泊まりするのか理屈に合う理由が見つかりません。また、槍見河原からは坊主岩小屋は見えませんので、槍見河原が「横になった山の神がいるところ」と表現する地名にはなり得ません。何より、地名の意味に比較してはスケールが小さすぎます。何度も書きますが、縄文の人達は観察眼が鋭く、発想が豊かでおおらかで、表現が巧みです。この考えは直ぐに没にしました。

結局、下から見上げる方法からは「横になった山の神がいるところ」には遭遇出来そうもないとあきらめ、上から槍ヶ岳を望む探索に方向転換です。

槍ヶ岳を登った1年前になります。中房温泉から登り、その日は燕山荘に泊りました。翌日、燕山を往復した後、常念岳に向かいます。朝方は雲が濃く見通しが悪かったのですが、昼頃には晴れ間が広がり、遠望できるようになりました。写真17-10は大天井岳から撮影したもので、私のお気に入りの一枚です。小槍を抱えた孤高の槍ヶ岳に目を奪われ、「横になった山の神」は見えてきません。

この日は常念乗越（じょうねんのっこし）の西方で標高を乗越から20mほど下げた位置にある常念小屋（じょうねんごや）泊りです。日没直後の赤くなった空を背景にした槍ヶ岳が黒く浮き上がり幻想的な景色でした。

翌早朝、乗越に出て東方を望み、しだいにオレンジ色の鮮やかさを増す雲海の中から昇るまぶしく輝く日の出を拝します。日の出を堪能した後、小屋に戻ろうと向きを西方に変えると、前方には朝焼けに染まった

写真17－10　大天井岳から見た槍ヶ岳（2006.7.31　筆者撮影）

写真17－11　常念乗越から見た朝焼けの槍ヶ岳（2006.8.1　筆者撮影）

槍ヶ岳がありました。記念にと思ってシャッターを押した一枚が写真17-11です。

写真を眺め、「アッ、あった、これだ！」と思わず声を上げて独り言です。槍ヶ岳を人の鼻と見れば、少々高すぎる鼻ですが、頭を右にして仰向けになった人の上半身が見えます。手前の山並みは、自分が立つ常念乗越に連なる常念岳や蝶が岳の峰々に朝日を遮られて陰になり、ベッドのようなシルエットを作って後ろの人の寝姿を浮かび上がらせます。仏像が横になったような気品さえ漂います。発見に驚嘆し、気持ちが昂り、「これが「横になった山の神」だ」と心の中で叫びました。

安曇野に住んだ縄文の人達は常念乗越も活動の範囲内だったのです。私と同じように乗越に立ち、東に日の出を、西に神の寝姿を拝したのです。当然、ここから僅か1時間の距離にある常念岳の山頂も極めたに違いありません。彼らは上高地に入るために山を越えるだけでなく、３０００m級の北アルプスの山々を尾根に沿って移動していたとわかります。

彼らは奥穂高岳を「神がいるところ」の目印と見て「ピラカシ」と呼び、特別な想いを寄せました。槍ヶ岳にも神を見て特別な想いを寄せていたのです。これは、奥穂高岳の神、槍ヶ岳の神という別々な神ではありません。彼らが崇める北アルプスの神はあくまでも一つであって、奥穂高岳の直下には「クルウスイ」すなわち「神がいるところ」と呼ぶ場所があり、槍ヶ岳はその神が姿の一部を現している、と考えたのです。

彼らは、常念乗越から見える「人が仰向けになったような山の姿」を「クマクル」と表現しました。中心はもちろん槍ヶ岳です。そして、「クマクル」は「槍ヶ岳」そのものを指す言葉になります。それゆえ、上高地から槍ヶ岳に向うとき、槍ヶ岳が初めて見える槍見河原付近が「クマクルウスイ」だったのです。発音は当時から「クマクラサワ」です。直訳は「横になった山の神がいるところ」ですが、意味は「槍ヶ岳が見えるところ」です。「熊倉沢」の位置を槍見河原付近とした想定に間違はなかったことになります。

ただ、この峰が「槍ヶ岳」と呼ばれる以前に何と呼ばれていたか、「くまくら」に違いないとは思うものの、現時点ではそれを確認する資料を見出すことができません。

松本市の中心から北方約5㎞、梓川が奈良井川と合流して犀川と名前を変える付近の左岸に「熊倉」の地名があります。「信府統記」にもしばしば登場する地名です。この場所から槍ヶ岳は望めませんので槍ヶ岳とは直接関係ない地名と思われますが、梓川の流域でもあり、間接的な関係があるかも知れません。次の機会にこちらの「熊倉」も探索したいと考えています。

これで、江戸時代に杣小屋が所在した地名から、縄文に遡るであろうと想定した「たしろ」「とくご」「とくさわ」「よこお」「くまくらさわ」の散策は終了です。

次は、梓川の「あずさ」、島々宿の「しましま」、釜トンネルの「かま」の語源探索です。

梓（あずさ）

川の名称にはその源流付近の地名が付けられる事例をたくさん紹介しました。安曇野の烏川もそのひとつです。同じように、梓川の「あずさ」の語源も源流付近の地名なのです。

梓川の源流は森林限界の上にある槍沢であって、写真17-9に示す坊主岩小屋に近いところです。写真に見るように周囲は石ころばかりです。このような景観をアイヌ語では「atusa アトゥサ」と呼びます。複数形は「atus-pa アッパ」であって、「あずま」の語源になった言葉です。

知里Iを再掲します。

atusa［複 atus-pa］アとぅサ　裸である（になる）。―山について云えば木も草もなく赤く地肌の荒れている状態を云う。

安曇野に住んだ縄文の人たちは上高地の中に入ると坊主岩小屋の近くも行動の範囲内でした。地肌は赤くはないですが、ここは木も草もなく荒れた状態すなわち「アトゥサ」の状態にあります。そのため、ここを源頭とする川は「アトゥサ」と呼ばれ、これが「アズサ」に転訛したのです。「あずさ」の語源は「アトゥサ」なのです。

島々（しましま）

「島々」の名前を最初に聞いたのは、数十年前に初めて上高地を訪れた時であって、縄文地名に関心を抱く遥か以前です。ＪＲ松本駅から松本電鉄に乗り換え、終点の駅が「新島々」。印象的な駅名ですので、地名に対してそれほど関心を持っていなかった当時でさえ、「しましま」の由来に興味を抱いたことを思い出します。

縄文地名に関心を持つようになってから、「新島々」の駅名を時々思い出し、余り意識することなく「しましま」の語源探しを行い、一つのアイヌ語を想定していました。安曇野や上高地の語源探索が進む以前のことであり、この地域に「しましま」だけがアイヌ語地名としてポツンとあったため、縄文語との自信が持てず、頭の隅にしまって置いたのです。その後、この地には多くの縄文地名が残されていてその語源も判明してくると、「しましま」に想定していたアイヌ語は縄文語に間違いないと確信が持てるようになりました。

語源に想定していたアイヌ語は「スマ」です。

suma スま　石、岩。

「島々」は島々谷川が梓川に合流する地点にあり、安曇野に住んだ縄文の人たちが上高地の表玄関「タクコツ」に向かうための入口となる場所です。梓川の両岸は渓谷に削られた岩肌が露出し、狭い河原には大きな岩、石がゴロゴロしています。「とくさわ」「とくご」の「とく」の語源は「タク」で、意味は「川の中のゴロタ石」でした。「スマ」は「タク」よりも大きな石・岩を表現する言葉で、それぞれの景観に合わせて使い分けられています。

「スマスマ」との繰り返し言葉によって、「スマ」がたくさんあることを表現しているのでしょう。「スマスマ」が「しましま」に転訛したのです。

釜（かま）

バスやタクシーが通る釜トンネルに並行する部分の梓川に、トンネルの名前の由来となる釜淵があります。深い峡谷で岩場も多く、急曲な流域であって、江戸時代の杣が伐り出した用木を流下させるのに苦労した場所です。縄文の人たちがここを「カマ」と呼んだのです。

知里Ⅰを見ます。

kama カま　①平岩、扁盤。②【ナヨロ】岩

彼らが上高地の中に入るとき、通常は徳本峠を越えるか、蝶ヶ岳を越えます。12章の「オソロシの滝」の語源探索で見たように、好奇心と冒険心を持った若者が、わざわざこの峡谷を遡って上高地の中に入ったのかもしれません。また、江戸時代の杣と同じように伐り出した木材を流下させたのかもしれません。いずれにしても、彼らは何らかの目的でこの峡谷を通過し、そして、この場所を「岩場」との意味で「カマ」と呼んだのです。

変化や転訛することなく、そのままの言葉が現在に生きています。

18章　現在に受継がれている縄文の神

アイヌ語の「神」は「カムィ」です。縄文の言葉が姿をあまり変えることなく現在にまで受け継がれている言葉がアイヌ語であるとしながら、最も重要な言葉である「神」はアイヌ語とは異なって、縄文語では「クル」でした。本章はこの「クル」に焦点を当て、まだ探索していない他の「クル」地名や言葉を取り上げ、縄文の人たちが想った「神」が今の時代にどのように継承されているかを見たいと思います。

まず、これまでに扱った「クル」地名を簡単に振り返ります。

群馬県・栃木県は、かつて「けぬ」と呼ばれる国でした。この「けぬ」の語源を探るため知里Ⅰに書かれた「クルは古くは〝神〟〝魔〟の意だったらしい」を頼りに、【縄文の「神」は「クル」である】と仮定し、そこから出発しました。

「けぬ」の語源は縄文語「クルネ」にあって、訛って「クンネ」になり、それが転訛して「けぬ」になります。「クンネ」とは「神の国」を意味する「クンネコタン」から「コタン」が脱落した言葉です。浅間山・赤城山・榛名山の噴火や多発する雷に「神」を見て、縄文の人たちは自らの地を「神の国」と呼んだのです。「群馬」の古称には「けぬ」「くるま」「ぐんま」があり、「クンネ」に訛る以前の言葉「クルネ」が「くるま」の語源であって、「クンネ」を濁音にした「グンネ」が「ぐんま」の語源であるとの結論に行き着きました。「けぬ」

「くるま」「ぐんま」の語源はたった一つの言葉「クルネ」にあったということです。（3章）

長野県にある「軽井沢（かるいさわ）」の語源は、意外な展開から「クルウスイ」になります。意味は「神がいるところ」です。浅間山を対象にした「神」であって、言葉の意味するところは十分に理解できるものの、展開が余りにも意外であったため、「かるいさわ」の語源を「クルウスイ」と推断することに迷いがありました。

この迷いを和らげたのが「烏川」の存在です。群馬県では利根川をはじめ水源付近の地名が川名になっている事例の多いことに着目して、「烏川」の「からす」の語源を探索した結果、「kur us-i クルウスイ」が「kurusi クルシ」と転訛し、「クルシ」が「からす」へと転じ、「烏川」となったと理解できました。「からす」は、「烏川」が水源方向とする「軽井沢」の語源「クルウスイ」が訛った言葉だったのです。

この結果によって、「かるいさわ」の語源を「クルウスイ」と推断することへの迷いが和らぐと同時に、【縄文の「神」は「クル」である】とした仮定にも自信を持てるようになります。（6章）

浅間山の「あさま」の語源は「クルアサム」から「クル」が省略された「アサム」であって、意味は「神が隣に座っている」です。縄文の人達にとって浅間山は「神が隣に座っている」、そのような存在であり、その神の座る場所が「クルウスイ　神がいるところ」、すなわち「軽井沢」です。二つの地名で【（山は）神が隣に座っている存在であって、その山の麓には神がいる場所がある】という一つの物語を構成します。このような山の神に対する考え方が古神道の「神奈備」思想に受け継がれるのであって、縄文の人たちの宗教観を表す非常に重要な言葉であるとわかりました。

富士山の神は「浅間大神（あさまのおおかみ）」であり、この「あさま」の語源も「クルアサム」から「クル」が省略された「アサム」です。富士山の周辺に住んだ縄文の人達にとって、富士山もまた「神が隣に座っている」、そのような存在だったのです。（7章）

ＪＲ横浜駅の西約１kmに、「軽井沢公園」と「浅間神社」の存在を偶然に知ります。この「かるいさわ」の語源は「クルウスイ」であり、「せんげん」と読ませている「浅間神社」もかつては「あさま」であって語源は「クルアサム」ではないか、と考えて探索が始まりました。

縄文海進の頃、この付近一帯は東京湾の中にある入江であって、「浅間神社」や「軽井沢公園」の前は海が広がっていました。ここは、近辺に住んだ縄文の人たちの漁場であって、彼らは自分たちの生活を支えるこの海に神を見て、「浅間神社」の場所を「クルアサム　神が隣に座っている」と呼んで神を祀る場所とし、「軽井沢公園」近辺を「クルウスイ　神がいるところ」と呼んで神聖な領域と考えた、との結論を得ます。

海岸付近で採取した貝が「三ツ沢貝塚」として今に残されています。N・G・マンローはこの貝塚を発掘し、人間の頭骨の分析結果から、アイヌ人は日本列島の先住民すなわち縄文人であることを検証しました。「クルアサム」と「クルウスイ」は山だけに対する考え方でなく、海に対する考え方でもあるということを示す貴重な事例です。（8章）

浅間山西方の外輪山の一角に黒斑山（くろふ）と車坂峠（くるまざかとうげ）があります。「くろふ」の「くろ」から「クル」を、「くるまざか」の「くるま」から「クルネ」を連想し、「クル」が二つ並んだところに縄文語の気配を感じ、「くろふ」「くるまざか」の語源を探りました。

「くろふ」とは「クルへ　神の頭」が語源であるとしましたが、「神の頭」が何を指し示すか考え悩んだ結果、黒斑山から見た浅間山の姿そのものであるとわかりました。浅間山を「神の頭」に見立てたということです。「くるまざか」の語源は「クルネサクチセ」、意味は「神の夏家」であって、ここから「チセ」が脱落して「クルネサク」になり、転訛して「くるまさか」になります。そして「神の夏家」とは、車坂峠を越えその北方に拡がる盆地状の緩やかな傾斜を持った現在の高峰高原を指します。

「くろふ」「くるまざか」の二つの地名で、「浅間山の神は、夏「神の夏家」で過ごし、頭だけ地上に覗かせている」との考え方を表します。単なる風景描写ではなく、夏、黒斑山まで登り、目の前にある頭の形をした浅間山に向かって山の平穏を祈願した、その様子を表現しています。（9章）

群馬県の「烏川」の語源は「クルウスイ」から転じた「クルシ」でした。この語源を探索しているとき、長野県の安曇野にも「烏川」があると知ります。こちらの「烏川」の語源も「クルシ」とするならば、川の水源方向に「クルウスイ」を語源とする地名があるはずと考えて探索を重ねた結果、上高地の奥にある「涸沢（からさわ）」が目指す地名であると判明します。「クルウスイ」から「からさわ」への転訛です。安曇野に住んだ縄文の人たちは眼前に居並ぶ北アルプスの山々に神を想い、その「神がいるところ」とした場所が「涸沢」だったのです。この「神」は後の時代に穂高神社の主祭神「穂高見神」となって歴史に登場します。

群馬県の「烏川」に続いて、安曇野の「烏川」も、その川名の「からす」の語源は「クルウスイ」から転じた「クルシ」であるとわかったとき、【縄文時代は「神」を「クル」と呼んだ】との仮定は検証できたと確信しました。（14章）

地図を眺めていて上高地の中に二つの「黒沢」があることを知ります。一つは徳本峠（とくごう）から上高地の徳本峠入口へ下る沢で、もう一つは蝶ケ岳から横尾山荘のある横尾に下る沢です。「烏川」の延長線上に「クルウスイ」すなわち「軽井沢」や「涸沢」があったことを思い出し、徳本峠から下る「黒沢」を川下側に延長すると、その先に「涸沢」がありました。蝶ケ岳から下る「黒沢」も川下側に延長すると、やはりその先は「涸沢」だったのです。この事実は、完全に意図されたものであって、「くろさわ」の語源が「クルウスイ」であることの証であり、同時に、安曇野に住んだ縄文の人たちが上高地を出入りしたことの証でもあります。二つの「黒沢」に沿った道が上高地の出入りに使用されたのです。（17章）

江戸時代、上高地は松本藩の木材の伐り出し場でした。多くの役人と杣（そま）が上高地を出入りし、14ケ所に常設の杣小屋があったと当時の文書は記録します。14ケ所のひとつである「熊倉沢（くまくらさわ）」を語源探索します。「熊倉沢」は地図に明示されておらず、文書への記載順序を根拠にして上高地から槍ヶ岳に向かうとき、最初に槍ヶ岳が見える「槍見河原」をその場所としました。「くまくらさわ」の語源は「kuma kur us-i クマクルウスイ」、意味は「横になった山の神がいるところ」です。「横になった山の神」が何を指すか、これを探さねばなりません。

常念岳に登った際に撮影した写真を取り出し、眺め、常念乗越（じょうねんのっこし）から見た朝焼けに染まった槍ヶ岳を中心にした山峰が人の寝姿になっていることを発見しました。これが「横になった山の神」です。ここから「くまくら」とは槍ヶ岳そのものを指し示す言葉であるとわかりました。「クマクルウスイ」の訳は「横になった山の神がいるところ」ですが、意味は「槍見河原」の地名が示すように「槍ヶ岳が見えるところ」です。（17章）

以上がこれまでに取り上げた「クル」地名です。詳細はそれぞれの章を参照してください。この他にも現在の私たちの周りには「クル」を語源とする地名や言葉がたくさん残っています。

「神がいるところ」を意味する「クルウスイ」は「軽井沢」「涸沢」「黒沢」それに「烏川」の「烏」の語源であることを知りました。「クルウスイ」から転訛した地名は他にもあります。その一つに「唐沢（からさわ）」があります。北アルプス燕岳の北側に唐沢岳があり、この唐沢岳から「唐沢」という沢が北側に流れ下り高瀬川に合流しています。大糸線大町駅から西側へ10kmほど山中に入ったところです。大町周辺に住んだ縄文の人たちが安曇野に住んだ縄文の人たちと同様に北アルプスの山々に神を想い、「唐沢」の源頭付近を「神がいるところ」として「クルウスイ」と呼んだのです。「からさわ」と転訛して、沢の名称になります。後ろに控える山の名称が唐沢岳になるのは後年のことです。唐沢岳から流れ出る沢だから「唐沢」という名称になったのではなく、「唐沢」の存在が先にあったのです。

「唐沢」は八ヶ岳の中腹にもあり、この「からさわ」が語源を「クルウスイ」とする決定的な事例になります。これについては次章で詳しく記述します。

谷川岳にロッククライミングのメッカとして有名な一の倉沢があります。この「倉沢」の語源も「クルウスイ」です。水上（みなかみ）付近に住んだ縄文の人たちが谷川の山々に神を想い、その「神がいるところ」とした場所が一の倉沢の崖の麓です。浅間山の麓に住んだ縄文の人たち、北アルプスの麓の安曇野や大町周辺に住んだ縄文の人たち、八ヶ岳の麓に住んだ縄文の人たちと想いは同じなのです。

近年、立山に登り、帰りに黒部峡谷のトロッコ電車に乗りました。トロッコ電車は黒部ダムの建設工事に使う用材を運ぶ目的で黒部川に沿って敷設され、工事終了後、宇奈月〜欅平間の約20kmを観光用に再活用したものです。

車内で観光ガイドの放送があり、「黒部」の名前の由来について説明がありました。アイヌ語「クルペッ」が語源で、意味は「魔の川」であり、黒部川の上流部は峡谷で、ときに激流や土砂崩れに見舞われるため、それを「クル」と表現し「魔」の意味とした、とのことです。「ペッ」は「川」の意味であるとの説明もあり、「それにしても、なぜアイヌ語なのでしょう?」と疑問形で締めくくりました。

ここでアイヌ語についての説明を受けるとは全く予想しませんでした。この語源説を、いつ、誰が、提唱したのか興味のあるところですし、そこまで分かっているのならば「なぜアイヌ語なのでしょう?」の締めくくりの部分を掘り下げる識者はいないのか、と問い掛けたい思いでした。

ガイドの説明で、「くろべ」の語源が「クルペッ」であるところまでは正解ですが、「アイヌ語」「魔の川」は間違っています。語源はアイヌ語ではなく縄文語です。黒部川流域に住んだ縄文の人たちがこの川を「クルペッ」と呼んだのです。そして「クル」は「魔」ではなく、これまで説明してきた「神」であって、「クルペッ」とは「神の川」の意味です。

安曇野に住んだ縄文の人たちは奥穂高岳や槍ヶ岳を中心とする北アルプスの山々を「ピラカ」と総称しました。黒部川は、剱岳、立山、薬師岳、黒部五郎岳、野口五郎岳、五龍岳、白馬岳、鹿島槍ヶ岳など立山を中心にした3000m級の北アルプスの山々に囲まれています。屹立（きつりつ）した山々は黒部川流域に住んだ縄文の人たちはとって圧倒的な存在であり、「神」と呼ぶにふさわしい存在だったのです。縄文の頃、それぞれの山峰に名称はなく、彼らはこれらの山々を「クル」と総称したのです。

「あさま」は「クルアサム」から「クル」が省略された名称です。黒部川流域の縄文の人たちは「クル」を強調したかったのではないでしょうか。「クルアサム」から「アサム」を省略して「クル」だけを残し、それを山々の総称にしたと思われます。

黒部川源流の最奥部に黒部五郎岳があり、少し下がったところに野口五郎岳があります。これら個別の山名は近年になってからの名称と思われますが、この「ごろう」の語源は「クル」です。「クル」は「グル」とも呼称されたのでしょう。黒部川周辺の山々の総称「クル」が「グル」となり「ごろう」と転訛して受け継がれ、代表としてその名を冠した山が、たまたま黒部五郎岳、野口五郎岳だったのです。さらに下がったところに五龍岳があります。この「ごりゅう」の語源も「グル」です。

黒部川流域に住んだ縄文の人たちが、周辺の山峰を「クル」と総称した痕跡は黒部五郎岳、野口五郎岳の「ごろう」、五龍岳の「ごりゅう」に残っているのです。そして、「クル」と総称する山々の水を源流とする川が「クルペッ」であって、「くろべ」と転訛して今に生きています。したがって「黒部」の意味は「神の川」なのです。

谷有二は資料18-1で「岩のゴロゴロした場所を漁師や杣人（そまびと）はゴロー、ゴーロ、ゴーラと呼んでいた」と記します。岩がゴロゴロしていたから「ゴロー、ゴーロ、ゴーラ」と呼んだのではなく、この「ゴロー、ゴーロ、ゴーラ」も語源は縄文の「クㇽ」が濁音化した「グㇽ」です。

「ゴロー」については「五郎岳」として説明しました。

「ゴーロ」については、浅間山南西側外輪山の剣ヶ峰から蛇堀川方向に下る尾根に「ヒサシゴーロ」があり、**写真9-1**（156ページ）の右端に写っています。この語源は「pisasi kur ピサシクㇽ」、直訳は「岩の出崎の神」であって、付近に住んだ縄文の人たちは浅間山の「神」が下方に向かって腕か足を突き出していると見たのでしょう。知里Ⅰは次のように書きます。

pisasi ピさシ【H北】石崎、岩崎。［＜pi（石、岩）esasi（出崎）］

日を遮るとの意味で日本語「庇（ひさし）」があると思っていましたが、語源はこの「ピサシ」にあると今気づきました。「ゴーラ」については、箱根の「強羅」があります。強羅の先にあって温泉の源泉となっている大涌谷や早雲地獄の異様な光景に「神」を見たのです。最近この場所は噴火警戒レベルが上がり、「神」が活動を活発化させていました。

谷川岳には俎嵓（まないたぐら）、茂倉、一の倉、仙の倉など、「くら」とか「ぐら」といって漢字「嵓」「倉」を当てる山や峰がいくつかあります。尾瀬の燧ケ岳には俎嵓、芝安嵓があります。その他にも、赤倉、黒倉、犬倉、高倉、平ケ倉、石倉、猿倉などがあり、よく知られる乗鞍岳の「のりくら」もあります。これらの「くら」「ぐら」の多くは「クル」「グル」に語源があります。縄文の人たちは山に登りあるいは眺め、そして、それぞれの山や峰には神が宿るとして「クル」を冠したのです。「くら」の前に付いている言葉の意味を解けば、その山についての当時の考え方が理解できるかも知れません。

私たちの身近には神社の存在があり、折に触れて家内安全、無病息災、商売繁盛、学業成就などを祈願します。神社の発祥について普段あまり考えることはありませんが、神社とは神道の信仰にもとづいて神々を祀るために建てられた建物もしくは施設の総称であって、遡れば古神道に行き着きます。

古神道とは自然崇拝に基づいた原始宗教です。そして、古神道の考え方の中に「磐座（いわくら）」があります。岩倉とも書き、岩そのものが神体であるとの考えです。岩倉山は今も各地に点在し、前記した「ぐら」「くら」名の一つであって、縄文の人たちが神宿ると考えた山です。「いわくら」も縄文に遡る言葉なのです。「いわくら」の「くら」の語源は「クル」、「いわ」の語源は「イワ」です。四阿山の「あずまや」の語源は「アッパイワ」、的岩山の「まといわ」の語源は「マトゥイワ」でした。ここで使われている「イワ」と同じです。

知里Iを再掲します。

iwa イワ　岩山、山。——この語は今はただ山の意に用いるが、もとは先祖の祭場のある神聖な山をさしたらしい。

「いわくら」の語源は「iwa kur イワクㇽ」、意味は「山の神」です。神宿ると考える多くの山の中で、特に「先祖を祀る神聖な山」であって、地域の縄文の人たちが頻繁にお参りをする身近な山だったのでしょう。ですから後世まで継承し易い環境にあり、古神道の「磐座」につながっていったと考えます。ただし、「イワクㇽ」の意味はそのままには継承されませんでした。「イワクㇽ」は「神が宿る山」を意味しているのに対し、「磐座」は「神が鎮座する岩」という狭い範囲を定義した言葉になっています。このことは、漢字が中国から伝来した後、「イワ」に漢字「岩」を当てたため、もともと「岩山・山」の意味であった「イワ」が、漢字「岩」の意味に狭められたことに原因があると考えます。

「イワクㇽ」「クㇽアサㇺ」「クㇽウㇲイ」と三つの言葉をつなげると、「神が宿る山は、神が隣に座っていて、山の麓には神がいる場所がある」となります。時を経て、「イワクㇽ」は「いわくら」に転じ、「クㇽアサㇺ」は「あさま」の山名や神名に転じ、「クㇽウㇲイ」は「かるいさわ」「からさわ」などの地名に転じ、それぞれの言葉が持つ本来の意味が失われるとともに、互いに関連した意味も不明になり、それぞれが固有の地名や言葉として独立します。それでも、縄文からの自然崇拝の思想は受け継がれ、「イワクㇽ」は「磐座」という言葉に生まれ変わり、「クㇽアサㇺ」「クㇽウㇲイ」が意味する考え方は「神奈備」という新しい言葉の概念に生まれ変わって古神道の思想が再構築されます。「いわくら」の「くら」に漢字「座」を当てたのは、「クㇽアサㇺ」の「神が隣に座っている」の思想が受け継がれたことの証ではないでしょうか。

19章　国宝の土偶「仮面の女神」と諏訪大社「御柱祭」は同根

中央本線茅野駅の東側一帯は標高８００～１０００ｍのゆるい傾斜地であって、八ヶ岳の西麓に花開いた縄文文化の地といわれます。土偶「縄文のビーナス」「仮面の女神」が発見され、それぞれは平成7年（１９９５）、平成26年（２０１４）に国宝に指定されました。土偶は他の土器や石器などとともに、茅野市尖石（とがりいし）縄文考古館で展示保存されています。

「縄文のビーナス」は棚畑遺跡で発見され、４０００～５０００年前の縄文時代中期に作られた全長27㎝、重さ２１００ｇの土偶で、妊婦を思わせるような大きなお腹と大きなお尻を持ち、顔はハート形をし、頭の頂部は平らになっていて渦巻き文様が描かれています。

「仮面の女神」は中ツ原遺跡から平成12年（２０００）に発見されました。４０００年前の縄文時代後期前半に作られた土偶で、「縄文のビーナス」より一回り大きく全長34㎝、重さ２７００ｇあります。顔は逆三角形をして、胴体の前後にはタスキ状の帯模様と同心円や渦巻き文様が描かれています。

二つの土偶はいずれも凹凸に富んだ女性像です。なぜこのような土偶が創られたのか、なぜこのような形になっているのか、なぜ土偶が埋設されたのか、なぜ女性像なのか、など発掘した遺跡関係者や土偶についての専門家の間で議論され、一定の見解は公表されています。

本章は主に「仮面の女神」について記述し、諏訪大社「御柱祭」との関連にも触れます。いずれも縄文の言葉に基づいた、独自の立場での見解になります。

この地には上川が東から西に向かって流れており、茅野駅付近で北向きに流れを変え、約10㎞先にある諏訪湖に注ぎます。上川の支流の一つに渋川があり、渋川の上流が角名川になり、角名川の最上流部が八ヶ岳を構成する天狗岳の直下にあって「唐沢」と称します。

「唐沢」の源頭付近に唐沢鉱泉という山小屋風の旅館があり、周辺散策や八ヶ岳登山の行き帰りなどの宿として利用されます。この辺りには信玄の隠し湯といわれる温泉や鉱泉がいくつかあり、その中の一つです。天狗岳の中腹にあって、標高は１８７０ｍにもなり、土偶が発見された遺跡のある場所よりも約１０００ｍ高く、平地を望む方向以外の３方は急峻な崖地で囲まれます。

敷地内には鉱泉の源泉となる池があり、宿のホームページは「自然湧出の湯量は豊富で湯の花が多く、源泉池は緑の苔と白い湯の花のコントラストが美しく、不思議な風景で、一見の価値のある源泉です。」と記します。源泉池の不思議な風景はネットの写真で見ることができます。二つの比較的に大きな池が数ｍの標高差で配置され、付随した小さな池もいくつかあるようで、お互いの池は幾筋かに分かれた水路でつながっています。池の中は湯の花で白模様になり、池や水路の周囲は緑色の苔で覆われています。

ここで旅館の宣伝をしているのではありません。これまでに説明してきたいくつかの「クルウスイ」の状況と比較して、この源泉池こそがここの「唐沢」の語源となる「クルウスイ」すなわち「神がいるところ」であって、八ヶ岳の西麓に住み土偶を創った縄文の人たちが八ヶ岳の山々に想う「神」がいるところ、と考えるからです。この「クルウスイ」が「からさわ」に転訛し、「唐沢」となって谷川の名称に固定化していったということです。

唐沢鉱泉付近の地名が「豊平」であると知ったのは、旅館の住所を調べているときです。山域であるにもかかわらず「平」の付く地名はアイヌ語「pira ピラ　崖」を思い出させました。そして、この地名は札幌市内を流れる豊平川の「豊平」に重なります。「とよひら」の語源は山田Ⅰですぐに確認できると思い、とりあえず茅野市豊平の地名の範囲を知るため地図を広げます。

その範囲は広大です。茅野駅東側の市街地を抜けると、まもなく「豊平」の地名が現れ、他の地名が「豊平」を浸食するように配置されるものの、「豊平」の地名は東方へ扇状に広がりながら八ヶ岳の山頂付近にまで至ります。山頂付近の横の広がりも大きく、北八ヶ岳の中山、天狗岳、根石岳から夏沢峠を挟んで南八ヶ岳の硫黄岳、赤岳の付近にまで及び、茅野市側の八ヶ岳の山麓から山域はほとんどが「豊平」の地名です。尖石縄文考古館は山麓の市街地側にあり、ここの住居表示も「豊平」です。

札幌市内を流れる豊平川の「とよひら」の語源を山田Ⅰで調べると、アイヌ語「tui-pira トゥイピラ」であって、意味は「崩れている（崩れる）崖」です。現在は平地になっていますが、かつて豊平橋に近いところに高さ5、6mの河岸段丘があり、川の侵食によってぼろぼろと崩れる崖であったためこの名前が付けられた、との解説があります。

八ヶ岳の山域もぼろぼろと崩れる崖であって、札幌の「豊平」の語源はそのままこの地に当てはまります。縄文の人たちは狩猟採集などのために八ヶ岳の麓から山頂付近まで毎日歩きます。山域の岩場はぼろぼろと崩れる崖であることを当然知っています。この状況を札幌にいたアイヌの人たちと同じように「トゥイピラ」と表現したのでしょう。

今、私たちはこの山峰を八ヶ岳と呼びます。しかし、八ヶ岳の茅野市側に住んだ縄文の人たちにとっては、「トゥイピラ」がこの山峰の呼び名であったに違いありません。それ故に、山域のほとんどが「トゥイピラ」

から転訛した「とよひら」となり、時代が下がるにしたがって山域から山麓へ、さらに平地部分にまでその地名が広がり、現在へとつながっていると思われます。札幌の「豊平」よりもはるかに古い昔のことになります。

八ヶ岳の西麓に住み、「仮面の女神」「縄文のビーナス」の土偶や優れた造形美を持つ土器を創った縄文の人たちは八ヶ岳の山々を「トゥイピラ」と呼び、そこに神を想い、その神のいるところが「クルウスイ」であって唐沢鉱泉の源泉池周辺だったのです。安曇野に住んだ縄文の人たちは北アルプスの山々に神を想い、その神がいるところが山を越えた上高地の奥にある「涸沢」でした。それぞれに住んだ縄文の人たちは同じような想いで目の前にある山々を眺め、そこに神を見ていたのです。八ヶ岳の山々は「トゥイピラ」で意味は「崩れている崖」、北アルプスの山々は「ピラカ」で意味は「崖の上」、山に対する表現の仕方も似ています。

縄文の人たちが想い描く神は〔姿かたちのない抽象概念〕と考えていましたが、どうも違うようです。黒斑山の「くろふ」の語源「クルヘ」は「神の頭」の意味であって、黒斑山から見た浅間山の山容を人の頭の形に見立てた言葉でした。また、上高地の奥にある「熊倉沢」の「くまくら」の語源「クマクル」の意味は「横になった山の神」であって、人の寝姿でした。このように縄文の人たちが想う神は人間の姿をしてときどき地上に現れます。

「仮面の女神」や「縄文のビーナス」もここに住んだ縄文の人たちが「トゥイピラ」すなわち「八ヶ岳」に想う神を形にしたものと考えました。「仮面の女神」の逆三角形をした顔は、逆にはなっているものの八ヶ岳の山峰の一つであって「クルウスイ」の直上にある天狗岳を模したものです。安曇野では奥穂高岳が直下にある「クルウスイ」の目印であり、シンボルでした。八ヶ岳の西麓では天狗岳が「クルウスイ」の目印であ

写真19－1　八ヶ岳の西麓より望む天狗岳　「ウィキペディアの天狗岳」より（書き込みは筆者）

り、シンボルなのです。

ここまで書き進むと、対象となる天狗岳を中心とした八ヶ岳の山峰をこれらの土偶が発見された遺跡の方向から自分の目で確認し土偶の姿と対照させたい、との気持ちが強くなりました。すぐには現地に行けないので、とりあえずネット上で天狗岳の写真を探します。ウィキペディアの天狗岳の項に、「西麓より望む天狗岳（2014年3月）」と題した写真が掲載されていました。天狗岳の写真は他にもいろいろ掲載されていますが、茅野市の方向から撮影した写真はこの1枚だけです。写真19－1です。書き込みは私が行いました。八ヶ岳の西麓に住んだ縄文の人たちは「トゥイピラ」の山々に神を想い、その神がいる「クルウスイ」を抱くこの天狗岳を自分たちのシンボルとして眺めながら毎日の生活を送っていたのでしょう。

おや！　写真の四角の枠の中をよく見てください。またしても予期せぬできごとです。ここに土偶「仮面の女神」の仮面が見えます。並べた写真19－2と見比

写真 19－2　仮面の女神（茅野市尖石縄文考古館より提供）

べてください。天狗岳が土偶の頭に相当します。形がそっくりです。天狗岳直下の沢に向う左右の斜面が顔の輪郭になります。木と雪の影で描かれたV字もあります。仮面は逆さにした天狗岳ではないか、との前の記述は誤りでした。ここに住んだ縄文の人たちは、自分たちのシンボルである天狗岳のこの景色を顔として土偶を創ったのです。

この写真がどの方向から撮影されたかを知り、土偶が発見された遺跡の場所や唐沢鉱泉の源泉池との位置関係を確認しなければならないとの居たたまれない衝動に駆られ、さっそく現地を訪れました。この写真が撮影されたちょうど1年後の2015年3月中旬です。

茅野駅で列車を降り、タクシーに乗って「仮面の女神」が発掘された中ツ原遺跡を訪ねました。遺跡のほとんどは埋め戻され、一部が遺跡公園として整備されています。「仮面の女神」が発掘された箇所には小さな小屋が建てられ、掘削穴は筵（むしろ）で覆われた状態で保存されていました。

中ツ原遺跡から見た天狗岳が**写真19－3**です。**写真19－1**の仮面の姿を期待して訪れたのですが、期待は大外れです。**写真19－1**に写る天狗岳の左側に連なる峰をほぼ縦に眺める位置になり、天狗岳はその峰にほとんど隠されています。もっと右方から天狗岳を眺めないと仮面を見ることはできません。

写真 19-3　中ツ原遺跡から見た天狗岳（2015.3.18　筆者撮影）

待たせていたタクシーで天狗岳をもっと右方から眺めることができる尖石縄文考古館に向かいました。考古館に近づくと前方にある林の頭越しに天狗岳が見えます。考古館からはさらに大きくはっきりと見えるであろうと期待して到着しました。ところが、考古館はその林の中にあって、天狗岳はおろか八ヶ岳の山々はほとんど見ることができません。

考古館の受付にいる女性職員の方に、歩いて行ける範囲で天狗岳をよく見える場所を尋ねると、道路を天狗岳に向かって真進して林を抜ける場所と、途中で右折して少し先にある龍神池のほとりの2箇所を教えてくれました。

上り坂を歩いてその2箇所に向かいます。いずれの場所からも天狗岳は大きくはっきりと見えました。写真19－1と写真19－3の中間から眺める位置になるようで、写真19－1に写る仮面は見えません。

考古館に戻り、先ほどの職員の方に写真19－

1に写っている仮面を示しながら、撮影場所を想定してもらいました。思いもよらない仮面の指摘に「新説ですね！」といって戸惑いと驚きの様子を示しながらも、撮影場所のおおよその位置を教えてくれました。

タクシーはすでに帰してあり、歩いて行くには少し遠いので、後日地形図と対照しながら撮影場所を特定することにして、「仮面の女神」と「縄文のビーナス」の土偶を、他の入館者と共に学芸員の解説を聴きながら見学しました。学芸員の方は本章の冒頭で書いたような土偶についての概要と、埋設されていた状況などを詳しく説明してくれました。縄文集落の中央付近が墓地になっていて、土偶は一部が故意に破損され横になった状態で被葬者とともに埋設されていた、とのことです。

展示室に置かれた「仮面の女神」のパネルには次のような説明文がありました。

出土状態の大きな特徴は、胴体から離れた右足部が、元の位置からは回転してずれた位置で出土したことです。このことから、壊れている土偶を埋めるときに、足を元の場所に置いたのではないかと考えられています。

これまで、土偶は安産や子孫繁栄のまつりに使われたとする説が有力でした。しかし、この土偶はお墓と考えられる穴から、しかも特別な出土状態で発見されたことから、死と再生のまつりに使われたのではないかと推測されます。

土偶の見事さもありますが、出土状況が、土偶の性格を知る重要な手がかりになるのではないかと、今、全国の研究者から注目されています。

帰宅後、写真19-1の撮影場所を特定します。写真に写る天狗岳の直下にある沢は、上川のもう一つの支流鳴岩川の最上流部にある河原木場沢であって、撮影場所はその沢を直線的に下方に延長した線上にある三井の森蓼科ゴルフ倶楽部あるいは鹿島南蓼科ゴルフコース付近と特定できました。仮面を見られる方角はかなり限定され、すこし左右にずれると仮面がゆがんだり、隠れたりするようです。

写真19-1の左側に見える峰の裏側を唐沢が流れ、八ヶ岳の麓に住んだ縄文の人たちが「クルウスイ」と呼び「神がいるところ」とする唐沢鉱泉の源泉池はその沢の最奥部にあります。仮面が見える辺りを天狗岳の表側とするなら、源泉池は天狗岳の裏側に位置することになります。

ここに住んだ縄文の人たちは写真に写っている天狗岳の表側と源泉池のある裏側の位置関係は当然認識しています。彼らが想う神は人の姿をしているので、天狗岳の表側に見られる仮面は、裏側にいて人の姿をしている「トゥイピラ」の神が仮面をつけて表側にその姿を現わしている、と彼らは考えたのでしょう。したがって、土偶「仮面の女神」は写真19-1の景色を単純に模したものではなく、この世に姿を現した「トゥイピラ」の神を模したものであって、いうなれば八ヶ岳の神の化身ということになります。土偶「仮面の女神」とは「仮面をつけた八ヶ岳の神の化身」だったのです。

土偶「仮面の女神」の口に相当する部分に穴が穿かれ、また、V字を構成する左右の斜線の下で目に相当する部分には口よりも小さな二つの穴が穿かれ浅い溝でつながれています。これらはいずれも「クルウスイ」そのもの、すなわち源泉池を表現しています。目に相当する穴と溝は、比較的大きな二つの源泉池とそれをつなぐ水路であり、口は源泉池の全体を代表します。

胴体の前後には写真19-2に見られるように渦巻き文様やタスキ状の帯文様が描かれています。これらの文様も源泉池そのものを模した図柄です。渦巻きは池を、帯は水路を表します。渦や帯には湯の花あるいは苔を模したかのような点線も混じります。

「縄文のビーナス」は渦巻きが描かれた平らな頭部を持ちます。これも源泉池を模したものと思われます。「縄文のビーナス」は大きなお腹と大きなお尻を持ち、妊婦を思わせるような体型です。「仮面の女神」は石臼のような足をしています。いずれも「トゥイピラ」すなわち八ヶ岳の神の化身であり、凹凸に富んでどっしりとした姿は八ヶ岳の全容を模したのではないかと考えます。

安曇野に住んだ縄文の人たちの「クルウスイ」すなわち「涸沢」に対する想いは、私たちの想像をはるかに超える感情であったと17章で説明しました。八ヶ岳の西麓に住み土偶を創った人たちの「クルウスイ」すなわち源泉池に対する想いも私たちの想像をはるかに超える感情であると、この土偶の存在から知ることができます。

土偶がこの世に姿を現した山の神の化身であるとわかれば、一部が故意に破損され横になった状態で被葬者とともに埋設された理由も理解できます。

山の神の化身である土偶はこの世での役割を終えて山に帰るのです。そのため、故意に破損して土偶がこの世での生を終えたことを表現したのです。健全な状態で埋めるという行為は生き埋めにすることになるからです。横にして埋設したのも生の終わりの表現です。

とすれば、土偶と一緒に埋葬された被葬者は神の化身である土偶を常に身近に置き、集落の祭事に大きな役割を果たした人物が想定されます。集落の長あるいは長の側近にいた呪術者ではないでしょうか。

土偶「仮面の女神」は、安産や子孫繁栄のまつり、あるいは、死と再生のまつりに使われたのではないかと、尖石縄文考古館のパネルは記載します。しかし、土偶がこの世に姿を現した「トゥイピラ」すなわち八ヶ岳の神の化身であるならば、安産や子孫繁栄のまつりはもちろん、もっとオールマイティー的な神の力が期待されていたのではないかと想像します。

２０１６年は中年で諏訪大社の御柱祭（おんばしら）が行われる年です。山の中から選ばれた樹齢１５０年を越す樅（もみ）の巨木が曳き出され、諏訪大社上社本宮、諏訪大社上社前宮、諏訪大社下社春宮、諏訪大社下社秋宮それぞれの社殿の四隅に計16本の御柱が建てられます。

四月下旬、「木落し」の行事が終わり、「里曳き」に備えて安置してある下社用の８本の御柱を見学し、続いて下社春宮、秋宮、上社本宮、前宮の順に全４社を一巡りしてきました。古い御柱は一本を残してすでに抜かれていて、その穴を新たな御柱のために整備し、また三股を組むなど「建御柱」の準備が進められていました。町のなかでは御柱祭に伴って町内ごとに行われる長持行列の幾つかに出会い、法被を着て長持ちを担ぐ人たちと一緒に写真を撮るなどして、少し祭の仲間入りをさせてもらいました。また、小さな神社がそれぞれに行う小さな御柱の「里曳き」にもいくつか出会いました。上社周辺では五月に実施される「里曳き」を見物する人たちのための有料観覧席があちらこちらで仮設中であり、一帯は御柱祭に掛ける町の人たちの意気込みが溢れていました。

御柱祭については桓武天皇（在位７８１〜８０６）の時代の記録が古書に残されています。しかし、御柱そのものの起源は縄文時代まで遡るのではないかともされますが、詳細は謎です。

諏訪大社上社は諏訪湖の南側に、下社は北側にあって、いずれも八ヶ岳の西麓に花開いた縄文文化の地のまっただ中に所在しますので、御柱の起源が縄文に遡るならば、土偶「仮面の女神」などとの関連があっても不思議ではありません。

「仮面の女神」が出土した中ツ原遺跡からは当時の巨木の埋設痕が発見され、遺跡公園には復元した巨木の模型が建てられています。諏訪大社の御柱と違って長さ２ｍ位のものが４本、５ｍ位のものが４本、数ｍ

の間隔で矩形に配置されています。御柱との関係については現在のところ全く未知の状態です。

諏訪大社上社の御柱に使用される樅の木は八ヶ岳阿弥陀岳（標高２８０５ｍ）のすぐ西側にある御小屋山で伐採されます。御小屋山は諏訪大社の境内地であって御柱山の別名があり、標高２１３６ｍとかなり高い山です。ただし、現在の御柱に使われる樅の木は周辺のもっと低い山から伐出されているようです。

諏訪大社上社の裏には山が迫っていて、こちらの山から御柱を伐出せば比較的容易に万事が運ぶと考えられるのですが、宮川を挟んだ反対側にあって20km以上も離れた八ヶ岳の山頂近くからの伐出しです。八ヶ岳のそれも森林限界に近い高さにある樅の木を使わねばならない理由があって然るべきです。しかし、関係する資料は祭りの行事や諏訪大社のことについては記述するものの、それらの理由については何も語りません。なぜ八ヶ岳の山頂に近いところの木なのか、なぜ樅の木なのか、これも謎です。

樅の木の一般的な特徴としては、照葉樹林帯で広葉樹に混じって育つ常緑の針葉樹であって、枝は水平に広がって円錐形の樹形になり、高さが40ｍにもなることがあります。北限は秋田県、南限は屋久島であって、日本ではクリスマスツリーとして使われます

樅の巨木を八ヶ岳の山頂に近いところから伐出すには相当な危険が伴います。そんな危険を犯してまで伐出す理由は何でしょうか。この地には八ヶ岳を「トゥイピラ」と呼んでそこに神を想い尊崇した中ツ原遺跡や棚畑遺跡などに住んだ縄文の人たちがいました。彼らはその神の化身として土偶を創りました。そのような神に対する意識が、危険を犯してまで木を伐出す動機付けになっていたと推察します。そしてそのような木としては、八ヶ岳一帯に広く分布し、常緑の針葉樹で冬でも緑を失わない強い生命力を持ち、高く円錐形に育つ樅の木がふさわしかったのです。

中ツ原遺跡公園には８本の巨木模型が建てられていますが、これは同時に８本が存在したのではなく、異

なった時代における4本と4本でしょう。ここで使われた巨木も樅の木であったに違いありません。

御柱の起源由来については諸説あります。巨木が使われる理由、4本の木が使われる理由、など一つあるいは二つの理由について説明することからの起源由来説が多く、八ヶ岳山頂近くから伐出した4本の樅の巨木を立木に近い状態で矩形に配置する理由は、そのいくつかの要因に応える説はありません。また、中ツ原遺跡に復元されている4本+4本の巨木との関連性については全く触れていません。起源由来を提唱した時点では中ツ原遺跡の巨木痕はまだ発見されていなかったのかもしれません。だとすれば、重要な情報を欠いての提唱ということになります。

これまで本書において何度も説明してきたように、縄文の人たちが周辺の景色を言葉で描写する際の発想はおおらかで大胆です。縄文の人たちのこの特質を念頭に、八ヶ岳山頂近くから伐出した4本の樅の巨木を立木に近い状態で矩形に配置して御柱になっていること、この地に住んだ縄文の人たちは八ヶ岳に神を想いその神の化身として土偶「仮面の女神」を創るほど八ヶ岳を尊崇したこと、この土偶を出土した中ツ原遺跡から矩形に配置された巨木の埋設痕が出現したこと、これらを総合して推考を重ねた結果、矩形に配置して建てた4本の樅の巨木は、八ヶ岳そのものを表現したものである、との結論に至りました。

この結論で全てが説明できます。

建てられた4本の樅の木の一本一本が八ヶ岳を構成する個々の山々であり、まとめた4本で八ヶ岳の全体を表します。このため、八ヶ岳山頂近くにある樅の巨木を立木に近い状態で使用したのです。そして、矩形に囲んだ樅の木の内側が神の領域になります。

ここに住んだ縄文の人たちが八ヶ岳を「トゥイピラ」と呼んでそこに神を想い、その神の化身としての土偶を創るほど尊崇した山を身近に再現したものが御柱です。土偶「仮面の女神」と御柱は、共に「トゥイピラ」

への想いがその根底にあったのです。

中ツ原遺跡で発見された巨木痕は御柱そのものです。神事のための施設であって、４本の巨木で囲まれた内側は、土偶を安置したり、祭事や占いなどを行ったりする場所になります。復元された巨木は、長さが２ｍ、５ｍと中途半端に切断されていますが、これは山を表現する御柱としては不完全であって、当時は現在の御柱と同様に立木に近い状態の木が使用されていたと考えます。

それにしても見事な発想です。痛快でさえあります。これが縄文人なのです。彼らを祖先とする現在の私たちは何か大切な忘れものをしてきた、そのような気がしてなりません。

４本の樅の巨木を八ヶ岳の山中で伐採し、山から曳き出し、矩形に配置して建てるという縄文以来の一連の行為が受け継がれて、今の御柱祭になります。ただし、神社社殿の四隅に御柱が建てられるようになった背景には、大和朝廷による蝦夷征討の歴史が考えられ、このことについては別な機会に触れたいと思います。

20章　使われた縄文の言葉の特徴と表現対象を分類

各章では個別の地名山名について検討してきました。検討した結果を横並びにし、地名山名に使われた縄文の言葉の特徴や表現対象を分類します。

縄文の地名山名に使われた言葉の特徴

(1) 鍵になった言葉

現在のアイヌ語の発音や意味をそのままでは適用できなく、縄文特有な言葉と解釈し、全体を通じて鍵になった重要な言葉があります。

その第一は、縄文の「神」は「クル」であったことです。【アイヌ語は縄文の言葉を受け継いだ言葉であるを仮説としながら、その最も重要な言葉である「神」はアイヌ語とは異なって、縄文の言葉では「クル」でした。そして、「クル」は「かる」「から」「くら」「くろ」「ぐら」「ごろう」「ごうろ」「ごうら」「ごりゅう」などと転訛し、多くの地名山名となって全国に現存します。

第二は「us-i」です。アイヌ語では「…があるところ、…が群生するところ」の意味であって、東北や北海道では訛って「ウシ」と発音され、日本語地名に置き換わる際には「牛、臼、碓、石、西」などが語尾となる地名になっています。縄文の「us-i」は訛らずにそのまま「ウスイ」とも発音されていたことが明らかになりました。

「クル」と「ウスイ」を組み合わせた「クルウスイ」は「神がいるところ」の意味となり、「軽井沢」「涸沢」「唐沢」「黒沢」などの語源であって、縄文の人たちが想う神がいるところを指す非常に重要な地名になります。

さらに重要なのは、「us-i」のもう一つの転訛に「sawa サワ」があったことです。日本語〈沢〉の語源です。主に関東甲信越地方で使用された言葉で、縄文時代の方言とでも言える言葉です。「サワ」は奈良の都に伝わった後に現在の「さわ」の意味に変化します。したがって現存の「沢」地名には、「さわ」を「…があるところ、…が群生するところ」と解釈する地名と「谷川」と解釈する地名が併存しています。また、「沢」地名と「谷」地名はそれぞれ東日本と西日本に偏在し、その分布は日本国の成立を物語る貴重な資料でもあります。

(2) 一つの言葉が多くの日本語地名に転訛

その他に転訛して多くの日本語地名なった縄文の地名語として「pira ka ピラカ」があります。「崖の上」の意味で、「ひたか」「ひだか」「ひわだ」「ひなた」さらに「ほたか」へと転訛して、それぞれ「日高」「日和田」「日向」「穂高」「武尊」と表記する多くの日本語地名になり、全国に点在します。地名語として重要な言葉です。「ピラカ」の上下を入れ替えた「カピラ」の意味はやはり「崖の上」です。沖縄地方では「川平」の地名や姓になっています。「カ」は「カン」とも発音され、「カピラ」は「カンピラ」となり、「こんぴら」と転訛して「金比羅」などと表記される多くの地名山名や神社名になりました。

「ピラカ」の第三人称形は「ピラカシ」であって、「ひたかみ」「ほたかみ」と転訛して「日高見」「穂高見」と書かれる日本語地名あるいは名称になります。

(3)一つの地名に複数の呼称が併存

一つの言葉が多くの日本語地名に転訛した事例があれば、一つの地名に複数の呼称が併存した事例もあります。

群馬県の「群馬」に関わる地名に、現在名の「ぐんま」、旧称の「毛野」と書いて「けぬ」、「群馬」と書いて「くるま」がありました。それぞれの語源は「グンネ」、「クンネ」、「クルネ」であって、「クルネ」が訛って「クンネ」になり、それが濁音化して「グンネ」になります。「クルネ」は「神の村、神の部落」を意味する「クルネコタン」から「コタン」が省略された言葉であり、一つの縄文集落に「クルネ」「クンネ」「グンネ」の三つの呼称が併存しました。

群馬県富岡市に「南蛇井（なんじゃい）」の地名があります。語源は「ナィパ」であって「川辺」の意味です。「ナィパ」は「ナィチャ」と転訛し、濁音化して「ナィヂャ」とも呼称され、ここも一つの縄文集落に三つの呼称が併存しました。「ナィパ」は転訛して「なは」になり、「那波」と古書に記される地名になります。一方、「ナィヂャ」は変化して「なんじゃい」になり、「南蛇井」と書かれる現在地名になります。

(4)第三人称形の使用

アイヌ語地名は第三人称形が重要であると「はじめに」で紹介しました。縄文語地名でも第三人称形はたびたび登場しました。

最初の登場は上野国甘楽郡の「額部（ぬかべ）」です。語源は「ヌヘペッ」であり「彼の豊漁の川」の意味になります。「豊漁」を意味する「ヌ」の第三人称形が「ヌヘ」であり、川の意味の「ペッ」を繋げて「ヌヘペッ」となります。「ヌヘペッ」が「ヌケペ」、そして「ヌカベ」に転じます。

次が鳥居峠の「とりい」です。「とりい」の「とり」は「トゥル」が語源であって、「トゥ」は「峰」、「ル」は「道」の意味で、「トゥル」は「峰の道」すなわち「尾根」です。「トゥル」の第三人称形が「トゥルイェ」であって「彼の尾根、尾根のその場所」との意味になります。尾根は連続した道ですが、その尾根の特に指し示したいところを「トゥルイェ」と第三人称形で呼んだのであり、「とりい」とはこの「トゥルイェ」が転訛した言葉です。

「オロオソロシの滝」は水が一気に落下する滝ではなく、急な傾斜のある岩肌を水が流れ下るいわゆる滑滝（なめたき）が階段状に連続した滝です。この「オロ」は「オル」の第三人称形であって「そこの内側」と「内側」を強調した言葉です。「オソロシ」の語源は「断崖」の意味の「オシルシ」であって、「オロオシルシ」は「その内側は断崖」との意味になります。縄文の人たちは草鞋を履いてこの滑滝を登ったのです。そして、「その内側は断崖」とは「草鞋の裏側は断崖」との意味であって、豪快かつ美しい滝の水の流れに身をさらした体感・実感を言い表した言葉になります。

「ピラカ」の第三人称形「ピラカシ」も「日高見」「穂高見」の語源です。

「上高地」の「こうち」の語源は「凹地、沢、谷」を意味する「コッ」の第三人称形「コチ」であって、意味は「彼の谷」です。「かみ」の語源は「カムィ」であり、ここでは「魔」の意味です。したがって「カムィコチ」すなわち「上高地」とは「彼の魔の谷」の意味になります。

「徳沢」の「とく」の語源は「川中のゴロタ石」を意味する「tak タク」」の第三人称形「tak-u タク」であって「彼の川中のゴロタ石」となります。「さわ」の語源は「ウスイ」から転訛した「…がある（いる）ところ、…が群在するところ」の意味の「サワ」です。「とくさわ」で「彼の川中のゴロタ石があるところ」となります。上高地の中は、どこもゴロゴロした石の多いところであって、他の「ゴロタ石があるところ」と区別するために第三人称形を用いました。

「徳本」の「とく」の語源も「タク」の第三人称形「タク」であって「彼の川中のゴロタ石」の意味です。「ごう」の語源は、「上高地」の「こうち」の語源にもなっている「凹地、沢、谷」の意味の「コッ」です。「タクコッ」で「彼のゴロタ石の谷川」になり、「徳沢」の場合と同様に、他の「ゴロタ石の谷川」と区別するために第三人称形を用いたのです。

⑸音の移動

尾瀬にある背中アブリ山の「せなかあぶり」の語源は「se nay o pur-ke セナィオプㇽケ」、意味は「(その山は)多量な水が出る沢を背負っている」であり、縄文語地名から日本語地名に変わる頃、最後の「-ke」が「nay」の後に移動して「se nay-ke o pur セナィケオプㇽ」に変化し、「せなかあぶり」になりました。

⑹言葉の省略

アイヌ語ではそれとわかる言葉「カムィ」「ナィ」などは省略される傾向があります。縄文の言葉も同様な傾向が見られ「クㇽ」「ナィ」「コタン」「チセ」などが省略されました。

「クㇽアサㇺ」から「クㇽ」が省略された「アサㇺ」が「あさま」になり山名や神名になりました。「アサㇺ」が省略された「クㇽ」が「グㇽ」とも発音され黒部川源流の立山を中心にした山峰の総称になります。

尾瀬の「ヨッピ川」の語源は「ヨピナィ」、意味は「枝川」であって、「ナィ」の省略された「ヨピ」が「ヨッピ」となって現在に残る地名になっています。

浅間山の裏側に車坂峠があり、「くるまざか」の語源が「クㇽネサㇰチセ」、意味は「神の夏家」です。ここから「家」を意味する「チセ」が省略されて「クㇽネサㇰ」となり、「くるまざか」になります。

⑺言葉の地域差

本書で取りあげた縄文の言葉の地域差は余り見られませんでしたが、日本語地名に置き換わる過程で多様な名称になった様子も伺えます。

「アサム」は「あさま」と転訛して、群馬県長野県の県境にある「浅間山」、富士山の「あさま神」、伊勢神宮の近くの「朝熊（あさま）山」などになっています。九州では少し異なり、「あそ」と転訛して「阿蘇山」になりました。

「ピラカ」は転訛して「ひたか」「ひだか」「ひわだ」「ひなた」「ほたか」になり、それぞれ「日高」「日和田」「日向」「穂高」「武尊」と表記する多くの日本語地名になります。転訛した言葉は、各地に点在します。「ピラカ」の第三人称形「ピラカシ」は「ひたかみ」「ほたかみ」と転訛して東北地方の「日高見」、長野県の「穂高見」になりました。

「ピラカ」の上下を入れ替えた「カピラ」は「カンピラ」とも発音され、「こんぴら」と転訛して「金比羅」と表記される多くの地名山名や神社名になって全国に点在します。

「シホ」の直訳は「大きな女性器」ですが、意味は「入江・湾」です。「しぼう」と転訛して、横浜市・高槻市・徳島県に「芝生」と表記される地名になって現存します。尾瀬では「シボ」あるいは「シボッ」となって沢の名称になっています。

地域性のある言葉もありました。「…があるところ、…が群生するところ」と場所を説明する「us-i」が「サワ」と呼称されて関東甲信越地方に存在しました。「サワ」は都に伝わり、「低くて水がたまり水草などが生えた地」「山間の比較的小さな渓谷」「たくさん」というその場所の状況を説明する「さわ」に変化し、定着しました。「サワ」は関東甲信越地方で使用された縄文の方言といえます。

縄文の地名山名に使われた表現の対象

(8) 自然風景の描写

尾瀬ヶ原の「おぜ」「ヨッピ」「たしろ」「しぶつ」「ひうち」、「けいづる」、「せなかあぶり」は風景描写です。自然を素直に眺め、受け入れ、それを大胆かつ巧みに言葉で表現します。上高地の「たしろ」「とくさわ」「とくご」「くまくらさわ」「あずさ」「しましま」「かま」も自然風景の描写です。

山の外観形状をそのまま山名にしたものとして富士山の「ふじ」があります。形の整った三角形の山が「pu-ne sir プネシㇽ」、意味は「倉庫のような（形をした）山」であり、簡略化して「プシㇽ」となります。「シㇽ」の「ㇽ」は無声の子音ですので、「プシㇽ」は「プシ」と聞こえます。「プシ」が「ふじ」へと転訛しました。

その他にも自然風景の描写はあり、地名山名では最も多い表現対象です。

(9) 日常生活の描写

群馬県富岡市に、和名抄に記された「ぬかべ」「そき」「ぬきさき」「ぬきほこ」「さかい」「にう」「おの」の古地名があり、縄文に遡る語源を有しました。地域を流れる鏑川の縄文名が「ヌヘぺ」、意味は「彼の豊漁の川」であり、転訛して「ぬかべ」になります。この川から鮭を獲り、保存加工を施し、倉庫に貯蔵する、これら秋の一時期に行なわれる「ヌヘぺ」を中心にした日常の生活がそのまま地名になっています。集会、祭事等を行う場所もあり、この地における縄文の日常生活が絵画のように描写されています。

奥鬼怒にある「オロオソロシの滝」「ヒナタオソロシの滝」の語源は「オロオシルシ」「ピラカオシルシ」であって、草鞋を履いて滝登りをした時の、快感あるいは爽快さの表現です。縄文の人たちは単に生活のためにのみ行動するのではなく、日常生活においても旺盛な好奇心や冒険心を持って行動したということを認識させてくれた名称です。

⑽複数の地名を並べて一つの物語

複数の地名を並べて一つの物語を作るという縄文の人たちの表現の巧さを示す事例が二つありました。

一つは「あさま」と「かるいさわ」です。「浅間山」と「軽井沢」であって、それぞれの語源は「クルアサム 神が隣に座っている」「クルウスイ 神がいる所」であり、二つの名称で【山は神が隣に座っている存在であって、その神がいるところが軽井沢】という一つの物語を構成します。そしてこの「あさま」と「かるいさわ」の物語は、横浜の「浅間神社」と「軽井沢公園」のように海域にもありました。

もう一つの物語は浅間山の西側にあります。語源探索の順は「黒斑山」「車坂峠」「籠ノ登山」「湯の丸山」「鳥居峠」であり、その語源である「クルヘ」「クルネサクチセ」「カコタン」「オマンル」「トゥルイエ」の意味を探索順序と逆にしてつなぎ合わせると一つの物語になります。【道を山の方に進んで行くと彼の尾根「トゥルイエ」（鳥居）に至る。峠を左に折れ、尾根伝いに奥へ通じる道「オマンル」（湯の丸）を進むとやがて神が住むという山上の村「カコタン」（籠ノ登）に到着する。浅間山に近づいた村の一角には神の夏家「クルネサクチセ」（車坂）があり、その先で浅間山の神は頭「クルへ」（黒斑）を地上に覗かせている。】縄文の人たちは浅間山の神を慰撫するため、浅間山の火口が覗き込めるようなところまで近付いて祈りを捧げたのです。

⑾この世に姿を現す縄文の神

縄文の人たちが想う神は概念上の存在ですが、人間の姿をしてときどき地上に現れます。

黒斑山の「くろふ」の語源は「クルヘ」であって、意味は「神の頭」です。黒斑山から見た浅間山が人の頭の形をしているところから、浅間山の神がそこで頭を出していると見たのです。

上高地の奥にある「熊倉沢」の「くまくら」の語源「クマクル」の意味は「横になった山の神」です。常念乗越から見る槍ヶ岳を中心にした山峰が人の寝姿をしているところから、穂高の神が仰向けに横になっていると表現しています。「クマクル」とは槍ヶ岳の当時の呼称でもあり、その「クマクル」が見えるところの意味で「熊倉沢」の地名があります。現在地名は槍見河原です。

極めつけは国宝の土偶「仮面の女神」です。八ヶ岳の茅野市側の麓に住んだ縄文の人たちは八ヶ岳の山峰を「トゥイピラ」と呼び、天狗岳をシンボルとしました。天狗岳の中腹で唐沢の源頭付近に、今は唐沢鉱泉という旅館の源泉になっている池があります。彼らはこの源泉池を「クルウスイ」すなわち「神がいるところ」と呼んだのです。そして源泉池の場所を天狗岳の裏側とするならば、天狗岳の表側に「仮面の女神」の仮面と似た景色があり、この景色を裏側の「クルウスイ」にいる「トゥイピラ」の神が仮面をつけてこの世に姿を現わしていると見て土偶にしたのです。したがって、土偶「仮面の女神」はこの世に姿を現した八ヶ岳の神の化身ということになります。諏訪大社「御柱祭」の根底にも「トゥイピラ」の神への想いがあり、両者は共通した想いから出発していることになります。

北海道や東北地方では「川」を意味するアイヌ語「pet ペッ」「nay ナィ」の付く地名や「…があるところ」を意味する「usi ウシ」が付く地名は多いとの分析結果はありますが、他の地名語についての分類はありませんので、ここでの分類結果との比較はできません。ただ言えることは、縄文の地名山名に使われた言葉の大きな特徴の一つとして、現在のアイヌ語とは意味が変わっている言葉、あるいは既に死語になっている言葉があったということです。

縄文の「神」は「クル」であったこと、「us-i」の縄文方言に「サワ」があって日本語の「沢」になったこと、直訳が「大きな女性器」である「シホ」が「湾、入江」の意味で使われ、「芝生」あるいは「シボ」の地名となって現在に受け継がれていることなどです。

これらの言葉の発見が地名山名の語源探索を大きく進展させてくれました。

あとがき

本書は〔縄文の言葉を知りたい〕との単純な発想から始まりました。そして、「縄文の言葉はアイヌ語に受け継がれている可能性がある」ということを知ります。そこから「可能性がある」を外して、「縄文の言葉はアイヌ語に受け継がれている」とするには非常に高いハードルがあるという現実も知ります。

私は、縄文の言葉を対象とする研究や著作物ではこれまでに使われていない論法で、このハードルを越えることを試みました。【アイヌ語は縄文の言葉を受け継いだ言葉である】を作業仮説とし、この仮説を検証することによって仮説は真実であると結論するものです。

主として関東甲信越以西にある地名山名を発音の似たアイヌ語に置き換えてその意味を解釈し、それを地形・地象事象・古書に書かれた記事・現地調査・名付け親となる縄文の人たちが生活した痕跡である遺跡などと対応させることによって裏付けを行います。この裏付け作業が検証であり、本文中では語源探索として書き進めました。結果として仮説は検証できたと確信します。

本書の実質の中味は2～19章の全18章ですが、文章にまとめようとした時点では、2～7章のあらすじがメモ書き程度にあっただけです。文章にすることによって、内容が整理でき、思考がふくらみ、書き加えるべき事柄や精度を上げて書かねばならない事柄が明確になります。それに伴って検証すべき別な地名山名が現れ、その部分だけで新たな1章を構成しなければならなくなります。その連続で19章にまで至りました。

書き進める過程においては新たな発見や驚きが次々と現れ、そのたびに〔これは本当なのだろうか?〕〔こんなことがあり得るのだろうか?〕〔なぜ、これまで誰も気付かなかったのだろうか?〕などと自問し、入ろうと思えば誰もがどこからでも踏み入ることのできる広い雪原に、自分の足跡だけが残っているような不思議な感覚でした。

取り上げた地名山名は単なる縄文の言葉というだけでなく、縄文の人たちの文化・思想・生活・行動を伝える、彼らからのメッセージだったのです。

そこから縄文の人たちの鋭い観察眼、豊かでおおらかな発想、巧みな表現力を感じ取ることができました。馴染みある多くの地名山名に、彼らの想いや感動が込められているとわかりました。「ふじ」「あさま」「おぜ」「かみこうち」をはじめ「ほたか」「あずま」「こんぴら」「かるいさわ」「からさわ」など、身近すぎて縄文を感じられないほどです。

古代史の謎とされる1~4世紀頃の日本の姿も垣間見ることができました。飛鳥奈良以前の日本を知る貴重な資料です。ほとんど解き明かされていないという意味では、既存の遺跡や遺物以上に資料的な価値が高いかも知れません。

縄文の文化は博物館などに陳列された土器や石器などだけにあるのではなく、今も私たちの周りで息づいています。地名山名は彼らが残してくれた言葉のタイムカプセルです。彼らは私たちの祖先であり、原点です。これを読み解くのは私たち現代人の義務ではないでしょうか。読み解かねばならない彼らからのメッセージはまだまだたくさん残っています。

この本の内容は全くの独学によるものであって、部分的には独断と偏見があるかも知れません。全体としては大きな錯誤はないと思っていますし、縄文の言葉についてはこれまでにない内容の書物に仕上がったと自負しています。とはいうものの、最終的な評価は読者の判断に依らなければなりません。

出版については20社ほど接触しました。手を挙げてくれたのが花伝社さんです。担当になった佐藤恭介さんには編集などでいろいろお世話になりました。感謝です。私が原稿を持ち込んだときの本のタイトルは「日本の未知を語る縄文の言葉」でした。佐藤さんは編集者の立場から、「日本の未知」が未来を連想させ「縄文の言葉」に素直につながらないとして、これにダメを出し、相談の結果、今のタイトルになりました。

出版社がためらうのは、内容が特殊過ぎて読まれる方が限られるという予測が理由なようです。先日、考古学者かつアイヌ研究者の方によるアイヌ語とアイヌ文化についての講演会があり、聴講を申し込んだところ抽選によって選外になりました。講演当日、欠席者を見越して会場に出かけ、聴講はできたのですが、定員は2000名だったと聞き、その数でも選外が出るほど聴講の申し込みがあったことの関心の高さに驚きました。本書にも関心を示す方が予想外に多くいることを期待します。

私的な会合で内容の一部を勝手に講釈したことも何度かあります。関心のない方には退屈だったかもしれません。この場を借りてお詫びします。大きな関心を示す方もおられ、それがエネルギーになりました。

最も感謝しなければならないのは読者の方です。拙文に最後まで付き合っていただき、ありがとうございました。ご感想をいただければさらにありがたく思います。そして、本書を読むことによって、地名山名に込められた縄文の人たちからのメッセージを読み解こうとする新たな方が現れるならば、それに優る喜びはありません。

２０１６年８月31日

大木　紀通

参考資料

資料1-1　鈴木健（2000）『縄文語の発掘』新読書社
資料1-2　小泉保（1998）『縄文語の発見』青土社
資料1-3　安本美典（1985）『日本語の起源を探る』PHP
資料1-4　片山龍峰（2004）『日本語とアイヌ語』すずさわ書店
資料1-5　金容雲（2009）『日本語の正体――倭（ヤマト）の大王は百済語（クダラ）を話す』三五館
資料1-6　梅原猛、埴原和郎（1993）『アイヌは原日本人か』小学館ライブラリー
資料1-7　梅原猛（1996）『日本の深層――縄文・蝦夷文化を探る』集英社文庫
資料1-8　風間喜代三、池上二良、崎山理、大江孝男、田村すゞ子、西田龍雄、佐佐木隆、阪倉篤義、鏡味明克（1978）
『岩波講座日本語　12　日本語の系統と歴史』岩波書店
資料1-9　山田秀三著作集（1983）『アイヌ語地名の研究』（1、2、3、4）草風館
資料1-10　山田秀三（1993）『東北・アイヌ語地名の研究』草風館
資料1-11　知里真志保（2004）『地名アイヌ語小辞典』北海道出版企画センター
資料1-12　知里真志保（2004）『アイヌ語入門』北海道出版企画センター
資料1-13　萱野茂（2002）『萱野茂のアイヌ語辞典』（増補版）三省堂
資料1-14　『縄文文化と東北地方――東北の基礎文化を求めて』（1993）㈱ピア総合研究所
資料2-1　阪口豊（1989）『尾瀬ヶ原の自然史』中公新書
資料2-2　早川由紀夫、荒井房夫、北爪智啓（1997）「燧ヶ岳火山の噴火史」『地学雑誌』106巻5号

資料2－3　北原安雄編（1996）『全訳古語例解辞典』（第2版）小学館
資料2－4　大島正二（2006）『漢字伝来』岩波新書
資料3－1　高城修三（2000）『紀年を解読する──古事記／日本書紀の真実』ミネルヴァ書房
資料3－2　笹原宏之（2008）『訓読みのはなし　漢字文化圏の中の日本語』光文社新書
資料3－3　近藤義雄、梅澤重昭、吉永哲郎、熊倉浩靖、峰岸純夫、阿久津宗二、高階勇輔　共著（2001）『群馬史再発見』あさを社
資料3－4　㈶群馬県埋蔵文化財調査事業団編集（2004）『群馬の遺跡3　弥生時代』上毛新聞社
資料4－1　本多亀三（1992）『群馬県甘楽郡史』（『群馬県北甘楽郡史』（昭和3年刊）の複製）千秋社
資料4－2　富岡市市史編纂委員会編（1987）『富岡市史　自然編、原始・古代・中世編』富岡市
資料4－3　澤口宏監修（2004）『群馬の地名をたずねて』（増補版）群馬地名研究会
資料4－4　群馬県の地名（1987）『日本歴史地名体系10』平凡社
資料4－5　永田方正著（1891）『北海道蝦夷語地名解』
資料4－6　市毛勲『要旨　日本古代朱の研究』（https://dspace-wul-waseda-ac-jp/dspace/bitstream/2065/36463/1/Gaiyo5395-pdf）
資料4－7　市毛勲（1998）『新版　朱の考古学』雄山閣
資料5－1　片山一道（2000）『縄文人と「弥生人」──古人骨の事件簿』昭和堂
資料6－1　おもしろ地理学会［編］（2006）『世界で一番おもしろい世界地図』青春文庫

資料7‒1　ジョン・バチラー（1935）『アイヌ語より見たる日本地名研究』（改訂版）バチラー学園
資料7‒2　『上信越自動車道埋蔵文化財発掘調査報告書19――小諸市内3、本文編』（2000）日本道路公団・長野県教育委員会・長野県埋蔵文化財センター
資料7‒3　井野辺茂雄（1973）『富士の研究1　富士の歴史』浅間神社社務所編　名著出版
資料7‒4　宮地直一、広野三郎（1973）『富士の研究2　浅間神社の歴史』浅間神社社務所編　名著出版
資料7‒5　木村淳也（2004）「富士をめぐる王権のまなざし」『明治大学文学研究論集』第20号
資料7‒6　平野榮次編（1987）『富士浅間信仰』雄山閣出版株式会社

資料8‒1　『図説・横浜の歴史』（1989）横浜市市民局市民情報室広報センター
資料8‒2　『区政50周年記念　横浜西区史』（1995）横浜西区史刊行委員会
資料8‒3　『横浜歴史散歩』（1976）横浜郷土研究会
資料8‒4　『知里真志保著作集　別巻Ⅰ　分類アイヌ語辞典　植物編・動物編』（1978）平凡社
資料8‒5　『知里真志保著作集　別巻Ⅱ　分類アイヌ語辞典　人間編』（1978）平凡社
資料8‒6　『北原～大法寺遺跡・十楽寺遺跡・椎ヶ丸～芝生遺跡――四国縦貫自動車道建設に伴う埋蔵文化財発掘調査報告6』（1991）徳島県教育委員会　財団法人徳島県埋蔵文化財センター　日本道路公団
資料8‒7　『アーバンクボタ No.16』（1978）株式会社クボタ
資料8‒8　『郡家今城遺跡発掘調査報告書――旧石器時代遺構の調査』（1978）高槻市文化財調査報告書11　高槻市教育委員会
資料8‒9　『NGマンローと日本の考古学』（2013）横浜市歴史博物館
資料10‒1　宇都浩三、早川由紀夫、荒牧重雄、小坂丈予『草津白根火山地質図』（1983）通商産業省工業技術院地質

調査所
資料11－1　高橋正樹、安井信也、竹本弘幸（2013）『浅間前掛火山の地質と噴火史』日本大学文理学部地球システム科学教室　火山災害のページ
資料11－2　倉野憲司校注（1963）『古事記』岩波文庫
資料13－1　池邊彌（1972）『倭名類聚抄郷名考證』（増訂版）吉川弘文館
資料13－2　池辺彌（1988）『研究ノート　豊後国における古代郷名の存続と復活　大分縣地方史』第129号　大分県地方史研究会
資料13－3　西別府元日（2000）「筒井延年本「豊後国風土記」の翻刻と若干の問題」『内海文化研究紀要』28号　広島大学文学部内海文化研究施設
資料14－1　日本山岳会編著（2005）『新日本山岳誌』ナカニシヤ出版
資料14－2　鈴木重武、三井弘篤編述（2000）『信府統記（復刻版）』国書刊行会
資料14－3　穂高神社監修（2009）『穂高神社大遷宮祭　公式ハンドブック』信濃毎日新聞社
資料14－4　『離山遺跡　長野県南安曇郡穂高町離山遺跡発掘調査報告書』（1972）長野県南安曇郡穂高町教育委員会
資料14－5　『穂高町他谷遺跡――県営中山間総合整備事業あづみ野地区に伴う緊急発掘調査報告書』（2001）長野県穂高町教育委員会
資料15－1　金田一京助他（1997）『新明解国語辞典』（第5版）三省堂

資料15-2　増井金典（2010）『日本語源広辞典』ミネルヴァ書房
資料15-3　前田富祺監修（2005）『日本語源大辞典』小学館
資料15-4　鏡味完二（1981）『日本地名学』（上・下）原書房［復刻原本 1958 日本地名学研究所刊］

資料16-1　原山智、山本明（2003）『超火山「槍・穂高」』山と渓谷社
資料16-2　原山智（2010）「上高地に5000年間存在した巨大せき止め湖――それはどのように誕生し、そして消滅したか?」『山岳科学総合研究所ニュースレター』20号、信州大学
資料16-3　原山智（2007）上高地物語　その2「大正池と焼岳火山」同5号、信州大学
資料16-4　原山智（2007）上高地物語　その3「梓川の流路変更と上高地の生い立ち」同6号、信州大学
資料16-5　原山智（2007）上高地物語　その4「田代池と流山地形」同7号、信州大学
資料16-6　原山智（2008）上高地物語　その5「河童橋はなぜここに架けられた?」同9号、信州大学
資料16-7　横山篤美（1971）『上高地開発史』（山渓新書13）山と渓谷社
資料16-8　横山篤美（1991）『上高地物語――その発展の源流』信州の旅社

資料17-1　深田久弥（1971）『日本百名山』新潮社

資料18-1　谷有二（2003）『山名の不思議――私の日本山名探検』平凡社

大木紀通（おおき・のりみち）
1943年埼玉県生まれ。早稲田大学理工学部建築学科卒業。同大学院修了。㈱竹中工務店に建築基礎の研究職として定年まで勤務。退職後、母校早稲田大学建築学科の卒業生と学生を中心とする同窓会の事務局長として現在に至る。
日本の古代史に興味を持っていたが、「縄文の言葉」に関心が移り10数年。本書はこの間の成果のまとめである。建築基礎分野における研究論文の発表や共同執筆による著書の出版はあるが、他の分野での著述は今回が最初。

連絡先：9784wwpz@jcom.home.ne.jp

古代の謎を解く「縄文の言葉」―― 地名・山名が描く日本の原風景

2016年9月25日　初版第1刷発行
2022年7月25日　初版第2刷発行

著者 ―― 大木紀通
発行者 ―― 平田　勝
発行 ―― 花伝社
発売 ―― 共栄書房
〒101-0065　東京都千代田区西神田2-5-11出版輸送ビル2F
電話　03-3263-3813
FAX　03-3239-8272
E-mail　info@kadensha.net
URL　http://www.kadensha.net
振替 ―― 00140-6-59661
装幀 ―― 三田村邦亮
印刷・製本 ―― 中央精版印刷株式会社

ISBN978-4-7634-0793-1 C0021